我的!
所有权规则如何影响我们

Mine!
How the Hidden Rules
of Ownership
Control Our Lives

[美]迈克尔·赫勒　　[美]詹姆斯·萨尔兹曼　著
（Michael Heller）　　（James Salzman）

苏京春　马婉宁　李雅洁　译

中信出版集团｜北京

图书在版编目（CIP）数据

我的！/（美）迈克尔·赫勒,（美）詹姆斯·萨尔兹曼著；苏京春，马婉宁，李雅洁译. -- 北京：中信出版社, 2024.12. -- ISBN 978-7-5217-6756-8

Ⅰ. D913.2-49

中国国家版本馆CIP数据核字第2024M8R173号

MINE: HOW THE HIDDEN RULES OF OWNERSHIP CONTROL OUR LIVES
by Michael Heller and James Salzman
Copyright © 2021 by Michael Heller and James Salzman
Simplified Chinese translation copyright © 2024 by CITIC Press Corporation
Published by arrangement with authors c/o Levine Greenberg Rostan Literary Agency through Bardon-Chinese Media Agency
All rights reserved.
本书仅限中国大陆地区发行销售

我的！

著者：[美]迈克尔·赫勒 [美]詹姆斯·萨尔兹曼
译者：苏京春 马婉宁 李雅洁
出版发行：中信出版集团股份有限公司
（北京市朝阳区东三环北路27号嘉铭中心 邮编 100020）
承印者：三河市中晟雅豪印务有限公司

开本：787mm×1092mm 1/16　　印张：20.25　　字数：251千字
版次：2024年12月第1版　　印次：2024年12月第1次印刷
京权图字：01-2021-3626　　书号：ISBN 978-7-5217-6756-8
定价：79.00元

版权所有·侵权必究
如有印刷、装订问题，本公司负责调换。
服务热线：400-600-8099
投稿邮箱：author@citicpub.com

"我的即你的"
(*What's Mine Is Yours*)

献给黛博拉、艾莉和乔纳
——迈克尔·赫勒

献给希瑟、本、埃莉诺、伊丽莎白、杰米和凯特
——詹姆斯·萨尔兹曼

目 录

序　言 / 3

引　言　谁拥有什么？为什么？ / 001

第一章　先到先得：先到先得 vs 先到后得 / 023

第二章　占有：现实占有，十诉九胜 vs 现实占有，胜算十之一二 / 047

第三章　劳动：一分耕耘，一分收获 vs 你播种，我收获 / 085

第四章　依附：我的家是我的堡垒 vs 我的家不是我的堡垒 / 127

第五章　自我：我们的身体属于自己 vs 我们的身体不属于自己 / 167

第六章　家庭：温顺者继承一切 vs 温顺者继承很少 / 207

第七章　所有权的未来世界 / 247

结　语　孩子们的所有权规则 / 283

致　谢 / 289

注　释 / 293

序　言

朱晔

日本国立静冈大学教授

承接《我的！》一书作序任务后，笔者从民法研究者的视角饶有兴味地拜读了书中列举的故事，随之而来的难题则是如何为该书定位。该书既不是传统意义上的法学教科书，也难以称为法律随笔，姑且将该书定位于"普法宝典"似乎更符合其实际内容。书中的小故事谈古论今，涉猎宽泛，不仅谈及近4 000年前《汉穆拉比法典》中出现的古老规则，亦阐述了数据权归属以及共享经济等数字时代下备受关注的当代课题。作者通过故事般的描述，言简意赅地剖析了所有权形成及其权利主张等困扰法学界的难题，借此引发读者对所有权全面、深入的思考。比如，书中所述的"占有＋时间＝所有权"，版权的核心在于"原创性"，而非作者"额头上的汗水"等概括性词句阐述了权利形成的核心理念，为读者带来焕然一新的阅读体验。

"所有权"堪称一个既古老又富现代意义的概念，而且伴随时代及科技的进步对其探索将永无止境。形成所有权的本质原因在于人类本能的占有欲，而该强烈欲望初现于儿童期，也是成人行为的核心，这也诠释了为何诸多普罗大众热衷于购买各类限量版产品，即便限量供应仅仅是商家的营销策略。然而，即便对于研习民事法律已久的专业人士而言，探究包括所有权在内的各项权利的成因及其行使边界等问题亦非易事。在法律制定、适用的过程中，权利的形成、行使以及受侵害后的赔偿等各项具体内容均涉及价值观的判断。

比如，首先，就权利的形成而言，假设立法者鉴于夫妻一方对另一方抱有强烈的独占欲望而大幅扩大贞操权的范围，并规定夫妻以外的第三人不得触碰配偶的肌肤，否则将负赔偿责任，那么估计握手的习俗将销声匿迹。其次，司法实务中，对权利的行使也并非毫无限制，比较法上通常认为权利不得滥用，而如何适用则将交由法官通过案件事实及价值判断做出具体裁定。最后，围绕权利受侵害后的赔偿范围，各国态度亦有所不同，比如在美国获得承认的惩罚性赔偿制度，在日本司法实务中却以公法、私法各尽其责为由给予全面否定。由此可见，伴随社会变迁，有关所有权的探索方兴未艾，作为立法者则必须深谙复杂的人性，并密切把握时代的脉搏等要素，方能做出恰当、稳妥的价值判断。而该判断不仅应该体现自由、平等、人格尊严等基本理念，而且需符合公共福祉，并有利于推动社会整体的发展。

举例而言，该书作者在论及如何处理拾得物时，提出应该尽可能规避"拾到者保留，失去者哭泣"的结果，而实现"拾到者归还"的目标。对此，中国《民法典·物权编》（第314条至第318条）规定如下："拾得遗失物，应当返还权利人。拾得人应当及时通知权利人领取，或者送交公安等有关部门。有关部门收到遗失物，知道权利人的，应当及时通知其领取；不知道的，应当及时发布招领公告。拾得人在遗失物送交有关部门前，有关部门在遗失物被领取前，应当妥善保管遗失物。因故意或者重大过失致使遗失物毁损、灭失的，应当承担民事责任。权利人领取遗失物时，应当向拾得人或者有关部门支付保管遗失物等支出的必要费用。权利人悬赏寻找遗失物的，领取遗失物时应当按照承诺履行义务。拾得人侵占遗失物的，无权请求保管遗失物等支出的费用，也无权请求权利人按照承诺履行义务。遗失物自发布招领公告之日起一年内无人认领的，归国家所有。"相较于以上规定，比较法上存在着截然不同的处理方式。如日本法规定，无论有无约定，拾得人在返还遗失物时均可以向权利人请求相当于遗失物金额5%~20%的酬金。此外，如果自遗失物送交警察局公告3个月后未能发现权利人，拾得者便可以获取遗失物的所有权。之所以出现上述差异，笔者认为这主要起因于立法者对人性的思考。中国深受儒家文化熏陶，其代表性人物孟子主推性善说，并强调人所具备的"恻隐""羞恶""辞让""是非"这四端之心。儒家文化源远流长、润物无声，在此文化基因上创建的中国《民法典》，其规定必然与推崇资本主义理念的立法大相径庭。

在法律领域，专业术语与复杂的理论常常让普通人望而却步，近年完成的中国《民法典》则属于大陆法系产物，法典采用潘德克顿体系，虽各项规则高度抽象、言简意赅，但各类概念层出不穷、晦涩难懂。比如就财产权而言，债权、物权等源自德国民法的概念容易引发民法初学者理解上的困惑，而与其相关的物权变动理论更可谓研习者的噩梦。然而，杰出的法学家可以用通俗易懂的方式解释法律原理，让更多人得以理解法律的本质，增强公众的法律意识。其贡献不仅在于卓越的学术成就，更在于其作品中蕴含的社会关怀。这样的法学家深知法律并非少数人的专利，而是关切每个公民的基本权利和义务。因此，法学大家善于利用生活中的实例来说明法律原则，使那些听起来枯燥晦涩的条款变得生动有趣，以此将艰深的法律概念通过简单易懂的方式传达给大众。

《我的！》一书作者身处英美法体系，即在判例法体系环境中开展研究，这使得其更善于通过讲故事的方式推演、叙述法律的精髓。

该书中列举的一个个故事，不仅拉近了法律与公众之间的距离，也让读者更深刻地理解了法律的意义。此外，该书写作风格简明扼要、深入浅出，并以平实的语言和清晰的逻辑，将复杂的所有权原理讲解得简明易懂，即便读者对法律一无所知也能轻松地读懂并受益。这样一来，书中的所有权就不再是一个遥不可及的概念，而是日常生活中实实在在的存在。该书还阐明，法律不应是一种高高在上的权威，而应是一种人人都能理解和遵循的社会准则。因此，笔者衷心期待通过这一"普法宝典"，将有关所有权的知识普及到更广泛的群体中去，也为无数人打开法律世界的大门。

最后，所有权概念可谓民法乃至现代法治的核心，只有当这一概念被公众所理解和尊重时，法治社会的理念才能真正得到实现。

引 言

谁拥有什么？为什么？

"我的！"这声原始呼喊通常是我们最先学会的话语之一。沙坑中玩耍的幼儿们[1]在对塑料水桶的艰难争夺中大声呼喊着。在成年人看来，所有权的概念似乎是理所当然且毫无争议的。你很了解"拥有"究竟意味着什么，无论是买了一幢新房子，还是吃掉最后一块馅饼，"我的"的意思似乎再简单不过了。

然而，你自以为已经非常了解的"拥有"，从所有权的角度来看，几乎都是错的。

一旦你弄清楚了这些规则的运行方式，你就会看到在我们所理解的所有权概念下，究竟发生了什么样的戏剧性事件。政府、企业和民众都在不断改变着对"谁拥有什么以及为什么"这一问题的认知。当然，每个抉择总会产生赢家和输家。这个过程的核心在于，人类社会究竟是怎样处理稀缺资源——水、食物、黄金和性伴侣等的竞争，以保证我们不会过于频繁地自相残杀。

即便是发生在伊甸园的故事，也以所有权为基础。上帝教导亚当和夏娃，知识之树及其果实仅归自己所有。"这是我的，不要碰。"于是，第一批摘苹果的人被赶出了伊甸园，而这正是《圣经》记载的人类历史的开始。从那时起，人类对所有权的争夺便开始了，且从未停歇。

"膝盖卫士"

詹姆斯·比奇是个大块头², 身高超过六英尺①。在一趟从纽约飞往丹佛的联合航空公司航班上，飞机起飞后，这位商人在第十二排的中间位置放下他的托盘桌，并安装上他的"膝盖卫士"。"膝盖卫士"是一个简易的塑料支架，可以夹在金属托盘的支架上，并固定住前面的座椅，售价为21.95美元。出售该产品的公司声称其能够"防止飞机前排座椅向后倾斜，这样您的膝盖就不用斜着了"³。比奇确认了自己的空间后，打开了笔记本电脑。

"膝盖卫士"的宣传是真实的。当坐在比奇前面的乘客试图"坐好，放松，享受飞行"时，她的座椅纹丝不动。她向航班乘务员抱怨，乘务员要求比奇取下支架，但是比奇迟迟不肯配合。愤怒的乘客将她的座椅用力向后一推，"膝盖卫士"弹出来了，比奇的笔记本电脑猛地一晃。比奇快速推回她的座椅，并重新安上了支架。片刻间，她转身将饮料扔向了比奇。若不是飞行员控制住局面，改变航线并紧急降落芝加哥，我们不知道事情会如何发展。两名乘客从飞机上被带走后，航班继续飞往丹佛，总计晚点1小时38分钟。

同样的冲突在持续爆发。⁴一段视频显示，在一趟从新奥尔良飞往北卡罗来纳州的美国航空公司航班上，温迪·威廉姆斯将座椅向后倾斜。她后面的乘客坐在最后一排，无法向后倾斜座椅，于是不断地推威廉姆斯的座椅，像一个恼人的节拍器。威廉姆斯拍摄的这段高空吵闹视频像病毒般快速传播。

---

① 1英尺约为0.3米。——译者注

每次一有这种事件发生,博客圈都会涌现出数百人自以为是的指责,他们都确信自己的规则是对的。脱口秀主持人艾伦·德杰尼勒斯为斜倚着的人辩护说:"只有当别人的座椅先打到你,你才有理由打别人的座椅。"[5]达美航空公司首席执行官埃德·巴斯蒂安提出了相反的观点:"正确的事情应该是,如果你想斜倚着,那么你首先应该询问后面的乘客是否可以。"[6]而威廉姆斯并没有询问。

那么谁才是正确的呢?

威廉姆斯的观点很简单:她的扶手按钮可以使她的座椅斜倚。因此,楔形倾斜空间属于前座。这种依附的权利——它是我的,因为它附着在属于我的东西上——是古老的所有权之一,可以追溯到几千年之前。[7]比奇依据的则是一句中世纪英格兰创造的格言:"谁拥有土地,谁就拥有其上达天堂、下至地狱的一切。"他宣告自己拥有其座位连接的垂直空间的支配权——竖直向上到行李架、竖直向下至地毯。前排乘客的座椅闯入他的垂直空间,是一种非法侵入,是对良好秩序的冒犯。

"依附"是你从未听说过但很常见的所有权主张。这就是为什么得克萨斯州的土地所有者可以开采地下石油和天然气,为什么农民抽取地下水导致加利福尼亚州中央山谷下沉,为什么阿拉斯加可以限制在白令海的过度捕捞。"依附"将二维的登机牌、土地契约和领土地图转化成对稀缺资源的三维控制。

但"依附"不是比奇和威廉姆斯唯一的所有权主张。在每次飞行开始时,所有的座椅都按照乘务员的命令"处于各自完全的、直立的和锁定的位置"。在那一刻,比奇拥有他面前的排他性使用空间,他在楔形空间上享有优先权。"先到先得"是另一个宣告"这是我的"的原始、本能的理由。孩子们在操场上会说起它,成年人在空中会唤起它。回想一下,当比奇锁住"膝盖卫士"并打开他的笔记本电脑屏幕时，他事实上已经占据了外在的楔形空间。正如我们经常听到的，"现实占有，十诉九胜"（占有者总是在诉讼中占上风）。

航空旅行使这种"所有权——依附、先到先得和占有"的冲突故事成为焦点。

当我们问公众如何看待"膝盖卫士"的冲突时，大多数人的回答是，"很明显"，"这没什么可以争论的"。但是当我们继续施压并要求举手表决时，通常人们会为支持威廉姆斯还是比奇产生分歧，并且双方都用怀疑的眼神看向对方。在《今日美国》2020年对3 000名受访者的民意调查中，大约有一半的民众回答道，"如果座椅可以倾斜，我就斜倚着"；另一半民众说，"不，不要这样做"。[8] 每个人都觉得自己是对的，就像威廉姆斯和比奇一样。这就是为什么威廉姆斯认为其有理由发布她的视频，比奇也毫不犹豫地把座椅向前猛推，"别乱动我的东西"。

为什么现在会爆发这些冲突，过去却从来没有？一直以来，航空公司的座椅都有很大的间距，或者说座椅之间有很大的空间——足以倾斜和放低托盘桌。没有人想过谁占据楔形空间，因为这无关紧要。但是后来航空公司一直缩小座椅间距，从不久前的35英寸①缩小到今天的31英寸左右，有些飞机上的座椅间距仅有28英寸。

对航空公司来说，这涉及很多利害关系：每排节省1英寸的空间，每个航班就可以多出售6个座位。为了增加利润，航空公司正将越来越多的乘客塞进一个钢管固定的空间中。同时，人们的身体越来越大，托盘桌也成为宝贵的电脑架。对乘客来说，利害关系同样重要。特别是在新冠疫情时期，每一寸个人空间都很重要。

"膝盖卫士"（在丹佛航班事件后其网站访问量增长了500倍）的

---

① 1英寸约为0.03米。——译者注

发明者艾拉·高曼简单地描述了这个问题："航空公司在卖给我放腿的空间时，也在卖给你空间——如果你坐在我前面——它们卖给你的是斜倚的空间，所以它们将同一空间卖给了两个人。"[9]

航空公司能够那样做吗？

法律是沉默的。2018年，美国联邦航空管理局拒绝规范飞机座椅，将座椅设计交给航空公司。反过来，航空公司使用秘密武器，使得它们在每个航班上都能将同一空间出售两次。这个武器就是"战略性模糊"——让所有权设计复杂化的工具之一。大多数航空公司确实有一个规定——座椅上有按钮的乘客可以向后倚靠，但它们并不公开宣称。除非在极端情况下，否则空乘人员不会告知或强制执行这一规定。

模棱两可对航空公司有利。当所有权不明确时——这种不明确的情况比你想象中更多——人们大多会依赖礼貌和良好的举止。几十年来，航空公司一直依靠高尚的礼仪来弱化楔形斜倚的模糊主张——这就是达美航空公司首席执行官巴斯蒂安所提倡的。航空公司将冲突转移到乘客身上，乘客不得不在每天数百万次不起眼的、无声的谈判中自己解决问题，比如用手肘挤共用扶手、争夺头顶行李架空间，很少用钱达成目的（不过，一项研究表明，如果后排乘客主动给他们买饮料或零食，大约3/4的乘客会同意不斜倚[10]）。

随着航空公司继续缩小座椅间距，关于前后挤压的潜规则也逐渐瓦解。当人们对谁拥有什么的理解不一致时，稀缺性就会加剧他们的冲突，最终导致每个人看起来都不合理。"膝盖卫士"使现存的冲突更加明显。高曼将所有权的模糊性看作商机，并设计了一种技术解决方案。但问题是，单方面锁住座位的举动违背了礼貌的道德规范，就像没有征得别人的同意就拿走东西一样。

"膝盖卫士"看起来像是一个新奇而又愚蠢的物品，但是它反映了我们社会中一个伟大的创新引擎:随着宝贵资源变得越来越稀缺,人们对于强加给他们的所有权展开了更激烈的竞争,而企业家们也找到了获利的方法。[11]

在 19 世纪,同样的冲突深刻地重塑了美国西部——但在那里是农民与牧场主的对抗。我们在西部片中看到的"赶牛"活动仅存在了几十年。被转移到市场上的牛群经常在私人土地上漫游,但自耕农却没有能力将它们挡在外面。牛群看不懂"禁止侵入"标志,而且建造围栏的成本太高了。于是,牛仔们将牛赶到数英里①之外,到达没有围栏的阿比林和道奇城的铁路用地。

在这之后,1874 年,约瑟夫·格莱登为他的双股带刺铁丝申请了专利,被誉为"时代最伟大发明"。[12] 这项发明就像"膝盖卫士"一样简单,但突然间提供了一种廉价、有效的工具来驱逐牛群,给它们确定了一条界线,让自耕农可以坚守阵地。格莱登的铁丝被描述为"比空气轻,比威士忌强,比灰尘便宜"。牧场主们进行了反击,发生了导致枪击和死亡的砍伐围栏的战争。正如一位乡间牧人在 1883 年所说:"当我想到洋葱和爱尔兰土豆生长在小野马应该奔跑、四岁的食用公牛将会成熟上市的地方时,我就感到恶心。"但最终,自耕农赢得了这场战争。

格莱登的发明改变了大平原的状况。[13] 自耕农能够保护他们的庄稼。小牧场主因为没有办法把牛送到市场而倒闭,牛仔变成了大型牧场的雇工。对许多美洲原住民而言,带刺铁丝网——"魔鬼的绳索"——改变了他们的游牧生活方式。带刺铁丝网对于创造"禁止侵入"的所有权版本至关重要,这种所有权版本塑造了现代美国许多地方的生活。

---

① 1 英里约为 1.6 千米。——译者注

所有权技术的变化可能是痛苦的，使大平原上的"范围斗争"和三万五千英尺高空上的"膝盖斗争"矛盾更加激化。正如带刺铁丝网给自耕农提供了一种将牛群挡住的方法，"膝盖卫士"给乘客提供了一种廉价的工具来固定活动座椅。这两种技术都为人们提供了一种有效的方式，将他们认同的所有权故事强加到有争议的资源上，从而加速了旧习俗的消亡，并引发了新规则应该是什么样的争论。

不过两者之间也有区别：虽然自耕农制造的带刺铁丝网仍然无处不在，但许多航空公司已经禁用"膝盖卫士"——它们更愿意继续将这种楔形空间出售两次。

今天，同样的所有权战争正在互联网上演，这是一个比飞机座椅更重要，也更不显眼的活动舞台。我们在网上的访问数据揭示了我们的很多隐私——我们买什么、我们关注谁、我们住在哪里，以及我们如何投票。这些数据似乎应该属于我们，但在世界的大部分地区，数据所有权仍未得到界定。脸书、谷歌和其他互联网巨头（以及无数的情报机关）正在竞相争夺，它们的追踪器将虚拟座椅倾斜到我们的私人空间，基于我们的喜好和长相绘制神秘的画像，赚取了数十亿美元的广告费。

我们这个时代的核心问题之一是，如何选择所有权来管理我们的网络生活。一些地区，如欧盟和加利福尼亚州，已经尝试采取措施，向人们提供数字版的"膝盖卫士"。这些保护措施会带来变化吗？没有人知道。目前还没有关于数据所有权的主导原则。不仅对于访问数据和飞机座椅，还有人们目前正在争夺稀缺资源的上千个隐形战场，答案都是悬而未决的。

"我的"与"我的"之间的战争一直在上演，大多是不为人所知的，直到廉价的塑料"膝盖卫士"让它们痛苦地显现。然后，奖品就会落到那些知道所有权如何运作的人手上。

"新泽西州的一个家伙"[14]

珍娜·沃瑟姆和她的朋友们在曼哈顿的一家酒吧闲坐，聊着晚上的计划，这时他们意识到他们都在期待着有线电视网络媒体公司 HBO 热播剧《权力的游戏》本季的首映。这本不应该是个问题。HBO 拥有这部剧的版权，你需要购买订阅才能观看其内容。现在，沃瑟姆及其朋友中只有一个人订阅了，但每个人都想在不同的地方在线观看。事实证明，这个问题很容易解决，因为他们可以使用其他人的登录凭证来在线观看节目。沃瑟姆使用的是"我曾经在一家墨西哥餐厅遇到的新泽西州的一个家伙"的登录账号。

沃瑟姆的故事并不少见。人们使用他人的账号在线观看付费节目已司空见惯。事实上，沃瑟姆的故事的唯一不寻常之处在于她是《纽约时报》的一名记者。她并未考虑使用别人的 HBO 订阅服务的影响，甚至发表了一篇关于她轻松（有些人可能会说，厚颜无耻）的夜生活的文章。

沃瑟姆（和《纽约时报》）似乎没有意识到，根据《计算机欺诈和滥用法案》，她很可能要承担罪行，最高可被判处一年监禁。使用陌生人的账号在线观看节目可能很常见，但是 HBO 的使用条款明确禁止这样做。正如《福布斯》的一名作家为她辩护时所说的那样，这并不"合法"。[15] 根据法律，尽管沃瑟姆可能是被误导的，但她的行为可能是犯罪。

但似乎没有人关心——尤其是 HBO。每个人都知道有人使用不完全合法的账号在线观看媒体内容。当我们问及谁在非法在线观看媒体内容时，几乎 100% 的（法律系！）学生都举手了。这些学生中约有一半不认为他们的行为是非法的（真的？），另一半人虽然意识到这是非法的，但还是这么做了。为什么我们会容忍如此猖獗的盗窃行为?

首先,在线观看节目并不像偷窃财物。共享账号与从商店里偷窃同一部《权力的游戏》的DVD(多用途数字光盘)完全不同。沃瑟姆和她的朋友们不太可能不付钱就拿着DVD走出商店,当然他们也不会在报纸上吹嘘此事。

也许非法在线观看节目和入店行窃之间的区别只是被抓的可能性有多大,但这不可能是故事的全部。HBO能够很容易地找出是谁在窃取其内容。美国唱片业协会就是这样做的,它找出了通过Napster下载音乐的乐迷,并起诉他们每人赔偿数百万美元。HBO可以查出你是谁,但是它选择了另一种方式。

我们从小就被教育要尊重他人的有形财产。这种尊重同根植于我们大脑最原始部分的本能是一致的。斗牛犬、鸟类和熊知道要远离其他动物的领地。但是对于一些无形的东西,比如说一个想法,我们的感觉是不同的。正如一项研究发现,如果你听到一个学龄前儿童说"那是我的"[16],那么你可以相当肯定有人偷了他们的玩具或食物,而不是他们的笑话、故事或歌曲。也许流媒体只是没有激活我们大脑中同样原始的、有领地意识的部分。这也许就是不认为共享账号在道德或法律上不妥的原因。

内容所有者明白这一点。他们一直在努力改变我们对数字产品的看法,使其看起来更像实体产品,但收效甚微。因此,DVD的开头通常会出现国际刑警组织的可怕告示,每部电影的开头通常会有严厉的警告:"盗版不是一种无害的犯罪。"甚至"知识产权"这个词也是这场斗争的一部分。版权、专利权和商标律师[17]创造了这个词语,把他们客户的担忧与我们对实体产品的认知联系起来。他们知道,从人类的本能来看,版权不是财产。

在其最基本的形式中,内容所有者和用户正在进行一场关于所有权的战斗。数字产品是否应该被自由分享，就像分享你在音乐会上听到的动人乐曲一样？或者应该将它们当作普通财产，就像一个马克杯或一辆自行车，即使有机会，法律、习俗和道德也会阻止我们随意拿取？这两个故事都有。

是什么推动了内容所有者的故事？不是鼓动"膝盖卫士"冲突——"依附、先到先得和占有"的直觉。相反，HBO 的主张可以追溯到我们的另一种直觉，即劳动证明所有权——有且只有你才能收获你所播种的。

奖励劳动通常是公正和正确的，但它总是有利于有争议的一方。[18] 时尚界提供了一个强有力的反例。在时尚界，设计师靠着彼此抄袭的作品来创造财富。原创服装设计中的劳动难以受保护。仿冒品不是盗窃。我们认为，在现代经济的许多领域——厨师的食谱、教练的运动动作、单口相声演员的表演动作以及其他创造性的领域，充满活力的竞争和不受约束的创新比用所有权来奖励创造性劳动更重要。换句话说，这条规则往往是"你播种，我收获"。每年，时装设计师都试图推动国会改变规则，以便他们收获他们所"缝制"的东西，但是他们输了。

另外，音乐唱片业在游说国会方面比时装公司更有效率。它们取得了法律支持，使数字音乐符合该行业的所有权故事。基于这一法律，该行业已经对至少三万人提起诉讼、达成庭外和解或声称会采取法律行动。不幸的是，对于大型音乐唱片公司来说，这些活动并没有制止非法下载行为——但它们确实促使民众舆论反对非法下载。

HBO 看在眼里，记在心里。它意识到，正如 TechCrunch（科技类博客）所写的那样，"共享账户通常是在线流媒体世界中的一个灰色地带"[19]。HBO 决定接受战略性模糊。虽然这听起来很疯狂，但该公司鼓励偷窃其产品。HBO 的高管非常清楚你（以及你的孩子和我们的学生）未经授权，但HBO并没有像对待罪犯一样对待潜在消费者，而是让沃瑟姆和她的朋友上钩，喜欢观看其节目。

HBO的首席执行官理查德·普莱普勒自豪地将该公司支持盗版的策略描述为"为下一代观众提供了一个了不起的营销工具"[20]。普莱普勒继续说："共享账号向越来越多的人展示了我们的品牌，并让他们沉迷于此。"普莱普勒补充说道："我们所做的事情是培养视频瘾君子。我们这样做是为了将我们的产品、我们的品牌、我们的节目推送给越来越多的人。"这句话在互联网上引起了轰动。

竞争对手已经注意到HBO对所有权设计的反直觉做法，并在一定程度上进行了模仿。网飞（Netflix）首席执行官里德·哈斯廷斯说："我们喜欢人们分享网飞。这是一件积极而非消极的事情。"[21] 但网飞一次只允许一个设备使用一个基本账号。

对于HBO和网飞来说，这一战略取决于沃瑟姆和其他年轻观众认为他们确实存在一些偷窃行为。普莱普勒和哈斯廷斯希望更多观众沉迷于他们的节目，无论他们是否支付了订阅费。他们希望，当今天的盗版者开始赚取收入时，更多的人将开始付费，并享受合法化的感觉。

长期计划则更加微妙。普莱普勒和哈斯廷斯的目的是动员观众认可他们的所有权故事：知识产权是财产，他们目前正慷慨地允许你偷窃。

所有权的潜规则

这是一本关于飞机座椅引起的争吵和共享HBO密码的书。这本书讲述了移民是否可以经营餐车、为什么拯救生命的药物不能上市，以及来自各行各业的几十个挑战和谜题。不过，这本书的真正内容是，我们"拥有"的不同方式是如何将所有谜题联系起来的——从美国新贵族的崛起到气候变化的解决方案。在本书结束时，你将基于其中为数不多的基本观念，以一种全新且令人惊讶的方式来看待你周围的世界。

在带你踏上这段旅程之前，我们想告诉你我们的初衷是什么。我们从事了很长时间的教学工作（长达 25 年以上），并且在这方面做得还不错——学生把我们选为"年度最佳教授"。我们已经帮助培训了超过 5 000 名律师、商人和环保人士。我们最喜欢看到的是，当学生们意识到所有权引导我们行为的方式根本无法预判，同时一些简单的法则就能驱动一个复杂的世界时，他们的眼睛中迸发出的光芒。

这本书凝练了我们作为教师和学者的工作精髓，可以让你在没有大笔学费的情况下获得洞察力。作为下面内容的"开胃菜"，我们先回顾一下已经讲过的故事——比奇的"膝盖卫士"和沃瑟姆的共享密码——并强调它们所体现的所有权的三个原则。

原则一：我们的核心所有权故事是错误的

考虑一下，关于什么是"我的"，有多少我们耳熟能详的格言。这些格言表明我们在童年时就开始了解所有权的含义。这里有六条这样的格言——事实证明，它们代表了稀缺资源最初被拥有的所有方式。

- 先到先得。
- 现实占有，十诉九胜。
- 一分耕耘，一分收获。
- 我的家是我的堡垒。
- 我们的身体属于自己。

- 温顺者继承一切。

无论你是操纵无人机还是保护家中隐私，支持还是反对出售肾脏，耐心排队等候还是插队，你都可以从这些所有权格言中找出一条来主张你的权利。

这些格言的惊人之处在于，尽管它们无处不在，但没有一条是完全正确的。它们之所以令人费解，是因为从根本上说，它们对所有权的二元观点有一个共同的潜在承诺。就像一个电灯开关一样，我们觉得有些东西要么是"我的"，要么不是"我的"。这种简单的概念既吸引人又误导人。如今，在越来越多的所有权冲突中，说"先到后得"，"现实占有，胜算十之一二"，"你播种，我收获"，等等，才变得更加准确。

在美国早期，"开关"的想法很好地描述了许多所有权冲突。在一个以第一产业为支柱的经济体中，人们为有形财产而争斗：农田、牲畜。最令人震惊的是对非裔美国人身体所有权的争夺。在美国历史上，奴隶制不仅是关乎道德和正义的核心问题，也是这个国家的核心所有权冲突。你要么是自由的，要么是别人的财产。

到了20世纪，最紧迫的所有权争论已经脱离了这些简单的二元对立。相反，我们为私人财产和公共控制之间的模糊界限争论不休。午餐柜台的主人是否有义务为另一个种族的人服务？土地所有者是否受限于他们建造什么东西？患者是否对他们被切除的用于科学研究的细胞拥有所有权？

今天，争论再次发生变化。许多紧迫的冲突涉及一个私人所有者对另一个私人所有者的要求——"我的"vs"我的"。在这个新世界，旧的格言比以往任何时候都更具误导性。

如果你在电子阅读器 Kindle 上点击"立即购买"获得一本书，

那么你可能会理所当然地认为你拥有这本书。"现实占有，十诉九胜"，以此类推。但是亚马逊却不这么认为。你所拥有的只是一个高度有限的许可。亚马逊可以从你的设备上删除书籍，而且已经这么做了。该公司被低估的技能之一就是它在所有权设计方面的能力。亚马逊意识到，所有权的含义是柔韧的、可调整的。该公司可以调整其轮廓，并删除它不喜欢的功能。亚马逊知道——研究也表明——我们仍然认为网上的所有权会保持不变，仿佛拥有一本虚拟的书和拥有一本纸质书一样。[22] 实际上，这是不一样的。结果是：由于这个错误的认知，我们向亚马逊支付了一笔不相称的溢价。

尽管常说"现实占有，十诉九胜"，但客户并不总是对的。我们"感觉"自己拥有的东西和我们"实际"拥有的东西之间的差距越来越大。

原则二：所有权是一场讲故事的战斗

人们卖掉或购买其所拥有的大部分东西。但它们的所有权从何而来？这一切都可以追溯到第一个所有者在这六句格言之一中宣称的——体现在我们上面提到的格言中的——人人都用它来索取一切东西。

围绕这些故事的战斗就像政客们为赢得选举而战一样。我们面临着为我们的忠诚和信仰而斗争的主张。而这些故事之所以奏效，是因为它们依赖于什么应该构成所有权的强烈而又相互矛盾的直觉。最重要的一点是，如果你了解这些故事，以及所有权的设计工具和技巧，那么你将更有能力决定哪个是今天更具说服力的故事。

高个子乘客坚持他们的"护膝权"，但这与疲惫乘客主张的"倾斜权"产生了冲突。航空公司原本可以很容易选择其中一方。它们可以通过在座椅靠背上放一个小牌子；或者在登机牌上说明，告知规则，让乘客遵照执行；抑或就像一些廉价航空公司所做的那样，"预倾斜"所有座位，并设置一个固定的倾斜角度。

但目前大多数航空公司更喜欢模棱两可的做法，它们会在经济舱放入更多的座椅，并继续二次出售同样的空间。这就是为什么大多数人排斥"膝盖卫士"。愤怒和焦虑的乘客相互对立，却没有意识到航空公司正在利用他们关于什么是"我的"的互相矛盾的故事。对于航空公司来说——更妙的是——这种不适感为腿部空间更大、麻烦更少的高价座位创造了一个有利可图的市场。[23] 精通所有权设计的人都知道，对座椅倾斜度的刻意模糊可以创造出经济价值。

这就是高空座位冲突背后的真实故事。[24]

账号共享和访问数据也是如此。目前，关于控制数字内容和用户数据的政策、诉讼、杂志文章和书籍层出不穷，就好像互联网在所有权方面创造出了一些全新事物。其实不然。这是又一场"膝盖卫士"之战。我们是否应该阻止公司将它们的数据跟踪器放入我们的"虚拟大腿"中？

所有的财产冲突都是以竞争性故事的形式存在的。每一方都会选择能够将自己的主张置于道德制高点的故事，并且每一方都希望所有权能够倾向于符合自己的观点。但不要被愚弄。事实上，并没有对"我的"和"我的"之间的冲突自然且正确的描述。然而，我们可以做出更好或更坏的选择来解决这些问题。如果你不是那个选择者，那么自然会有其他人替你做出选择。

原则三：所有权是生活中的遥控器

所有权规则在任何你能想象的环境中挑选赢家和输家。你想在高峰时段飞奔在拼车道上吗？如果你载有其他乘客，你就可以这么做——或者在某些地方，你驾驶的是一辆电动汽车，那么你也可以这样做。你想先上飞机吗？那就忠于一家航空公司，或花更多钱买机票。古老的"先到先得"规则已经不再适用于高峰时段或机场了。

稀缺资源的所有者操纵着一个强大的遥控器。他们总是试图以最大的利润和最少的麻烦设计一个特定的规则，让别人按照他们的意愿行事。只需微调所有权的含义，所有者就可以利用他们对稀缺资源的控制权，以无形、温和但有力的方式引导你按照他们的意愿行事。遥控是有效的，因为关于所有权的想法已经融入我们的日常行为中，我们甚至没有注意到规则是如何被切割、微调和重新定义的，我们已经被摆弄得团团转。

政府通过将快车道改为拼车或电动汽车的预留车道，来鼓励人们减少与拥堵和空气污染有关的行为。HBO 通过暂时容忍密码共享行为，建立了自己的粉丝群并"吸引"到了它的未来订阅者。

最好将所有权设计理解为一种"社会工程工具"，它旨在以无形和果断的方式引导你的行为。所有权并不复杂。如果我们想要在没有太多冲突的情况下驾驭日常生活，那它就不可能复杂。一旦你看清所有者如何有意地引导你的行为，你甚至可以握住遥控器来改善自己的生活，并且实现双赢。

为什么是"我的"？！为什么是现在？

近年来，许多引人入胜的书籍帮助我们了解了许多日常生活中的奥秘。如果你对现代微观经济分析感兴趣，那么可以看看《魔鬼经济学》，史蒂芬·列维特和史蒂芬·都伯纳为我们提供了一个认识从作弊、犯罪到育儿和体育等方面的全新视角。如果你对心理学感兴趣，那么可以读读《助推》，卡斯·桑斯坦和理查德·塞勒展示了如何做出更好的健康、财富和幸福决策。经济学和心理学是很好的工具，它们能解释很多东西,但也遗漏了很多东西。两者都倾向于认为所有权是理所当然的,但不会是固定不变的。

在接下来的章节中,我们以关于什么是"我的"的常见说法和直觉为起点,来揭示控制我们生活的所有权设计原则。在此过程中,我们将提出一些需要思考的问题:

- 暴风雪过后,为什么在芝加哥街道上的椅子能占住你的停车位,而在纽约却不能?相反,为什么在纽约的一些酒吧里,饮料杯上的餐巾纸能帮你占座,而在芝加哥的小酒吧里却不能?
- 为什么迪士尼乐园在本可以通过少收费来赚更多钱的情况下,还要对其VIP(贵宾)入场券收如此高的费用(最低约3 000美元)?为什么那些耐心排队等待"太空山"的家庭在VIP优先游玩时不提出抗议?
- 为什么我们可以出售我们的血浆,却不能出售我们的肾脏?为什么密歇根州的代孕者(携带另一对夫妇的胚胎直到分娩)获得报酬是非法的,但在加利福尼亚州却是一项普通的商业交易?
- 为什么飞机可以飞过你房子的上空,而无人机却不能?为什么半个美国的陌生人可以在未经许可的情况下到没有围栏的私人住宅土地上觅食野生植物,却不能采摘苹果?

我们的"拥有"方式为这些问题提供了答案。在接下来的内容中,你将了解更多谜题的答案,这些谜题涉及你作为消费者、企业家和公民的方方面面。通常看似自然和不可改变的限制——它是我的或者不是我的——实际上是政府、企业和其他人在如何控制我们都想得到的稀缺资源方面做出选择的结果。

摇椅

我们可以从这个谜题开始。

伯尔·麦克道尔于 1973 年在纽约州北部去世。在遗嘱中,他把他的摇椅留给了他的成年子女亚瑟和米尔德里德。这把摇摇晃晃的老椅子并不值钱,但两个孩子都很喜欢这把椅子,无论如何都要得到它。他们无法就如何分椅子达成一致意见,麦克道尔的遗嘱也没有提及。于是亚瑟去他爸爸的房子里拿走了那把椅子。米尔德里德要求得到它,被亚瑟拒绝了。正如在美国经常发生的那样,米尔德里德提起了诉讼。这就是我们所说的"纠纷"。这是一个真实的案例。

想象一下你是法官。纽约的法规没有提供任何指导,也没有任何可依据的判例。你只需要做出一个选择:两个孩子,一把椅子。在此停顿片刻,考虑一下你会怎么做。以下是你可能会想到的诸多选项中的几个。

- 抛硬币。[25]
- 把椅子给第一个持有者亚瑟。
- 把椅子给第一个到法院的米尔德里德。
- 拍卖它。一个孩子赢得椅子,另一个孩子得到现金。
- 把椅子锁起来,直到孩子们达成协议。
- 把椅子锯成两半,给每个孩子一半。
- 命令他们每天或每年轮流拥有。
- 烧掉椅子。

那么,你的决定是什么?你所做的任何选择都会为你了解有关所有权的核心直觉和冲突打开一个窗口。

抛硬币似乎是最公平的。但奇怪的是，这是明确禁止法官和陪审团使用的一种解决方案。在操场上抛硬币以开始足球比赛是可行的，但在法律上却不行。作为一名法官，你需要给出选择一方的理由——即使你认为双方拥有同等权利。

先到先得的做法很有吸引力。但这里如何适用？亚瑟第一个坐上了椅子，米尔德里德第一个出庭。两个版本的第一似乎都没有奖励更道德的行为，以亚瑟的实际占有作为依据也不可行。拍卖椅子可以迅速结束争端，但它会使更富有的孩子享有优先权，在这种情况下，尊重家庭情感似乎更合适。把椅子锁起来，直到孩子们达成协议，可能会激发我们的父母天性，但它更有利于顽固的孩子。把椅子锯成两半，除了有一个蕴含讽刺意味的所罗门式转折，没有其他好处。

让孩子们轮流坐是合理的。这就是法官在实际案件中的决定：孩子们被命令每六个月把椅子从一个家庭搬到另一个家庭，直到其中一个人死亡。这很好，它得以在法院的持续监督下将这些不和的兄弟姐妹绑定在一起。当椅子的某一部分摇晃得太厉害，接头松动时，谁来支付维修费用？如果米尔德里德给亚瑟晚送了一个星期怎么办？也许来回转换的成本对于管理孩子的监护权是合理的，但这是一把椅子，而不是一个孩子。而且，这会奖励那些把更多时间浪费在搬运椅子上的人。

把椅子烧掉怎么样？这会给他们上一课——而且可能会真的起效，使未来争吵的兄弟姐妹不会上法庭。你们自己解决吧，不要浪费法庭的时间。但这对亚瑟和米尔德里德来说似乎是个残酷的结果。

重点是：决定谁得到什么以及为什么是无法避免的。你可以向第三方求助（如法官或立法者），来代替你回答。但这意味着把别人的手放在遥控器上。或者你可以参与做出选择——作为所有者、消费者、公民——你选择偶然还是必然，时间还是金钱，更快还是更强，公平还是效率,奖励还是惩罚?

不可避免的是,在你做出的每一个关于所有权的决定中,你都揭示并塑造了你的核心价值观。

第一章

先到先得：
先到先得 vs 先到后得

代排族

如果你想看华盛顿特区最好的免费演出，那么你可以去最高法院，在华丽而幽静的法庭，坐在离法官仅几步之遥的地方，聆听美国顶级律师的辩护。最高法院对所有人都开放。如果你愿意，你可以亲眼见证堕胎、枪支管制或宗教自由者的命运。但你需要早点去，因为只有不到一百个座位可供公众使用，而且是先到先得。

对于备受瞩目的案件，人们会带着露营椅、睡袋、雨衣和智能手机备用电池提前一天或更长时间去现场排队。最高法院的警察不会监督排队，排队的人往往互相照应。如果你要去卫生间，周围的人会帮你守住位置，他们也会提防有人套近乎插队。如果有人这样做，他们就会大声训斥这些人，"不准插队"，"排在后面"。

然而，随着进入法院的时间临近，奇怪的事情发生了。排在最前面的许多衣衫不整的人与穿着灰色西装的男男女女交换了位置。过了一会儿，穿着考究的人进入法庭并占据了最好的位置，而那些排在后面的人甚至没能进入法院。这到底是怎么回事？

欢迎来到排队行业。[1] 公司付钱给代排者——其中有一些是无家可归的人，他们会提前几天到达，以确保能排到前面的位置，然后是无尽的等待。到了最后时刻，代排者在刻有"法律面前人人平等"字样的法院入口处将位置让给付费的顾客，这些顾客没有时间和耐心去排队等待，但是可以付费先进入。像 Linestanding.com、Skip the Line 和 Washington Express 这样的小型初创公司向客户收取高达 6 000 美元的"免费"座位费，却只给那些在寒冷雨天排队等待的雇员支付最低工资。

排队公司已经转换了成为"我的"座位的方式，不仅在最高法院的辩论会上如此，在对国家法律进行辩论的国会公开听证会上也是如此。任何愿意等待的人都可以免费去听证会听到自己所选代表的演讲。但是，这些听证会往往挤满了律师和说客，他们都在使用付费等待，没有人自己排队。在当地联邦大楼排队领取新护照或在市政大厅排队领取建筑许可证时，也有类似的情况。

在私营部门，付费排队也是一项蓬勃发展的业务。如果你愿意付钱，那么你可以买到苹果专卖店的新款手机、Supreme 专卖店的流行滑冰服、抢手的百老汇演出票，甚至可以在纽约街头的黄金位置观看梅西百货感恩节大游行。一位受雇于排队初创公司 SOLD 的代排者，为了让客户得到《鲨鱼坦克》这个面向创业者的热门电视真人秀的试镜机会，守着一个位置等待了 43 个小时。而 SOLD 公司的创始人罗伯特·塞缪尔在节目中的表现很有可能比那个为排队而向塞缪尔付费的科罗拉多人更好。

网络空间也发生了同样的转变。音乐剧《汉密尔顿》在百老汇开演后，门票紧俏的情况持续了很多年，该剧的制作人将大部分门票投放到他们的官网上，大家可以在网上抢票。但问题是，精通计算机技术的"黄牛党"编写了计算机程序——机器人程序，在放票的一瞬间就买走了所有门票。结果是，艺术家和制片人只赚取了门票的票面价值，而粉丝则在 StubHub 等网站上支付了"黄牛党"数倍的溢价。有好几个星期，"黄牛党"从《汉密尔顿》中赚取的钱比这场演出的制片人和艺术家赚的还要多。如果机器人程序总是比我们用鼠标更快地抢到票，那先到先得的规则又有什么用呢？而当《汉密尔顿》剧组通过剧院售票处出售门票来规避"黄牛党"时，又会有像 SOLD 这样的公司雇用代排者抢票。

布鲁斯·斯普林斯廷在百老汇演出时尝试了另一种方法。他与票务公司 TicketMaster 合作，推出了"验证粉丝"这一在线系统，旨在规避机器人程序和代排者，至少能够将一些票直接卖给预先筛选出来的真正粉丝。但即使如此，这些票也经常在二手市场出现，这时候你必须非常忠于老板，才能拒绝以 1 万美元出售一张 850 美元的票。

我们应该如何看待这种迅速崛起的付费抢占先机的现象呢？

一方面，对许多人来说，这种转变似乎非常不公平、不民主。一位失望的妇女在最高法院排了好几天队，仍然没有旁听到 2015 年确立同性婚姻权利的案件。她说，真实的制度是"付钱给贫穷的黑人来为富有的白人排队"[2]。另一方面，也许排队应该被看作一件好事——资本主义在其最佳状态下，为编写机器人脚本的程序员、排队的穷人、无家可归的人创造了以前并不存在的就业机会。

我们过去从不问这些问题。但今天我们必须这样做，因为"先到先得"正在从内部被瓦解。

谁在先？

在人类的历史长河中，有很长一段时间，确定大多数资源的初始所有权规则遵循古罗马法律中的一句格言："谁在时间上更早，谁就有更大的权利。"换句话说,先到先得。

"先到先得"一直是家庭中的惯例。看看《圣经》故事。为什么雅各布在他的手臂上贴了一块兽皮,欺骗他的盲人父亲以撒,让父亲以为他是在祝福兄长——皮肤粗糙的以扫?以扫是长子,按理说应该得到他父亲的恩赐,长子不仅可以得到父亲的祝福,还可以得到尘世的财富,但雅各布的诡计让他插队得到了长子权。

长子继承制,即由长子继承遗产的做法,长期以来决定着世界各国王室的继承者。今天仍然如此,不过在瑞典和荷兰等国出现了具有平等主义倾向的转变,这些国家现在将王位传给君主的第一个出生的孩子,而不仅是第一个儿子。

先到先得也制约着对殖民地的探索。新世界的殖民地是根据哪个国家的探险家最先插上其国旗而瓜分的。这对无人居住的土地来说可能还说得通,但是对于已经有人居住的土地来说呢?如果成为第一才是重要的,那么美洲原住民更有权利拥有美洲。欧洲列强制定国际法时却不是这样说的。当欧洲人来到美洲时,他们将"第一"定义为"第一个基督教发现者"[3]。

关于如何理解使事物变成"我的"的古老格言,这里有一个关键。即使像"谁是第一个"这样听起来符合事实的东西,也不能自我定义。正确的问题是——"谁决定谁是第一个?"在美国法律中,这个问题的答案是"征服者规定其界限"[4],这是首席大法官约翰·马歇尔在"约翰逊诉麦金托什"案件(1823年最高法院的裁决,大多数律师在他们早期的法律学校里读过)中的说法。从法律上讲,作为最先信仰基督教的欧洲人,西班牙人对加勒比海、得克萨斯州、墨西哥和加利福尼亚州的主张是合法的,法国人对新奥尔良、加拿大和中美洲大部分地区的主张是合法的,英格兰人对新英格兰和弗吉尼亚州的主张也是合法的。

但如果是这样,当尼尔·阿姆斯特朗于1969年7月将美国国旗插在月球上时,为什么世界上没有人站出来抗议呢?美国的这一做法会使月球成为美国的领土,就像早期的美国是欧洲的领土一样。答案是,20世纪60年代,各国已经宣布放弃将发现和征服作为判断"谁是第一个"的标准。1967年,美国、苏联和其他几十个国家一起签署了《联合国外空条约》,明确禁止对地外资源实行先到先得的原则。

因此,当阿姆斯特朗成为第一个登上月球的人时,他并没有宣称美国在那里的所有权。事实上,为了使本国的意图明晰化,1969年美国国会被迫通过一项法律,规定当美国宇航员在月球上插上国旗时,"旨在作为一种体现国家成就的具有民族自豪感的象征性姿态,而不是通过主张主权来宣布国家占有"[5]。

各国继续玩着"谁是第一个"的游戏,但结果存在争议。2007年,俄罗斯海军在北冰洋海底插上一面小小的钛制俄罗斯国旗,此举引起了国际社会的关注。俄罗斯象征性地声明对北极下面矿产丰富的海床和穿越北极的贸易航线的权利要求——这些都是由于气候变化和冰雪融化而新获得的。尽管俄罗斯通过先标记这些资源来赢得它们的想法在国际上引起了轩然大波,但这种策略屡试不爽。

"先到先得"并非仅体现在领土主张和家族继承上。"成为第一"也是普通人主张各种无主之物所有权的默认规则。1848年加利福尼亚淘金热期间,矿工就是这样主张权利的。1889年,拓荒殖民者通过"圈地运动"占领了俄克拉何马州的原住民土地,"圈地运动"始于州界上的一声枪响["抢先占有土地者"(Sooner)这个贬义词是指那些草率行事的人]。今天,资金充裕的初创企业正致力于在月球上采矿,用渔叉在小行星上寻找水、铂金和黄金——所有这些都与国际公认的所有权规则相冲突。[6]这也是优步、爱彼迎、优兔等许多互联网企业兴起的原因，它们赶在法律完善前飞速创造并占领市场。所有权的模糊性使那些大胆的、毫无顾忌的、罔顾法律的先发制人者有利可图。

但事实并不总是如此。

法律不仅要看谁在提出权利要求，还要看他们用它做什么。在19世纪，开荒者不仅要第一个到达他们的160英亩①土地，而且要证明他们在连续几年内都砍伐、焚烧、围篱、种植，并从中获取食物。这是当时法院裁定美洲原住民不拥有其祖传土地的另一个原因。原住民在森林中穿梭、捕鱼、打猎，欧洲人并不认为他们有足够的生产力来支持最初的所有权主张。7根据定居者的农业和商业精神，他们把"第一"定义为"第一个进行劳动"。

事实证明，什么是"第一"是一个模糊的概念——从来都不只是一个经验性的事实，而总是一个法律上的构思。在经典儿童读物《小王子》中，有一个人物是数星星的商人。小王子问他为什么数星星，他说："我拥有这些星星，因为在我之前没有人想过拥有它们。"8但是，作为第一个想到拥有星星的人，并不必然拥有它们。总的来说，法院和政府定义并重新定义什么是第一，以无形的、不可阻挡的方式引导人们以特定的、社会认可的方式与稀缺资源互动。

美国的130万名律师几乎都是通过阅读"波斯特诉皮尔森案"获得这一见解的，这是发生在1805年的一个猎狐纠纷案。9根据法院的描述，洛多维克·波斯特骑在马背上驱使他的狗在无主的"荒地"，也就是一片海滩上猎杀一只狐狸——一种"野生、有害的野兽"。追逐的最后时刻，狐狸已经筋疲力尽了，这时一个名叫皮尔森的人出现了，轻松地杀死了狐狸，并将其带走。波斯特提起诉讼，声称皮尔森

---

① 1英亩约为4 047平方米。——译者注

抢走了他的财产——这只本该属于波斯特的狐狸，因为他先追逐了狐狸，而且即将杀死它。（注意：总得问一问谁在提起诉讼，谁会为了一张狐狸皮或一把摇椅而上法庭？诉讼当事人往往有些不同寻常，只能说生命短暂，努力解决吧。）

那么谁赢了？法律是沉默的。法官们一致同意，先到先得的规则应该是将野生动物转化为属于自己的东西。但是，什么才算得上是"第一"？在这里，法官们在所有权的界限上产生了分歧：是采用"明线规则"还是"标准"？[10]"明线规则"定义了精确的术语，这些术语往往是可预测的，并且在一系列案件中易于应用。"标准"则提供了一般性的指导，允许进行精细化的判断，以在特定案件中实现更公平的结果。想一想高速公路上写着"限速55"和"保持安全驾驶"的标志之间的区别。

大多数法官希望有一个"明线规则"，他们不希望看到失望的猎人在法庭上为狩猎的细节争论不休。为此，他们创立了后来众所周知的捕获规则，并做出了对皮尔森这位"粗鲁的不速之客"有利的决定。谁能"对野生动物造成致命创伤并将其置于一定的控制之下"，狐狸便属于谁。成为"第一"意味着完成工作，而不是想得到狐狸或是追赶它。

在反对意见中，一位法官认为，"第一"应该被定义为能最大限度地杀伤"狡猾的四肢动物"的任何行为。对他来说，确认的方法是询问波斯特是否对捕获有"合理的希望"——一个开放式标准。因为他认为波斯特有这样的捕获希望，所以波斯特是第一人，他应该拥有狐狸。这是一种直观的感觉：如果在最后一刻，随便一位路人就能捡到被你追赶得筋疲力尽的狐狸，那么饲养马匹和猎犬又有什么意义？

那么，皮尔森获胜后发生了什么呢？猎狐运动停滞不前了吗？

不，恰恰相反。事实证明，在一个以"第一个捕获"为准的世界里，猎人们强化了他们的捕猎技巧。时间证明，大多数"明线规则"推动了捕获技术的创新，且不仅是猎狐技术。如果你想第一个拥有野生动物，那么最好采用最致命的方法。这一狩猎规则也被扩展到对许多其他自然资源的拥有上。在美国的许多地方，如果你想拥有水、石油、天然气等地下流动资源，那么你必须进行创新，以确保实际上先把它们抽取出来。

今天，对于发明的所有权也是如此。两个世纪以来，美国一直使用合理前景规则，专利权的授予遵循"发明优先制"——一个引起许多诉讼的开放式标准。2011年，美国将"明线规则"改为"申请优先制"：无论发明者取得多大进展，谁最先在专利局注册，谁就能获得专利。美国是世界上最后一个对专利权采取"先取先得原则"的国家，此前国会进行的一场辩论，实质上是两个世纪前"皮尔森案"中的多数派和反对派观点的延续。

"先取先得原则"有其实质性的优势，它激励着每一个人在竞争中更努力、更迅速。但是，这种"第一"的明确定义也带来了副作用。在自然资源方面，它导致了物种灭绝和渔业的破产——我们将在后文探讨这些环境悲剧的解决方案。

在"皮尔森案"中，没有一个法官能预测到他们的意见在现实世界中导致的后果。当法院、立法机构、企业和家长旨在实现任何政策目标时，情况往往也是如此。我们通过对世界如何运作的猜测来确定所有权，但我们往往不会找到真正的答案。我们称这种策略为"随意的经验主义"，它在法律条款和现实生活中随处可见。当有人利用这种策略来对付你时，要提高警惕。如果有人说"我们需要X规则来获得Y结果"，那么请问：你怎么知道我们会得到Y而不是Z？

随着时间的推移，即使是为定义什么是"第一"而进行的最激烈的争论也会逐渐淡出人们的视野。在猎人、发明家、国家、电影票购买者等相关群体就什么是"第一"达成一致后，人们展开竞争，这不仅存在于过去的案件中，也存在于我们今天的生活中。这就是各国为地球同步卫星争取轨道的方式，也是你在熟食店点三明治时常见的："排在第一位的，请上前。"

简而言之，"先到先得"是一个强有力的社会工具，是在拥挤世界中人与人相处的默认规则。这是为什么呢？它的基本优势是什么？

首先，正如多数像皮尔森这样的人所承认的，它简单易懂、易于应用，甚至连孩子也常运用这一规则。在课间休息时，第一个坐在操场秋千上的人就能荡秋千，不必费钱费时就能解决谁先谁后的争议，不需要大量的信息或长时间的讨论，也不需要父母或老师的干预，他们完全可以自我监督。

"先到先得"也激发了一种原始、直观的公平感。时间优先级似乎产生了一种道德要求：如果你努力提前排队，如果你按规则行事，你就应该排在其他人前面。对大多数人来说，这个结果也与民主和平等的理念相吻合——无论我们是王子还是贫民，我们都有同样的机会提前排队。在抢占稀缺资源的斗争中，时间是最公平的。

出于历史和传统、效率和生产力、易于管理和协调、正义和公平等原因，社会关注点聚集在所有权的核心规则上：时间优先意味着权利优先。

到目前为止，一切顺利。

但今天，"先到先得"受到社会各方面的冲击。我们已经看到排队公司和机器人程序是如何破坏这一规则的。像SOLD这样的精明企业，已经知道了如何将时间转化为金钱：走到队伍的前列就会有巨大商机。

尽管"先到先得"有其优点，但它也有一个致命缺陷——大部分价值停留在表面，可以被任何知道如何操纵所有权规则的人利用。政府、企业和普通人都意识到，如果他们不理会那些先到者，就能为自己创造更多价值。

然而，现实中，"先到后得"的情况越来越多。为了了解原因，我们把关注点从最高法院的代排族转移到另一场景——疯狂的大学篮球赛场。

卡梅隆狂热追求者

在詹姆斯·萨尔兹曼入职杜克大学法学院时，院长说："薪水可以商量，但是篮球票不行，我帮不了你。"

杜克大学的篮球队闻名全美——五个全国总冠军，一个历史上赢得胜利最多的教练迈克·沙舍夫斯基，一个被称为卡梅隆室内体育馆的狭窄、老式场馆，一群被称为卡梅隆狂热追求者的学生球迷，他们是这片土地上最狂热的人。杜克大学的篮球票很难拿到手，对于教师来说尚且如此，对学生来说将会更难。

每年九月的第三个周末，杜克大学的研究生都会参加现在所谓的"露营"活动。从周五晚上到周日早上，学生们在体育场外露营。在此期间，喇叭会随机响起，学生们必须在 10 分钟内到体育场中央的一张桌子处登记，以证明他们在现场。商学院的学生经常租用带床垫的房车和 U-Haul 卡车，英语系和历史系的研究生则在睡袋中祈祷不要下雨。

这个活动很有节日氛围，大家精力充沛，但是说实话，到最后都会很累。并不是所有参与露营的学生都能拿到门票，只有坚持下来的人才有抽奖的机会。幸运的中奖者获得购买季票的权利，购票后他们就可以站在球场旁学生专区的露天看台上观看篮球赛了。这些中奖者支付的价格很低，远低于大多数学生观看杜克大学主场比赛的价格。学生们必须出示身份证才能进入体育场，所以篮球票很难转售，但即使售价是票面价值的数倍，他们也不会出售。[11]

露营活动已经成为一种特别的经历，许多学生说这是他们在杜克大学最喜欢的活动。但这种篮球票分配方式很奇怪，杜克大学明明可以像其他拥有顶级球队的学校一样，以简单的"先到先得"方式在售票处或网站出售篮球票，为什么须要研究生露营36小时呢？

答案在于掌握所有权的设计权所产生的力量。杜克大学面临着进退两难的境地，它拥有一种很多人都想要的稀缺资源——球场的篮球票。关键问题是：杜克大学想从这种所有权中得到什么？

杜克大学不只是想让它的看台坐满人，不只是想要热情的学生，它还想要卡梅隆狂热追求者——整场比赛都站在离球员几英尺远的地方，跺脚欢呼，直到喉咙嘶哑。它想要的是那些把自己的脸涂成"杜克蓝"的学生，正如杜克大学的口号所宣称的那样，他们将"流淌着蓝色的血液"。它想要在数百万名电视观众面前提升其全美最好篮球学校的品牌形象。在外界看来，露营可能没有意义，但它非常符合杜克大学的利益。

"先到先得"当然是一种更简单的门票分配方式，但它会带来不忠实的球迷。露营代表了杜克大学充分利用其所有权的一种强有力的方式，确保那些获得篮球票的人将是格外忠实的球迷。露营的磨难将杜克大学的篮球票转化为某种独特的东西——一个严格排他的抽奖凭证。只有卡梅隆狂热追求者才会风雨无阻地连续露营36小时，只为获得一个篮球票抽奖的机会。共同的艰难经历使他们成为一个团体（更不用说培养忠诚的校友，他们后期有潜力慷慨捐赠）。

露营看起来可能只是一个微不足道或奇怪的活动，但其影响深远。杜克大学已经搞清楚了关于所有权的一些重要而微妙的东西。"先到先得"似乎是普遍而正确的,但并不是不能改变的。所有权规则不仅可以,而且实际上常以高度有针对性的方式引导、改变人们的行为,以服务于所有者的利益。杜克大学关注的是如何最有效地分配宝贵的稀缺资源——篮球票,以实现其独特的目标,而这意味着不同球迷有不同的适用规则。

富有的校友有一套制度体系,也偏离了严格的"先到先得"规则。潜在的购票者需要支付 8 000 美元的年费加入铁公爵俱乐部,然后耐心等待自己的名字排到名单最上方,这样他们在有票时就可以购买季票,而这可能需要几年时间。

杜克大学也为本科生制定了第三条规则:老式的"先到先得"。除了大型比赛,这些学生通常可以在比赛开始前排队等候几个小时免费入场。为了迎接杜克大学对阵附近的北卡罗来纳大学的比赛,本科生提前两个月搭起帐篷,在体育馆前面的草坪上等待(这个区域被称为 Krzyzew-skiville)。第一批搭起帐篷,并且始终保持一定的学生人数,就能够在比赛日排在前面——等待两个月只为一场两小时的比赛。本科生似乎很享受在草坪搭帐篷露营时收获的友情,他们也会在较短的队伍中为常规赛排队等候。

杜克大学的体育部门发现,可以通过一个精心设计的票务系统来获取三种价值:疯狂的球迷、座无虚席的球场和高额利润。杜克大学没有奖励排在最前面的人,而是将票务分配当作一种社会工具,一种重新引导学生行为的复杂远程控制。如果你停下来想一想,杜克大学可以让研究生露营数天,让本科生露营数月,但学生们都满怀激情而不是抗议,杜克大学也能够将其从篮球项目中获得的价值最大化,你会发现这很了不起。

杜克大学并不是唯一一所为其目的而重新设计"先到先得"规则的学校。各种宝贵资源的所有者都意识到,如果它们不是仅奖励那些耐心排队等待的人，就可以（为自己）创造更多价值。每个人都在迪士尼面前卑躬屈膝，迪士尼才是真正摆布了别人还让人感谢的大师。

迪士尼私人 VIP 之旅

迪士尼在打造游乐设施方面很出色，[12]在管理员工方面更专业、更出色。在"9·11"恐怖袭击事件后，机场请来了迪士尼的员工，就如何缓解因加强安检而形成可怕长队的问题进行咨询。迪士尼的专长是从它管理全球各地主题公园的游客等待方式的经验中总结而来的。

几十年来，孩子们一直都是通过排队来乘坐太空山、丛林巡游和其他迪士尼的热门游乐设施。大多数时间，游乐园是一片繁忙景象，等待时间甚至会长达好几个小时，这会让大部分孩子失去耐心，但这就是迪士尼过去的运行方式——先到先得。排队等候的人有的是时间，他们都会严格监督以防有人插队。迪士尼粉丝平台会专门讨论这个话题，也有很多关于被激怒的排队者与插队者拳脚相向的新闻报道。

20世纪90年代，迪士尼意识到，长长的队伍使很多游客的乐园体验感较差，但问题是太空山每小时只能容纳数量有限的乘客。那么是否存在一种方式，既可以缓解排队给孩子们带来的挫败感，又能使游乐园在此过程中获取更多利润呢？

迪士尼通过引入如今所谓的"快速通行证"解决了这个问题。一个家庭可以在进入游乐场前为他们喜欢的特定游乐项目购买三张"快速通行证"，且他们需要在规定时间使用，缺乏耐心和有计划的游客得以免去漫长的排队等候时间。如此，他们便可以四处闲逛，玩一个排队不长且不太刺激的游乐项目，然后使用"快速通行证"，免排队享受他们的特定游乐项目。用完当天的三张通行证后,这家人可以派一位家长再去买一张,一两个小时之后就会生效。在此期间,孩子们可以四处闲逛,之后可以再买一张"快速通行证"……直到他们用完通行证或者一家人筋疲力尽。事实证明,"快速通行证"(迪士尼各度假区之间略有不同)在疏散人群和改善游客体验方面很有效。

但"快速通行证"的真正魔力在于,它让人们在游乐园里停留的时间更长了,并且让他们花钱消费而不是虚度排队时光。一天下来,一个家庭排队时间极少,却能享受好几个游乐项目,并且每个游乐项目之间会有一两个小时的空闲时间。在此期间,人们会做什么呢?这些游乐设施相距甚远,并且其间的通道都是经过精心设计的,可以激发孩子们的欲望。在这里,他们可以在无穷无尽的米奇商店里购物,还可饮用都乐菠萝冰沙。

迪士尼面临着与杜克大学类似的挑战。它拥有一种稀缺的资源——热门游乐设施通道,历来都是按"先到先得"规则进行分配的。这似乎是一个公平的制度,对所有人都一视同仁。今天,成千上万的人仍在排队等待,但每个人都知道,他们可以平等地获得"快速通行证"——虽说不是特别方便,但好歹可以免去排队的烦恼。

通过"快速通行证",迪士尼获得了三个好处:第一,它安慰了那些讨厌排长队的人;第二,它让排队的人重新流动起来并且购买商品;第三个也是最后一个效果更加微妙,但对迪士尼来说可能更有价值——它让游乐园的游客们习惯了这样的想法,即"先到先得"并不是决定谁先乘坐太空山的唯一规则。"快速通行证"告诉人们,有限的、可见的、受认可的插队是存在的,并且他们也可以成为其中一员。

然后,迪士尼迈出了下一步——所有权设计的天才一步。

有些富人拥有的钱远比时间多,就像那些付钱给代排者在最高法院等待席位的律师和说客家庭，以及首日购买最新款苹果手机的人。有些人会为了永远不去排"小小世界"的长队而不惜付出一切代价。迪士尼正是为这些顾客打造了私人VIP之旅。私人VIP之旅就像一张"超级快速通行证"，它可以让你全天跳过所有游乐项目的长队。如果你想连续游玩五次"飞溅山"，那就尽情享受吧。对某些人来说，这样的好处值得向迪士尼支付一大笔费用。

这似乎是迪士尼增加利润的一个简单方法。但有一个问题：如果迪士尼明目张胆地将太多的富有游客转移到队伍前面，就可能会激怒许多耐心排队等候的家庭。

迪士尼已经解决了这个问题，它把私人VIP之旅的价格提到足够高的水平以获取更多的利润，同时又不至于让排队的人觉得有什么不妥。这是一个棘手的微积分运算。事实证明，在实践中，最佳插队点介于3 000~5 000美元，具体金额取决于季节。这就是迪士尼对每个团体收取的除门票外至少7小时不间断插队的费用——这达到了即使是最富有的家庭也想在飞溅山花费的最多时间。这笔费用包含了迪士尼为每个团体安排一名导游的服务，以便他们能够巧妙而谨慎地插队。通常情况下，该团体采取的是"快速通行证＋通道"的进入方式，所以排队的家庭无法看出有什么不寻常的事情发生。对于某些游乐设施，私人VIP导游甚至会带着他们的游客从侧门或出口进入。

最近，迪士尼为免排队推出了更多通道。其中，最臭名昭著的是它为服务残疾游客而设置的免排队通道。在游乐园入口处申请残疾人通行证后，一个由六名健康游客和一名残疾游客组成的团体可以快速进入游乐设施。令人失望的是，残疾人可以每小时130美元或更高的价格将自己"出租"，充当健全家庭的插队陪护——与私人VIP之旅相比，这是相当便宜的。

更糟糕的是，一些人为了获得通行证而假扮残疾人坐着租来的轮椅出现。就像一位精明的迪士尼游客评论的那样:"当你可以利用黑市的残疾导游来完全规避排队时,谁还会想要快速通行证呢?"[13] 一位雇用了残疾导游的纽约妈妈说得很实在,且未对此感到内疚或羞愧:"迪士尼里面百分之一的人都是这么做的。"

迪士尼反击了,它终止了优先通道计划,并表示:"我们认为人们雇用残疾人来滥用(我们的)便利条件实在太可耻了。"[14] 如果百分之一的人想跳过排队,他们便需要让迪士尼成为获利的一方。

环顾四周,你很容易发现"先到先得"的漏洞,但我们应该担心吗?毕竟,露营作为杜克大学的特别经历而备受珍视,"快速通行证"减少了普通家庭的挫败感。即使是私人 VIP 之旅也可能具有社会价值,至少对迪士尼股东来说是这样的。

动态收费和韩国塔克卡车

当我们转向一个新的所有权规则时,我们必然会选择赢家和输家。你如何评估这一变化取决于你身处哪里,比如你正在开车的路上——想一想你在拼车道上开车的情景。

像许多城市一样,为拼车者或电动汽车开辟一条专用车道似乎是件好事,这意味着道路上的汽车更少,空气质量更好。但是,如果你了解到这条车道可能会以动态收费的方式为那些愿意支付额外费用的汽油车司机提供便利,那么你是否会改变你对拼车道的看法?在动态收费方式下,司机们被收取的费用是实时变化的,以确保车道上的车辆能够快速行驶。

2016 年 12 月,在从弗吉尼亚州驶入华盛顿特区的 66 号州际公路上,高峰时段开始实行动态收费。此前对司机的采访表明,他们对这项举措没有意见。理论上,他们愿意多付几美元以换取更短的车程。但是,在一个拥堵的早晨,一段 10 英里长的路段收费上涨到了近 35 美元。一位妇女向《华盛顿邮报》的记者抱怨道:"吃相太难看了。"[15]

但动态收费完全实现了它的设计初衷:随着价格上涨,许多独行司机选择不驶入 66 号州际公路,从而缓解了交通压力,平均车速也从每小时 37 英里提高到 57 英里。对于那些愿意花钱加快通勤速度的人来说,开车很顺利——也许这些人就是在国会听证会上购买座位的人和在迪士尼参加私人 VIP 之旅的那百分之一的人,但也许他们只是真正需要快速进城的普通上班族。

弗吉尼亚州掌握了所有权的设计权,就像杜克大学和迪士尼一样。"先到先得"的旧规则造成了拥堵和空气污染。动态收费迫使人们在时间和金钱之间做出选择。总的来说,也许动态收费的拼车道能使世界变得更清洁、更健康;也许州政府将这些资金用于补贴公交线路,从而减少汽车出行;又或许它只是富人取代其他人的一种方式。

为了深入了解"先到先得"原则是如何作为一种社会工具发挥作用的,我们可以先了解一下关于餐车和手推车[16]可以停在哪里的持续争论。潮人快餐车一直是美国食品经济中最具创新性的部分之一,它们经常推出新的菜肴,这些菜肴甚至能成为主流菜式。2008 年,罗伊·崔在洛杉矶的 Kogi BBQ 卡车将韩式烤肉与墨西哥煎玉米卷融为一体,由此产生的玉米卷和许多衍生品类,后来都出现在了高档餐厅的菜单上。

相比它们对美食文化的贡献,餐车和手推车更是移民企业家一直以来在美国立足的重要途径。传统的实体餐馆对流动食品摊贩的迅速崛起感到担忧。餐馆必须支付租金和煤气水电费,同时要遵守更严格的卫生和安全法规。毫不奇怪,由于悬殊的运营成本,餐馆老板将停在他们门外的越来越多的餐车和手推车视为一种不公平的竞争形式。

但这与所有权有什么关系呢？

一切都会有结果。餐馆老板将这个问题的争论归结为"先到先得"。他们一直在游说当地官员，阻止竞争对手在现有餐馆附近停车。他们认为，因为餐馆的存在在先，所以餐车和小推车不能停在那里。附近的停车位应该继续按"先到先得"原则进行分配，但"先到"的定义应该排除餐饮业的竞争对手。

巴尔的摩县被说服了，它禁止餐车在距餐馆200英尺以内的范围停车，这有效地将竞争者逐出了繁忙的市中心。芝加哥也采用了同样的规则，具体的做法是要求餐车安装城市监控GPS（全球定位系统）。芝加哥有70辆餐车，而俄勒冈州波特兰市的面积虽然只有芝加哥的1/4，却因为没有停车限制，有500多辆餐车，这绝非巧合。毫不奇怪，当地的食物构成是非常不同的。这样看来，你对停车限制的看法很可能取决于你是喜欢老式餐馆，还是喜欢融合型的墨西哥煎玉米卷餐车。

这背后更多的是利害关系。限制性规则可能会保护现有的餐馆，从而保护城市的税收基础，但扼杀了烹饪创新，限制了新的就业机会，也切断了移民企业家的立足通道。这是人们争论的一个重要部分：谁和什么车应该先得到停车位。这是关于后来者与本地人争论的"约翰逊诉麦金托什"案件（"征服者规定其界限"）的重演。只是这一次，后来者输了。

关键是，每一个关于"先到先得"的定义都是社会工程的一种形式，它推动着其他目标的发展，这些目标常是未公开的。谁控制了所有权设计，谁就能以符合所有者利益的特定方式改变人们的行为，比如选择非常特殊的蓝色粉丝群体（杜克大学），或者最大化利润（迪士尼），或者环境利好的付费行为（弗吉尼亚）。对于这些所有者来说，奖励那些耐心排队的人会使很多价值停留在表面而无法被挖掘。

"先到先得"是老一套，也是糟糕的生意。

利害关系是什么？

大多数时间，我们根本不用思考这个问题，但我们必须知道究竟是哪种所有权方案控制着我们想要的资源。无论是在酒吧买饮料的顺序，还是在海滩上铺毛毯的空间，我们都会不自觉地思考：怎么才能让这个东西成为我的？要想成为一名高度社会化的成年人，我们要做的就是深入理解什么样的所有权规则适用于什么情况。

通常来讲，"先到先得"仍然是我们的首选规则。当我们开车去超市的停车场时，"先到先得"是默认的规则——我们可以选择我们想停的任何一个空位。要想实施其他方案，停车场所有者就需要将替代规则说得非常清楚。有时，他们会在人行道印上名字，或者贴上标志，上面写着"特许停车"或"残疾人停车位"。在海滩、电影院、熟食店或等待进入最高法院时也是如此。

下次你排队时，除了可以猜测前面的人是否被付费代排队来打发时间，还可以想想排队设计的选择。稀缺资源的所有者不得不决定通过排队而不是通过其他可用的方式来分配。他们不得不决定是否设计一个混合系统，以策划特殊的体验。其中，"先到先得"是所有者为了实现他们常常未明说的目标而做出的一种技术和道德选择，不管是为了榨取你的钱，增加拼车，阻止竞争，还是让你把脸涂成蓝色。

了解了这一点，你可能会问自己：我如何利用所有权设计来让别人按照我的意愿行事？不要以为老式的"先到先得"会给你带来最大的利益。如果你是父母或老师，那么你是奖励先开口讲话的孩子，还是奖励先排队的孩子，或者其他行为？作为爱彼迎的房东，你应该把房子租给第一个询问者，还是只租给排名靠前的客人，或者自己做尽职调查后再选择？

"先到先得"有很多优点——它易于管理，并诉诸我们对公平和平等的直观理解。"先到先得"自《圣经》时代就存在是有原因的。但它是一个粗糙的工具，很容易被利用和转换，它把财富留于表面，并且留下了错误的顾客。因此，所有者改变了他们的所属物被拥有的默认方式。

有时，像排队公司这样的中介机构通过垄断资源并将其转卖给不耐烦的富人来获取利益。有时，所有者改变规则，不以同样的价格向人们出售其所属物，而是为少数人创造一种高价体验。通过设计一个混合系统，所有者可以从有限的稀缺资源池中获取更多利益。

这种"所有权炼金术"远不止把钱从购票者转移到黄牛手中那么简单。像 SOLD 这样的排队初创公司正在引领我们进入一场社会革命，尽管悄无声息，但仍然是一场革命，因为企业家意识到可以通过出售时间来获利。

虽然很少有人这样理解，但"先到先得"是正在进行的关于社会核心价值观的辩论的一部分。排队是问题还是解决方案？在进入最高法院并旁听案件前，普通公民是否应该与付费代排者竞争？还是说，让那些有能力支付数千美元的律师和说客获得这些座位，对社会更有价值？也许最高法院应该为学生群体保留座位，或者拍卖这些座位，将收入用于引导高中生参观这一令人敬畏的建筑。或者，法院应该设置一种完全不同的访问途径——这是我们的观点，比如视频直播辩论，让每个人都能在网上免费观看这些辩论。在新冠疫情防控期间，法院采用了部分视频直播的方式，而司法行政部门并没有做出明显的改变。[17]

换句话说，每条"我的"的规则都会奖励不同的价值理念，就像我们在引言中讨论的"摇椅事件"那样。老式的"先到先得"奖励那些有时间并耐心等待的人。时间是每个人平等持有的财富，所有人每天都只有 24 小时。相比之下，"先到后得"往往是对财富的奖励，它有利于那些可能有较少空闲时间但可以付费，或能够为他人的时间付费的人。

理解了这些，我们就可以解读世界上成功的客户服务，如星巴克的插队应用程序、美国联合航空公司的飞行常客提前登机、沃尔玛的"20 件或更少"产品线。长盛不衰的企业都是调整传统意义上的"先到先得"的高手，它们能够让顾客愿意，甚至高兴地放弃他们的时间或金钱，抑或两者都放弃。

设计所有权并不像在巧克力和香草冰激凌之间做决定那样简单。我们最重要的价值标准岌岌可危。在整个经济社会中，所有者正在悄悄地改变规则，从"第一"到最后，从时间到金钱，从平等到特权，都是为了实现他们的利益，而未必是你的利益。这些选择既不是永恒的，也不是不可避免的。然而，在我们为现代生活的基本商品进行互动时，它们确实定义了我们作为消费者和公民的身份。

第二章

占有：现实占有，十诉九胜 vs 现实占有，胜算十之一二

停车椅

如果你生活在美国的一个多雪城市,你就会了解停车椅了。暴风雪过后,你在户外步履维艰,终于在厚厚的积雪下找到你的车,然后开始繁重的铲雪作业,当汽车周围的积雪终于被清理干净时,你就可以开车上班了。但有一个问题:下一个出现的司机会心怀感激地使用这个停车位,那么你回家后要把车停在哪里呢?街道上的大部分地方仍然被积雪覆盖着。下面让我们通过停车椅来一探究竟。[1]

波士顿人长期以来都在使用这些"占车位神器"来保留他们在大雪后辛苦清理出来的车位。在芝加哥,这种占车位的方式被称为 dibs;在费城,它被称为 savesies;在宾夕法尼亚州的一些地方,它被称为 pittsburgh parking chair。在这些地方,椅子一直占着停车位,直到街道上的积雪消失,重新恢复正常秩序。至少在暴风雪过后的这几天,居民声称对公共停车位享有控制权,城市官员也默许了这一做法。当地人常常对这种非正式做法感到自豪,他们都知道这些不成文的规则,而且他们对占车位的物品都非常宽容:大多数人会认可一个橘色锥形路标、一个吸尘器、一个破熨斗,甚至一盒果脆圈——关键是要有效地向其他司机传达:"这个位置是我的。"[2]

老一辈的居民将他们所在城市停车椅的兴起追溯到汽车数量开始超过街道停车位数之时。在南波士顿住了一辈子的布莱恩·马奥尼回忆,在他小时候,"人们不必把东西放在外面,因为大家都知道那是谁的停车位。[3]我们都住在这一带,街上的人互相都认识"。南区的邻居们互相帮忙从积雪中挖出汽车,看守街道,警告闯入者,并不需要用椅子来标记哪个车位是谁的。

然而,从20世纪70年代末开始,公寓开始取代旧的三层楼房,大量新居民涌入,越来越多的汽车围着固定数量的停车位打转。有人说1978年的暴风雪是一个转折点。从那时起,居民开始使用"占车位神器"来简单表示他们占了这个车位。在大多数情况下,邻居都接受这种方式,那些无视它的人会遭到车辆被破坏或人身攻击的报复。

即使停车位短缺的情况越来越严重,波士顿官方也视而不见。企业表示抗议,因为顾客没有地方停车。一方面,服务人员躲得远远的,客人转着圈找车位。另一方面,有停车位的地方空着,整天浪费着,等待着它们的"主人"回来。在越来越多的抱怨声中,2005年,波士顿出台了一项措施,停车椅仅限在暴风雪之后的48小时内使用。人们很快对此做出回应,南波士顿市议员[4]詹姆斯·凯利宣称要反抗市长,他说:"这个问题涉及作为一名美国人的基本原则……就像淘金者和拓荒者一样,居民有权利提出他们的要求。"南部居民最初选择忽视48小时限制,但在过去十年中,人们已慢慢接受了这个限制。

南波士顿 I-93 公路对面的南区是一个较富裕的社区,它采取的方法截然不同。2015年,在当地居委会统一战线的压力下,市议会宣布南区为"无占位试点社区"[5]。在试行过程中,南区居民打电话给市政府，让垃圾处理人员立即清除掉"废弃的家具"，这里没有 48 小时占位的规定。市长马蒂·沃尔什支持这一改变。"空间并不是你一个人的。你辛苦挖雪，把你的车弄出来……但这是一条城市街道。"⁶ 市长的话很有道理。毕竟，大多数人铲出自己的车是因为他们必须开车外出。为什么你的努力就应该为你赢得额外的回报，为你一个人保留公共空间？

一位波士顿居民亚当·莱斯科在反思这一冲突时，认为停车椅的兴起是反对社区变化的斗争的一部分。他说："从更宏观的视角来看，我认为这也是'守旧派'保持某种社区风格的一种方式。还有一点，这是这座城市的市民在看到自己的老邻居被高房价赶出社区时想要做的一件事。"⁷

布鲁克·格莱登被夹在新规则和邻居家的习俗之间。2015 年，她从纽约市搬到南波士顿。在纽约，如果你清理出一个空位并放置一把椅子，你就会同时失去你的空位和椅子。因此，当她挖出她的车时，她遵循纽约的惯例，将可用的空位留给了下一个司机。她试图成为一个好邻居，在停车时通常会寻找没有椅子的空位。但有一天深夜回家时，她把车停在了一个放有锥形路标的车位上，这是很早之前的一场暴风雪后留下的。第二天早上，她的风挡玻璃被人用无法擦除的红色记号笔写上了："我的锥形路标在哪里？你把它也拿走了吗？"

格莱登向警方报案，但被告知波士顿警方不会介入停车椅的纷争。她并没有退缩，几天后，她又从同一个地方移走了另一个锥形路标。她说："没有任何理由可以损坏别人的财产。"格莱登悠闲地下车走了，但停车纠纷可能会迅速升级。无视锥形路标或椅子的人回来后会发现他们的车门被撬开，车窗被砸碎，或者车胎被划破。只有当占位者殴打停车者，或向停车者开枪时（有时会发生），警方才会介入。

在如何处理停车椅问题上，综合考虑了当地习俗、后来者和商人的要求，以及公众对暴力容忍度的下降等因素。对于南部的老邻居来说，椅子传达了一种占有要求。而其他人，如格莱登，则坚持先到先得。椅子在纽约州北部的城市——罗切斯特或布法罗从未拯救过什么，这些城市下雪的次数比波士顿还要多。在更南的地方，费城发起了一项"无占位"运动，尝试像南区一样采取"无占位"举措。在许多城市，所有权问题仍未得到解决。你搬走一把停车椅，就会有危险。那么，街道上的椅子应该意味着什么呢？

没有正确的答案。

占有形成了一种神秘语言，一种我们在孩童时期就已学会的语言，它标志着我们成为社会化程度很高的成年人。像任何语言一样，占有是不断变化的，居民、企业和政府都在争先恐后地重塑它的条款——数量远远超过停车椅。在停车场、自助餐厅、电梯、操场等地方，我们每天都会上百次无意识地评估占有要求。这些要求主要是通过无声的信号和习俗来实现的。我们对它们的理解决定了我们所坐、所站、所活动的地方，以及在日常生活中，我们与稀缺资源互动的方式。这一章有助于理解这些信号。

在较小范围内，邻居、企业家和政府利用占有的标志，以我们没有注意到的方式摆布着我们。在更大的范围内，政治领导人利用我们对占有的本能来为战争和占领辩护。最后，占有是一个强大的工具，可以塑造所有者想要的现实。这些占有的规则往往不是法律，但比法律更有说服力。

沙坑和购物车

为什么南部居民觉得划破车胎是合理的？他们的反应折射的不仅

是与外界的偶然分歧。所有权要求或是基于"先到先得",或是基于生产性劳动,但占有确定了他们的所有权。正如著名的所有权学者卡罗尔·罗斯所写的那样:"铲雪这种目的性的行为并不像物体的存在那样具有明确的排他性。"[8]

想一想,当有人在教堂的长凳上或在体操课上抢走了"你的"固定位置时,你有没有做出过激烈的反应,可以回忆一下你当时的感受。

所有权主张基于对东西的"物理占有"——这是我的,因为我正拿着它——这种物理占有激活了我们对所有权最原始的理解。是的,我们在这里用的是"原始的"这个形容词的字面意思。[9]占有是动物的原始本能,[10]并根植于我们的大脑中。它证明了我们在日常生活中声称属于自己的大部分东西是合理的。

物理占有的强烈欲望是人类心理活动的核心之一,在婴幼儿时期就形成了。无论出生于哪种文化中的婴儿,他们在快一岁时就会对特定物品表现出强烈的占有欲,比如毯子。在婴儿与母体分离并开始爬行时,这些"过渡性物品"为他们提供了安全感。对婴儿来说,这些物品是他们自己的延伸。18个月大的时候,"我的"是小孩词汇的一个重要组成部分。难缠的两岁小孩之间发生的争吵多是为了占有物品。

实物控制[11]对正在形成的自我和独立意识至关重要。如果一个玩偶或卡车是我的,那么它就不是你的或其他人的。蹒跚学步的小孩会不遗余力地争夺他们想要的东西。这些发生在童年的争斗是人类学习如何主张和捍卫自我的开端,同时也是我们理解和尊重他人的开端。

占有的强烈欲望不仅出现于儿童期,也是成人行为的核心。诺贝尔经济学奖获得者丹尼尔·卡尼曼和理查德·塞勒展示了"我正占有它"的力量是如何影响人们对普通物品价值的判断的。在一个经典实验[12]中，他们把普通的咖啡杯分给了一些学生，然后问他们想要多少钱作为放弃杯子的补偿；他们又将现金分给了另一些学生，然后问这些学生愿意出多少钱来获得一个相同的杯子。两者的价格应该是差不多的，毕竟杯子并没有什么不同。应该说，在这个实验中，一开始是拥有杯子还是拥有现金并不重要。

但事实并非如此。大量重复实验发现，卖家认为杯子的价值是买家愿意支付价格的两倍多，前者是5.78美元，后者是2.21美元。后来，用巧克力棒、篮球赛座位、彩票、音乐专辑等进行的数百个实验，也证明了这种差异。甚至黑猩猩和卷尾猴[13]也表现出这种行为。

所有这些都显示了相同的基本心理行为：一旦你物理占有某样东西，它就会变得比之前更有价值。你的依恋改变了它的价值，你放弃它的代价比你最初支付的更大。这不再只是一个出售咖啡杯的案例，你现在正在出售的"你的"杯子，是你自己的一部分，这是有溢价的，塞勒称其为"禀赋效应"[14]。

禀赋效应塑造了许多日常行为。回忆一下你最近一次推着购物车在超市排队结账时的情景。想象一下，一个陌生人走了过来，窥视你的购物车，拿出一盒麦片，然后又看了一眼，抓起一盒牛奶。这似乎很疯狂。这种情况从未发生过（尽管我们在新冠疫情初期的恐慌中确实遇到过这类情况：偷卫生纸）。[15]你可能会对那个人大喊："你……你在做什么？那是我的！"但为什么麦片和牛奶是你的？你还没买呢。在你的物理占有并不合法的情况，是什么让你如此自信？

零售商总是能够理解并利用这种占有本能，创造条件让顾客为他们的商品着迷。苹果店的开放式场地和管理的无秩序状态并非偶然。店员需要让顾客感到宾至如归，让他们留下来玩手机、平板电脑和其他产品，想玩多久就玩多久。随着顾客产生占有感，他们与产品的物理联系就会逐渐加深，他们对平板电脑的估价也会提高。当"那台平板电脑"变成了"我的平板电脑",要价也就不再显得那么高了。

占有心理也是服装店鼓励顾客试穿、汽车经销商鼓励试驾的部分原因。当你开始穿新衣服或开新车时,你会更容易把它们想象成你的。这就是为什么在美捷步你很容易就能试穿各种鞋子,为什么床垫销售商会给你六个月的免费退货期。这也是为什么有些公司允许你在收货后付款。如果感觉它是你的,那么离别就变得更加困难。首先你会有身体上的依恋,然后你会更重视这个物品。

如果可以,法律通常会利用我们对物理占有的直觉。想想你每天随身携带的东西:你的钱包、手机或背包,你的衣服或梳子,你放在咖啡馆桌子上的书。如果有人想要拿走它,那么你要怎么证明它是你的?令人惊讶的是,答案通常会回到物理占有,仅此而已。如果我拿走了你的书,仅仅基于你在我之前占有这本书,法律就会设定为你享有所有权。这是真的,即使你是一个从别人那里偷书的小偷,你之前的占有也胜过我对它的占有。

这一规则也推动了另一种至关重要的经济关系。想一想,当你把衣服交给干洗店,或者把车钥匙交给泊车服务员时,是什么让你有信心拿回衣服或汽车?答案建立在你事先拥有的基础上。你不需要依靠合同、契约或法庭记录来证明你是真正的合法所有者。你所需要的只是一张索赔支票,这只表明你暂交别人前一直持有该东西。律师称之为委托——你保持对某物的所有权,但出于特定目的,你需要在有限时间内转移对其实际占有。我们不假思索地把有价值的东西交给陌生人,托付给他们,他们也不会过问太多,只是按时归还。

物理占有的意义在于给予人们信心,以确保无数经济活动顺利开展。这意味着我们不必为我们的书、太阳镜和其他物品而随身携带一堆收据。这就是为什么当扒手偷了你裤兜中的钱包时,他并不拥有你的钱包;当入侵者踏上你的土地时,他并不拥有你的土地;当路人捡到你掉落的手表时，他并不拥有你的手表。"拾到者保留，失去者哭泣"听起来朗朗上口，但法律和实践却恰恰相反。真正的规则是"拾到者归还"[16]，我们每个人都有过很多次这样的经历。很多时候，大多数人会把东西还给先前的占有者。

物理占有为解决冲突提供了一个非常简单的、经得起时间检验的、低成本的、易于验证的方法：在其他条件相同的情况下，先前持有该东西的人通常会赢过后来持有它的人。但并不总是如此。

后院强盗

早在 20 世纪 80 年代，唐·柯林和苏西·柯林就在科罗拉多州博尔德的郝思嘉大道购买了几块相邻的土地，在那里可以欣赏到附近落基山脉前沿的迷人景色。[17] 他们是谨慎的规划者，没有开发这些土地，而是打算以后卖掉它们以支持自己的退休生活。在土地升值到 100 万美元之后，更显得这是一项精明的投资。或者说，柯林夫妇是这么想的。

博尔德前市长兼县法官理查德·麦克莱恩和他的妻子伊迪·史蒂文斯就住在隔壁。20 年来，他们公开使用了柯林家 1/3 的土地，把它当作自己的后院。他们经常在那里举办派对，储存木柴，并维护这块"伊迪之路"。在外界看来，麦克莱恩对这块土地的物理占有看起来就像是平常的所有权。任何不知道实际情况的人都会认为这块土地属于麦克莱恩和史蒂文斯。

2007 年，他们试图消除所有疑虑，向法院起诉要求获得"他们的后院"的所有权，柯林夫妇感到震惊。麦克莱恩和史蒂文斯是他们土地的入侵者，竟然敢提出索赔？当法官站在麦克莱恩和史蒂文斯一边时，他们更加震惊。并非只有柯林夫妇感到愤怒。判决后不久，麦克莱恩和史蒂文斯收到了一个匿名包裹，里面有一颗子弹和一张威胁纸条："在旧西部，我们有办法对付你们这种人。"

但这种威胁的方式是错误的。在旧西部，物理占有的主张甚至比今天更强烈、更频繁。那时，这片土地上生活和居住的定居者甚至会对那些不在此处定居，却根据久远的、不可靠的官方记录提出索赔的所有者开枪。令人惊讶的是，在美国，许多土地所有权可以追溯到19世纪，非法占地者联合起来组成"索赔俱乐部"，并成功迫使本地防卫士兵和州立法机构承认他们对土地的所有权。[18]在当今世界，这仍然是标准做法。

麦克莱恩和史蒂文斯依靠的是逆权侵占[19]法。这是一条古老的规则，出现在4 000年前的《汉穆拉比法典》中，也可能更早就存在了。本章的所有权格言——"现实占有，胜算十之一二"——可以追溯到这条古老的法律。

当年的法规或多或少与今天的类似。如果有人未经许可进入你的土地，然后公开地、持续地占有它足够长的时间（在科罗拉多州为18年），他们就可以把它当成自己的土地。18年之前，他们是非法入侵者，你可以击退他们——毕竟"你的家就是你的堡垒"。实施坚守阵地法的州甚至可能允许你在陌生人闯入你的土地时使用致命武器，而无须考虑是否有安全撤退的可能性。但是，如果入侵者成功进入你的土地并在那里定居，那么规则就会改变。你不能再使用武力，而必须依靠法院去驱逐占有者，这可能是一个漫长且代价高昂的过程。如果你不采取行动，而时间又足够长，入侵者就会自动成为新的所有者。这起诉讼案只是证实了当地的事实：物理占有已经成为合法的所有权。

这条规则解释了遍布美国城市的广场和人行道上的小铜牌，为什么上面写着如"私人财产""可随时撤销通行许可"等不透明的信息。[20] 通过给予明确的许可，业主确保行人对人行道的使用不会产生逆向的有害影响。在未来，业主可能会收回该土地并改变其用途。

赫勒任教的哥伦比亚大学更是将物理占有上升到了一个新高度。在夏季一个安静的周日上午，它们关闭了大学城的大门，不是为了修缮，而只是为了证明它们可以允许你进入，也可以阻止你进入。洛克菲勒中心以同样的方式关闭了它们的广场，还有其他许多机构也试图保护看似公共空间的私人所有权。比铜牌更重要的是，谁有权力关闭大门，谁就在向世界表明：这真的是我的。主张物理占有权有助于击败对公众不利的索赔。

每年，当我们的学生了解逆权侵占时都会感到震惊。它似乎不公平，看起来像盗窃，听起来也很原始。柯林夫妇当然感觉受到伤害了。但后来，大约12%的学生慢慢意识到，他们的家庭已在不知不觉中直接参与了现实生活中的逆权侵占。邻居家的孩子是否直接穿过你家的院子？谁在照顾你家旁边的玫瑰花丛？契约是如何界定那条共享车道的？你的栅栏是否真的明确了所有权界限？虽然这种纠纷很少升级为法庭斗争——大多数邻居不是坏人——但这并不是什么秘密。

逆权侵占反映了物理联系的力量，这是一种深深植根于人类心理的原始冲动。正如受人尊敬的最高法院法官奥利弗·温德尔·霍姆斯早在1897年写的那样：

> 一件你长期享受并拥有的东西，无论是财产还是观点，都会在你的生命中生根发芽。如果你并不憎恶这一现实，也试图为自己辩护，那么无论你是如何得到它的，都不可能被摧毁。法律不能要求其比人类最深层的本能有更正当的理由。[21]

从本质上讲，这就是麦克莱恩和史蒂文斯的核心论点。他们已经对扩展的后院产生了感情。他们表现得像所有者，在外界看来，他们也是所有者。相比之下，柯林夫妇的所有权似乎更遥远和抽象。

虽然我们重视所有权，但在现实生活中，我们往往对积极的物理占有给予更多奖励。这是有原因的。一般来说，与缺席的所有者相比，逆权侵占者更积极地捍卫他们的权利，更容易识别，并将土地用于我们所推崇的开发用途。环保主义者无法赢过逆权侵占的主张——将土地保持在自然状态是不符合要求的。[22] 在美国，通过实际的物理占有来改造土地可以战胜纸质契约、法庭记录和耐心投资者的退休计划。

物理占有很重要，但它并不是唯一重要的事情。今天，我们拥有比汉穆拉比或旧西部时代的人们更准确、更易获得的官方所有权记录。在现在的美国社会，出于环境保护或投资目的，美国人确实重视土地的被动使用——与麦克莱恩和史蒂文斯积极使用后院花园一样。事实上，公众对柯林夫妇的败诉感到愤怒，迫使科罗拉多州立法机构让逆权侵占案件更难获胜。该州现在赋予法官自由裁量权，可以命令逆权侵占者为其获得的土地支付市场价值，这一转变降低了占有者在一审中提出索赔的动机。

即使在审判中获胜，麦克莱恩和史蒂文斯也退缩了。在案件上诉期间，他们与柯林夫妇达成了和解，只保留了房子旁边的"伊迪之路"，约占法官判给他们的土地的1/3。他们为什么要放弃其余的部分？唐·柯林推测："他们被朋友抛弃了。他们试图恢复自己在社区中的一些声誉。"回想一下，收到子弹邮件的是麦克莱恩和史蒂文斯，而不是柯林夫妇。

或许物理占有出于本能，但如果你把它的边界扩展得太远，就会遭到反击，邻居会说"多么粗鲁"。法律很重要，但声誉往往更重要。因此，今天，即使逆权侵占者有很强的意愿，他们也很少在法庭上提起诉讼，获胜的更少，不仅是在科罗拉多州，在美国各地都是如此。因此，在当今美国的法律实践中，逆权侵占的胜诉率很低。

泪痕之路

郝思嘉大道的争端是一场更大斗争中的一小部分。毫不夸张地说，人类历史就是一系列规模庞大的逆权侵占冲突史。占领、种族灭绝、历史上的不公正和剥夺都会产生新的土地纠纷。随着时间的推移，这些残酷的、具有高度破坏性的事件成为所有权的基础。这既不光彩，也不公平，但它随处可见。

当你购买房屋时，你的屋主身份是通过所有权链条来追踪的——该地块的卖家和买家的记录，一直追溯到所有权的起源。通常情况下，这串链条始于美国政府或州政府在征服原住民后的首次授予，原住民的所有权则被抹去。仅举一例，在1830年《印第安人迁移法》出台后，联邦士兵强迫来自切诺基、塞米诺尔和东南部其他部落的美洲原住民离开他们祖先的土地，到俄克拉何马州重新定居。在这场残酷的迁移途中，许多人都死去了，这场迁移被称为"泪痕之路"。为什么原住民幸存者的后代仍然没有在祖辈被迫离开的北卡罗来纳州拥有土地的所有权？

令人失望的是，该土地的所有权最初属于170多年前的白人定居者，他们在士兵强行驱逐美洲原住民后获得了控制权。归根结底，这一主张是建立在逆权侵占基础上的，并且随着时间的流逝被证明是合理的。不仅在北卡罗来纳州如此，世界上几乎所有土地都是如此。

在柏林墙倒塌后，一些国家重新引入市场经济，物理占有的含义是最具争议的问题之一。20世纪90年代初，赫勒在该地区工作时，[23] 就如何建立私有财产的法律框架向许多后社会主义国家提出建议。政府领导人必须在强烈要求归还被没收财产的前共产主义所有人（及其继承人）和极力想要留下的当前居住者之间做出决定。

正如我们所看到的，所有权总是依靠国家强制力的支持，在竞争中做出选择。在几十年里，一代又一代的匈牙利人、波兰人、捷克人和俄罗斯人在这些公寓里养家糊口——与今天的北卡罗来纳人没有什么本质区别。这些住户大多是普通家庭，他们并没有亲自侵犯别人的财产。他们与这些房子的家庭联系，以及他们无处可去的现实，应该对继承人所持有的遥远的褪色房契产生了一定的影响。

面对这种困境，后社会主义国家大多让目前的居住者留在原地，支持他们的主张而不是以前的所有者。为什么呢？在某种程度上，他们的决定与霍姆斯大法官的意见相一致：长期占有"在你的生命中生根发芽，如果你并不憎恶这一现实，也试图为自己辩护，那么无论你是如何得到它的，都不可能被夺走"[24]。通过将单纯的物理占有转化为完全的所有权，新兴政府将数以亿计的公寓居民转变为市场转型的即时倡导者。

让目前的住户留在原地并不意味着完全不考虑以前的主人。所有权设计并非全有或全无的选择。在中欧和东欧，政府为被征用的财产提供了一系列的补偿——现金、优惠券、公司股份，有时只是公开道歉。每个政府都会根据当地的能力和价值观，选择自己独特的方式。关键是要启动市场，而不是让法院对每个先前拥有者的继承权做精确的评判。驱逐现有的居住者会影响新兴的房地产市场，而且必然会引起大规模的反对。

只要世界足够大，时间足够久，关于土地占有的冲突就会一直存在。想一想今天在耶路撒冷以色列人和巴勒斯坦人之间、哈瓦那现居民和迈阿密流亡者之间、克什米尔印度人和巴基斯坦人之间、克里米亚俄国人和乌克兰人之间的冲突。物理占有是强大的，而且并不总是与以往的正义和道德概念相一致。

逆权侵占的阴影也笼罩了文物。伊拉克能否要求纽约大都会艺术博物馆归还巴比伦雕塑？埃及能否要求境外收藏家归还木乃伊和雕像？中国、柬埔寨、古希腊、秘鲁和贝宁是否也可以要求掠夺者归还其古代文明的宝物？从大屠杀受害者手中夺取的艺术品是否仅仅因为它是从可识别的受害者手中夺取的而有所不同？

现代国际法的故事——包括国际联盟和联合国的成立——主要围绕着首先阻止国家和人民攫取物理占有的努力展开。根据国际法，占领和征用现在是明确的非法行为。但军队和掠夺者并不总是这样认为的，时间也对他们极为有利。

对于"强权即公理"的问题，我们没有简单明了的答案。我们应该认识到，在控制稀缺资源的斗争中，往往有一个简单的公式：占有＋时间＝所有权。

对不起，这个座位已经有人了

事实上，大多数对于占有的主张并非物理控制。他们做不到，原因很简单，你不可能一下子拥有你想要的所有东西——尽管小孩子会尝试。我们需要采取一些方式来传达"把手拿开，那是我的东西"。这就需要在物理占有的基础上增加象征性占有的要求，这一挑战将我们带回到停车椅的问题，以及在此之前动物领地的基本问题上。在象征性占有这一领域，占有率从9/10甚至进一步下降。正如罗斯所说，这"相当于向所有可能理解的人大声喊叫。第一个以公众能理解的方式说'这是我的'的人就能得到奖品"[25]。

这不仅适用于人类。令许多春天徒步旅行者心情愉悦的鸟鸣声，也许向它的听众传达了完全不同的东西。有时，鸟儿的叫声是为了标记食物来源，就像 2003 年上映的电影《海底总动员》中，那群凶恶的海鸥叫着"我的！我的！我的！我的！我的！我的！"，试图吃掉马林和多莉，同时包围了帮助它们躲避海鸥捕捉的鹈鹕奈杰尔。但是，科学家们发现，鸟类唱歌更多时候是为了标记领地和吸引配偶（而且它们带有地区口音）。[26] 红胸知更鸟的叫声听起来可能很动听，但对它的同伴来说，它是在大喊——想象一下美国南部的口音——"嘿，先生，退后！这是我的绝佳领地。离远点，否则要你好看！"鸟类想要控制相比它们物理上所占有的更多资源，所以它们唱歌。[27]

当狗在散步时，它们似乎要花很长时间来选择在哪棵树或哪根柱子上撒尿，它们这是在象征性地宣称自己的领地，并解码其他人的领地。[28] 鬣狗也用尿液来标记自己的领地，犀牛用粪便标记领地，蜜蜂用气味腺标记领地，而熊在树上摩擦以做出视觉标记。但随着时间的推移，这些符号会腐烂，会变得难以确定。在丛林法则中，准确地定位和解码占有的信号事关生死。气味或标记是否新鲜？它是否来自地位更高的动物？如果猜错了，会被吃掉吗？

回到人类世界，这种心照不宣的语言可以简单分为三个阶段。想象一下，在一个拥挤的电影院里，电影就要开始了，你看到还剩了几个座位，其中一个座位上面有一张餐巾纸。你脑子里的想法可能是这样的：（1）识别，我知道一件夹克衫可以保留这个座位，但一张餐巾纸呢？（2）评估，即使餐巾纸是一个信号，它也不能把最后几个座位都保住；（3）行动，没有人会介意我坐在这里，或者是：哇，你的身材高大得吓人，抱歉，坐吧。在南波士顿，布鲁克·格莱登也看到了这种关于占有的信息：她看到了锥形路标，也理解它代表着什么，但她选择了无视，所以她的风挡玻璃被污损了。

理解象征性占有的一个挑战是这种语言存在地方性，而且在上述三个阶段都有所不同。在纽约市的一些酒吧里，玻璃杯上的餐巾纸向吧台小哥发出信号，表示你会回到你的座位，并告诉吧台小哥要保留你的饮品。在威斯康星州和宾夕法尼亚州的部分地区，同样的餐巾纸意味着你已经不再需要保留座位和饮品了。在欧洲部分地区，它意味着"除非我要求，否则不要再给我拿啤酒"。如果你传达的信息未因位置而改变，那么处罚可能是加垫账单、失去座位或酒吧打斗。

酒吧只是很多能够占座的场所之一。在电影院、教堂、匿名戒酒会、火车、迪士尼乐园的晚间游行，或在棒球比赛的露天看台上，每个人都在占座。每年的国情咨文演讲中，一些国会议员会提前几个小时到达现场，占住醒目的过道座位，以便电视能够播出他们与总统握手的场景。[29]

人们会根据环境来调整他们的信号。为了表示"这个座位有人"，他们可能会在电影院使用一个完整的爆米花盒，或者在教堂使用一个绣花枕头。在费西合唱团音乐会上，人们用五颜六色的油布来标记自己的位置。通常情况下，占位者不会遇到任何阻力。但有时，随着资源越来越稀缺，冲突就会爆发——甚至原本温和的费西合唱团的歌迷，当油布太大时，他们之间也会爆发冲突。[30]

在针对座位的争论中，你肯定是左右为难的。你什么时候该尊重夹克衫、枕头或油布？今天，一场激烈的辩论围绕西南航空公司及其开放座位的政策而展开。根据这一政策，人们将按 A、B 或 C 组登机（一般取决于你在飞行前一天办理值机的速度，或者你是否支付了额外费用以确保进入 A 组）。人们登机后，可以坐在任何空位上。A 组登机者比 C 组登机者的选择更多，C 组最后登机时，一般只能选择坐在中间或者后排座位。

但有时，提前登机的人会试图为排在较远处的 B 组或 C 组的朋友、家人占座。因此产生的冲突非常激烈，以至于《今日心理学》刊登了一篇题为《佛陀在西南航空会怎么做？》的报道。你可能不会感到惊讶，根据故事作者艾莉森·卡门的说法，佛陀既不会占座，也不会评判那些占座的人，占座的人心想："我怀疑他会担心自己座位的位置。他甚至会保佑那些为朋友留座的乘客。"[31]

无论如何，斯图·温山克[32]都不是佛陀，这位飞行常客身高六英尺两英寸，是一名销售代表，也是一名崇尚物理占有的信徒。他向西南航空公司支付了15~25美元的提前登机费，这样他就可以在A组的前面登机。在一次飞往拉斯维加斯的航班上，他和妻子找到了最理想的位置——出口那一排的座位，在过道对面，没有人坐在那里。除了其中一个座位上有一台平板电脑，一切都很完美。一位坐在中间的乘客把它放在那里，并告诉温山克，她要把这个座位留给她的男朋友，她的男朋友将在大约一百名乘客登机后，与C组乌泱泱的一群人一起登机。

温山克在解释完西南航空公司实行的开放式座位政策后，礼貌地将平板电脑递给那位女士，建议她尝试占住靠窗的座位，然后坐了下来。据《今日美国》报道，几分钟后，当她的男友登机时，拿着平板电脑的那位女士突然哭了起来，说她的邻座恐吓了她。通过将平板电脑放在座位上，这位女士象征性地表示了她的占有。温山克非常清楚这一信号，但他还是移开平板电脑坐下了，拒绝了这一信号。

那么，是谁错了？是占座的人还是坐着的人？西南航空的座位规则是象征性占有（平板电脑）还是物理占有（屁股坐在座位上）？

关于这场冲突的争论异常激烈。约一半评论者支持温山克，并批评占座者为"座位骗子""座位囤积者""吝啬鬼"。最尖锐的批评直指试图为C组旅伴保留整排座位的A组登机者，尤其还是黄金出口处的座位。另一半评论者告诫温山克的同情者："冷静下来"，"另找座位"，"如果这事困扰你，就改乘另一家航空公司"，以及"第一世界问题"①。换句话说，要像佛陀一样。

你在占有方面的立场可能取决于你坐在哪里。

奇怪的是，几乎没有乘客将矛头指向西南航空公司，该公司树立了一个友好航空公司的形象，但其设计的开放式座位政策却使乘客互相对立。西南航空公司非常谨慎，既不承认它允许占座，也不承认它禁止这种做法。这家航空公司是一个玩弄占有权利的高手。其实，西南航空公司可以在一分钟内解决这些冲突：它可以宣布一项"不占座"的规定，或者"不在出口排占座"，或者"不在飞机前排占座"，或者可以占一个座位，或者可以占一排座位。或者，它可以拒绝象征性占有和物理占有，而是像其他航空公司一样分配座位。西南航空公司可以采用任何它想要的座位规则，但它并没有这样做，为什么？

在某种程度上，西南航空公司是想从开放式座位政策中获利，因为在这种情况下，允许乘客自己选择座位比指定座位登机更快，如此一来，飞机在空中的时间更长。而且，西南航空公司还能从像温山克这样的想要尽早登机者处获利，他们愿意为在A组登机而付费。此外，这也是关键所在，关于开放座位的战略性模糊让西南航空公司同时实现了三个目标：传达出一种独特、随和的品牌声誉（选择你的座位），让回头客相当满意（保留座位），以及实现收入最大化（减少地面停留时间）。占座者感觉他们可以不劳而获——他们的座位可以获得额外价值。也许西南航空公司研究了咖啡杯的实验，然后设计了登机程序，让许多乘客感到他们获得了一种特殊的天赋以及与之相关的更大价值，一旦他们到达自己的座位并占了另一个座位——就像一个

---

① "第一世界问题"指无足轻重的问题、微不足道的挫折或琐碎的烦心事，和发展中国家所面临的严重问题形成鲜明对比。——译者注

只有卖家没有买家的世界。

西南航空公司的策略也让人想起了引言中"膝盖卫士"的故事。在那里，我们看到，航空公司重复出售倾斜座椅的楔形空间，让前后排乘客来解决由此产生的冲突。西南航空公司创造了一个类似的"我的"vs"我的"的斗争，让平板电脑对抗座位上人的屁股。这是象征性占有对抗物理占有。

实际上，平板电脑经常被用来占座。较晚登机的乘客能理解这种无声的占有语言，并且大多表示尊重。但是，乘坐西南航空公司航班的人也可能有令人不快的潜台词：男性是不是更频繁地占座、霸占扶手，而女性则让位？占座是选购座位的工具，还是歧视的借口？[33] 在一个几乎没有人知道实际规则的环境中，乘客会对座位感到焦虑，认为这是个人的失败。大多数人想成为一名体育健将，所以那些"更友好"的人或者不那么有特权的人，会继续坐在后排较差的座位上，除了令人垂涎的出口排，在那里，乘客们的无声谈判可能会破裂。

开放式座位是西南航空公司空中版的丛林法则，只不过是用平板电脑和夹克衫标记来代替气味标记和树木划痕的区别。一位乘客曾在西南航空公司的一个在线社区版块上简明扼要地说："如果你想在西南航空占位，你就说'这个座位已经有人了'。如果有人想坐在那里，你也没有办法阻止他们，那么你占的座位也不复存在了。"[34] 但无论结果如何，这都是西南航空公司为了自身利益而制定的所有权策略的结果。有意的模糊性策略对西南航空公司有利，乘客在数百万次的无声谈判中解决了大多数争执。

但是，不是所有争执都可以由乘客自行谈判解决。实际上，西南航空将解决最尖锐冲突的工作推给了机组人员。西南航空空乘工会主席奥黛丽·斯通说："这有时会让我们的乘务员陷入困境。"[35] 几乎每个航班上都会有占座冲突，当这种情况发生时，西南航空的乘务员往往以对所有人都很友好，但对任何人都不帮助的态度来应对。他们不会帮助声称夹克衫可以占位的乘客，也不会责备移走夹克衫并坐下来的乘客。乘务员的作用仅限于监督"占有"对话的惩罚进程，确保恼怒和尖锐言辞不会升级为公开暴力。

请记住，拥有这些座位的是西南航空公司，而不是温山克或其他 A 组乘客。西南航空公司将继续使用有意模糊的所有权设计，除非它付出的代价太高——比如说，太多忍无可忍的乘客更换航空公司，或者空乘人员工作懈怠。然后，西南航空公司可能会逐步减少象征性占有（提早登机者只能额外多占一个座位）。

如果暴力事件增多，而西南航空公司仍然不采取行动，那么联邦监管机构可能会介入并命令西南航空公司通过分配座位的方式解决问题。不仅是航空公司，美国联邦航空局也总是选择忽略象征性占有，当有其他规则对它更有利时，它也可以选择完全替代它。就像波士顿的停车椅一样，我们可以发现所有权规则的层次，就像套娃一样。人们彼此之间创造了象征性占有语言，企业和政府则从更高层次上制定越来越正式的法律规则。

秘密占座者

通常情况下，你知道是谁在试图传递信息："退后，这是我的"，比如西南航空公司的乘客占了靠过道的座位。但是，占有信号往往是匿名的——声称占有的人可能不是你猜想的那个。

回忆一下你曾经在游泳池或海滩边度假的情景。当你想找一张躺椅时，很多躺椅可能都被占用了，上面散落着杂志和毛巾，但看不到一个人。也许你路过时会感到很沮丧，但是一般不会冒着发生冲突的风险去挪开毛巾坐下来。如果你知道这种象征性占有的场景极具欺骗性，那么你会改变主意吗？

度假村的"躺椅服务员"不时地为知情的客人提供一项秘密服务。比如说，以每张躺椅 20 美元的价格付费给服务员，他们会在第二天清晨悄悄地为你预留椅子，用旧杂志、看似合理的夏日小说和泳池玩具营造出一幕逼真的场景。这些物品向度假者发出信号：已有别的客人占了这张躺椅。关键是不让酒店管理人员发现——这里没有任何问题，只是我们尊贵的客人自己摆放的。

在最终的所有者还未关注前，自封的中介"所有者"就有了盈利机会。环顾四周，你会注意到微型企业家——比如泳池服务员——经营的业务完全基于他们对象征性占有线索的密切关注，而不是任何实际所有权。泳池服务员将"现实占有，十诉九胜"这一格言货币化，并通过设置占有信号来收费。

经营度假村的人都很清楚泳池边的"企业家"和顾客都在占座——不管怎样，他们的顾客都在抱怨没有地方可坐。这个问题跨越了国界：如果你相信国际小报，在西班牙的英国度假者认为德国游客是大量占座的人，德国人的观点则恰恰相反。根据邮轮评论网站的主编卡罗琳·斯宾塞·布朗的说法，在邮轮上霸占椅子是"仅次于自带酒水上船的最热门问题。[36] 人们真的烦不胜烦了，他们花钱去度假，其他人却在滥用这个系统，这对任何人都不公平"。

由于度假时间有限，度假村和船上的人都很想要水边躺椅。有数据支持这一观点：[37] 猫途鹰（在线旅行社区）的海滩和泳池礼仪调查显示，84% 的受访者表示，当别人把私人物品留在沙滩或泳池椅上时，他们会感到不安；86% 的受访者认为占用椅子的时间超过一小时是不可接受的；只有 37% 的受访者认为，占用椅子的时间应该限制在 30 分钟以内。半小时后，度假者的耐心就要耗尽了。

在掌握了数据、了解了空椅的情况后,嘉年华邮轮做了什么?它让泳池服务员在没人坐但被占的躺椅上贴上时限通知,以此来缩短这种象征性占有的时间。40分钟后,员工就会清理掉人们的毛巾、杂志和其他象征性物品,躺椅得以释放。根据嘉年华邮轮的说法,付费顾客的反应"非常积极"[38]。挪威邮轮公司创建了一个点状系统,在该系统中椅子的时间限制是45分钟。亚特兰大市黑手党分部的水上俱乐部将占座时间进一步缩短:它让服务员建立一个被占躺椅的清单,在30分钟之后清理物品,并给排队的下一位客人发短信说有躺椅可用。

这种象征性占有的重新设计在度假村管理中是个大新闻,但对想借此赚点小钱的服务员来说太糟糕了。那些权力最小、工资最低的员工面临着更多的工作负担,有些人甚至完全失去了他们的秘密副业。他们与客人的友好交谈减少了,被取代的占座者的抱怨增多了。这些服务员失去了得到小费的机会,取而代之的是拿着写字板走来走去,记录着时间点和个人物品。

每种所有权制度都有取舍。对于那些人满为患、客人不断抱怨的度假村老板来说,减少象征性占有可能是一种胜利。他们使人们从被动使用椅子转变为主动使用,并从更快乐的回头客那里获得更多的利益——但前提是他们必须将新的所有权方案调整得恰到好处。时间限制将顾客的不满集中在度假村的规定和执行这些规定的员工身上。对于企业主来说,"不在我们的控制范围内"的象征性占有削弱了他们的优势,所以需要更多的顾客不满来催化变革。与西南航空公司不同,嘉年华邮轮决定不再将解决有争议的小互动问题转嫁给顾客。

即使最终的所有者不介入,占有的语言也在不断演变。为什么?因为所有的象征性占有都涉及一些物理事物——一件夹克衫、一本杂志或一张毯子等。但物品并不直接说话,它们需要被解释,而且它们的含义总是可以被修改。波士顿的停车椅占了这个位置,但它们在暴风雪后能保持一天还是一周呢？在西南航空公司,一个乘客能占整个出口排的座位吗？像鸟类和狮子一样,人类经常会打破占有的界限,然后遭到其他人的反抗。

在拥挤的纽约地铁上,乘客一直用背包来霸占多个座位。有礼貌的站着的乘客可能会问:"你是在为别人留着这个座位吗？"更坚决的人则是移开背包,坐下来,象征性地问一下"可以吗？"还有一种占座版本是"男人式占座",通常是男性乘客,在坐着的时候双腿张开,占到两个或更多的座位。地铁方面对此做出回应,张贴了一些"伸腿男"的图画,并出台了带有威胁性的罚款和逮捕规定,但我们很少看到地铁警察执行这些规定。当占有者突破界限时,真正的惩罚往往只是嘲笑和叹息。

最近,新泽西州的海滩上出现了"男人式占座"的沙滩版——沙滩式扩张。[39] 海滩游客正在留下越来越多的足迹,用各式各样的海滩装备占领阵地,从帐篷和冷藏箱到毛巾和烤架。团队中的一名成员会早早地来到这里,占据一个黄金位置,摊开东西,然后离开。最终,所有人聚集在一起,享受着露营的乐趣。这些装备间隔如此之近,导致闲逛的海滩游客可能无法坐在任何靠近海岸线的地方。他们能在冷藏箱和沙滩椅之间挤一挤吗？很难说。随着海滩游客不断突破占有的边界,再加上海平面的不断上升,新泽西州的海滩逐渐缩小,矛盾越来越尖锐。但支付救生员和海滩保养费用的是当地居民,所以当这种沙滩式扩张迫使他们远离海域时,他们十分生气。

在新冠疫情时期,海滩占有符号的地区差异影响更大。这就是为什么白宫新冠病毒应对工作组协调员黛博拉·伯克斯会敦促海滩游客保护他们雨伞周围的沙圈:"记住,那是你的空间,那是你需要保护的空间。"[40] 她主张在全国范围内统一海滩间距。糟糕的所有权设计可能给新泽西州、佛罗里达州和其他地方带来致命的后果。

正如我们在嘉年华邮轮上看到的那样,企业主可以尝试通过改变规则来降低占有率。一种方法是施加时间限制,但这需要持续执行下去。当波士顿试图在暴风雪后将椅子的停放时间限制为两天时,南部居民大多无视了这条新规定。48小时后椅子不会自行折叠起来。为了让人们将信号(停车椅)与限制(暴风雪后48小时失效)联系起来,城市必须安排环卫工人给椅子贴上时间标签,然后无情地进行椅子收集工作。

另一种方法是限制占有符号类别。这也是新泽西州一些城镇在面对沙滩式扩张时一直在尝试的一种方法。海边高地对大型帐篷进行了限制,但检查帐篷的尺寸成本较高。因此,一些城镇采取了更容易实施的方法,如完全禁止某些占有符号。贝尔马市提出了禁止海滩帐篷的立法。贝尔马市市长马特·多尔蒂说:"现在的情况是,它看起来就像在大都会体育场举行旅行野餐。我真的很喜欢在大都会体育场享用旅行野餐,只是这不是我们在海滩上要寻找的感觉。"马纳斯宽市更进一步,增加了对烤架的禁令。海边高地禁止使用"盛餐盘、保温盘、平底锅"和其他烹饪食物的"装置"。

不过,每当所有者削弱现有的占有符号时,他们就会增加一些其他的所有权规则来辅助发挥作用,有时会带来令人意想不到的结果。

冲浪与草坪

经久不衰的占有制度往往是那些防卫最严密的制度。如果你阅读这本书时正在海滩度假,你能看到家人们在你周围愉快地玩沙子,很是惬意。但是,请看一下海浪冲刷的地方。在那里,争夺领地的斗争往往不那么礼貌。

在加利福尼亚州海岸，冲浪者有着"温文尔雅"的美誉，但现实情况可能截然不同。某些冲浪者称当地拥有最好的海滩，任何反对的人都是"挑衅者"（外来者）或"怪人"（外行）。在洛杉矶南部的卢纳达湾海滩，[41]"海湾男孩"都是中年男子，在批评者看来他们是"被宠坏的信托基金婴儿"。他们已经实际垄断了这片海滩几十年。巨浪很强大，海滩不拥挤，景色很诱人。但是，如果你是一个外来者，你就会被包围、被骚扰，甚至可能被袭击。当你尽力从海滩上爬起来时，冲浪者的朋友可能会从悬崖上向你抛泥土块。你的车可能会被人用冲浪蜡和沙子破坏。为了进一步攻击，海湾男孩在海滩上方的悬崖上建造了自己的石头堡垒，上面有一个冰桶，桌子上刻着一个标志，写着"尊重此处"[42]。

早在1991年，《洛杉矶时报》就报道说"该地区被称为某种意义上的战区"[43]。当地的冲浪者并不耻于捍卫他们的领地："该死的冲浪者太多，浪太少。""如果我们让每个好男儿都去冲浪，这里就会有上百个家伙。你不得不防患未然。它不拥挤的原因是我们在保卫它"，另一个人说，"我们会毁掉你的每一个浪头"。

乔丹·赖特试图在他的洛杉矶县警长父亲的保护下在卢纳达湾冲浪，但还是被赶走了。赖特说："它的运作方式就像一个有组织的犯罪团伙或专做敲诈勒索的一队人。"[44]冲浪者科里·斯宾塞说："我在中南部的洛杉矶警察局工作，但我花了很长时间才鼓起勇气来到卢纳达湾。"在他冲上第二个浪头时，一名海湾男孩攻击了他。"他在我身后75码①外的浪头上。我们之间有足够大的空间，但他试图用他的冲浪板撞击我……我的手被划开了一道小口。"斯宾塞说道。根据冲浪者约翰尼·洛克伍德的说法，在马里布，这种暴力行为也一样多，

---

① 1码约为0.9米。——译者注

他指出:"我曾梦想来到加利福尼亚后,一切都会变得很美好。但这里有种幕后恐怖主义,就好像与军阀打交道一样。"[45]

外来的冲浪者举行了抗议活动,将卢纳达湾改名为阿罗哈海滩,并通过集体冲浪来保护彼此。他们主张将这里改为冲浪者社区,并执行他们的占有规则。但是这个规则只运行了一天,海湾男孩就重新掌握了控制权。据一位当地警察说:"对他们来说,这就像在学校操场上的游戏,他们不想让你在他们的秋千上玩耍。"当现有的占有者表现得很粗暴时,将社区成员扩展到他们之外的所谓"挑衅者"和"怪人"是很难的。

多年来,警方和地方政府曾试图通过网络摄像头、诉讼、罚款和逮捕等一系列不断升级的策略来开放卢纳达湾、马里布和其他冲浪海滩。最近,主张公众控制并创建一个新的、更具包容性的冲浪者社区的势头似乎有所增强。卢纳达湾的新警察局长一年中向这里派遣了400次巡逻人员。加利福尼亚州海岸委员会——一个严肃的全州监管机构,迫使海湾男孩拆除了他们的石头堡垒。

但是,海湾男孩后来重建了石头堡垒,针对他们的诉讼仍在继续。占有者努力维护利己的规则是有道理的,但为什么政府对现有的并不完全正确的规则容忍了这么久?关键的所有权设计问题始终是:与什么相比?如果政府想要颠覆当地的规则,就必须投入资源来制订、实施和执行一个更关注公众所需的所有权计划,否则可能会以一场混战告终。最终的结果可能是"挑衅者"和"怪人"聚集在海浪中,撞来撞去,没有人能够畅快冲浪。占有可能是一种暴力的、浪费的策略,但它可以帮助管理稀缺资源。

为了说明这最后一点,举一个缅因州龙虾的例子。你有没有想过,餐馆是如何年复一年稳定提供龙虾卷的?似乎任何人都可以在海岸边设置捕虾网,但如果每个人都这样做,就会出现过度捕捞,缅因州就会成为"龙虾沙漠"。相反，近海水域被认为是全国管理最佳的渔场之一。这是为什么呢？

就像加利福尼亚的冲浪海滩一样，许多缅因州的港口都有"龙虾帮"[46]——在这种情况下，一群相关联的几代人的家庭和盟友积极地捍卫自己的领地，用有独特浮标的捕虾网区别。"龙虾帮"在每件事上都会协调：捕鱼时节开始的时间、捕捞限额、港口设施和出售，以及当船只在水上抛锚时的相互援助。当帮派内部或帮派间发生争执时，他们会在家里或当地的酒吧、教堂解决。他们还共同警告外来者。如果一个外来者设置了一张捕虾网，就会先得到一个口头警告。如果他坚持下去，他的捕虾网和钓索可能就会被破坏、割断——一条匿名的、相对温和的警告信息，就像南区汽车风挡玻璃上的纸条。如果新来者不明白这一点，那么捕虾人——他们几乎都是男人——的反应可能会升级，甚至击沉船只，向竞争对手射击。

这些"龙虾帮"的活动超出了法律限制，但他们施加的制裁有一个好处：长期以来确保了龙虾的充足供应，因为他们限制了陌生人的捕捞。如果你是帮内人，或者如果你是龙虾的消费者，他们的规则就是非常有效的。这些帮派支持当地的渔业经济，并确保了几代人的工作，因为儿子接替了他们父亲的工作。这难道不是一件有意义的事吗？另外，外来者和新来者无法进入。而且，"龙虾帮"设定的捕捞限额仅仅是为了他们自己的利益——他们没有考虑到龙虾与其他海洋物种的相互作用以及对更大的生态系统的影响。捕虾人通过赶走与有利可图的龙虾竞争的底层鱼类，恐怕已经创造了一个脆弱的单一水生养殖方式。

几十年来，缅因州在很大程度上对"龙虾帮"不闻不问——该州的法规并未触及他们的领地控制。试图降低他们对占有的要求会付出很大的代价，州政府将需要大量的警力瓦解"龙虾帮"，保护外来者在公海上设置的捕虾网。经过这一系列的努力，缅因州最终可以将"龙虾帮"的领地占有率降低到十分之一。但然后呢？

取代"龙虾帮"占有可能是一个值得的目标——更公平（对外部人员来说），也许更有效（对整体生态系统健康最大化来说）。但不能保证这个举措的效果会比问题本身更好。如果监管机构成功瓦解了"龙虾帮"，但不能限制捕虾网的数量，那么新来的捕虾人就会蜂拥而入，造成过度捕捞。也许不会再有暴力，但也不会再有龙虾。

在卢纳达湾也有类似的挑战，但风险不同。海湾男孩对海湾的最佳利用有着强烈的愿景：寥寥无几的冲浪者，史诗般的冲浪，美丽的照片。如果加州当局成功地向所有人开放海滩，其结果可能对新来者更公平，但很可能意味着成百上千的"怪人"到处乱撞：许多冲浪者，糟糕的游乐设施。如果你想要一个不同于这些极端情况的结果，那很好。但是，什么样的所有权路径能让你达到这个目的呢？

负面、真实的流言[47]

只要对资源所有者有利，他们就会允许私人创造占有信号，否则，他们就会削弱这些信号。这些故事有着相似的发展轨迹。

在繁荣时期，占有者的口头禅是"这里就是这样做的"。靠近资源的人逐渐找到了精细的线索，发出可靠的控制和解决冲突的信号。当地人理解这种语言，即使没有法律的强制力，也往往有很大的动力去尊重对方的主张。在垒球比赛、教堂或酒吧里的负面、真实的流言——"太粗鲁了！"——变成了人类所设计的最强大的纪律力量之一，且往往比法律本身更具约束力。

但是，随着旁观者越来越多，形式越来越多样化，负面、真实的流言和羞愧感失去了它们的力量。然而，好像又并没有失去。信号可能会变得更简单，比如在电影院的椅子上放一件外套，在西南航空公司航班的座位上放一个平板电脑，在汽车风挡玻璃上放一张警告纸条，或者清空一个捕虾网。通常情况下，当出现纠纷时，陌生人可以继续借用一套简化的占有信号来解决问题，很少升级为暴力或诉讼。总之，在大环境下，单纯的象征性占有可以提供一个适应性强、成本低、自下而上的有效工具来解决资源冲突。

不过，随着时间的推移，占有系统往往会出现边缘层面的漏洞。我们已经说明了崩溃的内部原因——像泳池服务员这样过度延伸的中介，像沙滩式扩张这样的边界推手，像海湾男孩冲浪者这样过度激进的群体，以及像"龙虾帮"那样的暴力升级。

此外，三个外部趋势对占有信号施加了压力：越来越多的人，越来越少的资源，以及新技术。

第一，人口流动和增长。作为一个纽约的移民，格莱登知道南区的信号，但她不明白为什么她应该关心这一信号。负面、真实的流言可能约束不了新来者——他们不在一起玩乐、祈祷或喝酒。最终，政府可能会介入并完全取消本地的占有方式。发展中的城市并不十分尊重当地习俗。

第二，经济增长往往使现有资源更有价值，稀缺性的增强反过来又使对抗占有规则变得更有价值。找停车位太烦人了，在绕了一个小时后，你只能冒险把那该死的锥形路标移开。在波士顿，企业和服务提供商加入了反椅子联盟。最终，公众辩论会从庆祝邻里控制转移到促进全市的经济增长上。市政府官员认为，停车椅是一种不合时宜的、排他性的粗暴工具，而不是一种值得保护的设施——比如说，历史悠久的后湾排屋。

第三，占有主张是法律技术的一种形式。这意味着可以用更好的技术来取代它。企业家一直在尝试引入停车应用程序，以将实体资产货币化——就像排队公司为排在前列收费一样。有了停车应用程序，当你驶出车位时，该应用程序会将停车权卖给附近的车主，并给你分成。一些城市并不喜欢这种类型的创新，波士顿、洛杉矶和旧金山已经禁止了这些应用程序。如果能从停车中赚钱，城市就希望自己获得利益。一些城市也采取了提高停车价格的应对措施，以减少停车位竞争，并直接获取部分利润。旧金山一直在试验可变的停车计费表——这是一项技术革新，就像我们在第一章中讨论过的高速公路动态收费一样。有了动态停车计费表，停车价会在高峰时段上涨，在非高峰时段下降，因此，对于那些能够支付停车费的人来说，总有一些车位是可用的。

拍卖给最高出价者可以取代对占有的斗争——城市可以从中获利；当地企业获得客户；富裕的车主可以直接开到空停车位上。如果人们减少绕着街区找停车位的时间，甚至环境也会受益。在所有权基准中，可以用技术取代简单占有来赚钱。但是，当地居民和不太富裕的人却损失惨重，他们应该在哪里停车？

用不了多久，在电影院占座的经历就会成为历史。洛杉矶的弧光影院长期以来一直实行订座售票，大型连锁 AMC 影院也在朝这个方向发展。随着订座售票的管理成本越来越低，为什么还要把开放座位的烦恼强加给顾客呢？电影院必须努力竞争，以让人们远离"网飞和敌意"。因此，随着电影行业开始销售高端体验、配备高档食品和饮料，影院的座位也变得更大、更舒适。这与航空公司正好相反，在飞行中，飞机本身从来不是目的，因此座位间隙也在不断缩小。

所有权技术的发展提供了更多低成本、精细化的资源控制方式。正如它所做的那样，新规则可以复制占有的许多优点，能够让所有者以更温和、更灵活的方式来获取价值。相比之下，象征性占有似乎是一种钝器，无法在所有者不注意或没有能力时，强加他们喜欢的所有权设计方式。随着时间的推移,椅子上的夹克衫可能会像书架上的《大英百科全书》(1768—2012年版)和黄页(1883—2019年)一样成为一项过时的技术。

占有是所有权的基础,它强大且根深蒂固,不会很快消失。但是,"这是我的,因为我正占有它"的说法也很容易被误解,对新来者和外来者不公平,而且容易在时代变迁中发生冲突。

价值百万美元的球

2001年底,旧金山巨人队的重击手贝瑞·邦兹创造的本赛季全垒打纪录成为全国性新闻。本赛季的最后一个全垒打价值不菲。

亚历克斯·波波夫想接住那个球,他研究了邦兹过去的全垒打路线,[48]买票锁定了全垒打球最有可能落地的座位点,然后戴着棒球手套坐等。他猜对了,邦兹将他的第73个全垒打球径直投向波波夫所在的位置。球落下了,一瞬间正中他的手套。一群人立即围住他,把球打飞了。球在空中飞来飞去,直到被幸运的帕特里克·哈亚希从地上捡起,他是一个纯粹来欣赏比赛的球迷。哈亚希带着这个估价100万美元的创纪录之球离开了。

这件事本应就此了结。这颗球是由哈亚希物理占有的,但他应该拥有这个球吗?波波夫没有浪费时间,他提起诉讼,声称球是自己的。当球进入他的手套的瞬间,他就拥有了球的所有权,而他失去控制只是因为人群的争抢。在波波夫看来,哈亚希是个小偷,而小偷的占有在法律上应该归为零。(事实上,这更像是十分之一:正如我们所看到的,小偷只输给了真正的主人,而赢了其他所有人。)

哈亚希反驳说,几代棒球迷都遵循一个简单的占有规则:所有者是指在争夺结束时持有球的人,而不是那些在争抢过程中碰到球的人。哈亚希的最后占有应该算作所有者——这更像是皮尔森最终捕获狐狸，而不是波斯特的追逐。

事实证明，法律对这个问题保持沉默。[49] 现存的法规或案例没有能作为参考的。有许多规则可以适用，有些选择，如抛硬币、来回抛掷球权、将球切成两半或毁掉它等，这些我们在引言中针对摇椅问题所做的讨论也可用在这里。我们也有其他选择：

- 巨人队赢了，作为先占者。
- 邦兹赢了，因为他的劳动创造了价值。
- 哈亚希赢了，作为最后的占有者。
- 波波夫赢了，作为抢球时的第一个占有者。
- 拍卖球，分享收益。

从你的选择中，可以看出你对所有权的核心竞争观点的立场——或者说，它只是表明你在棒球看台花了很多时间。从底层逻辑来看：球迷通常更支持哈亚希。法官下令拍卖这个球，并对收益进行分割。而我们会选择波波夫。

让我们从上述名单中的前两个选项开始。选择巨人队，也就是先占者怎么样？巨人队买了罗林斯牌的棒球，并把它带到了比赛现场（大联盟棒球队每场比赛大约使用一百个球，每个赛季使用超过二十万个球）。在邦兹击球的前一刻，球队明确地拥有这个球。击球之后为什么不能呢？

足球队、橄榄球队和篮球队将球打到看台时都会要求将球归还，而且他们会确保球迷遵守规则，但是棒球队不会。自20世纪20年代以来，他们选择放弃对离开赛场的球的所有权。法律规定，被抛弃的财产对下一个占有者是免费的。巨人队可以改变他们的立场，比如说，如果球迷的暴力行为变得不可控制，他们可以选择不放弃对球的所有权。但是，站在商业角度有很好的理由来继续当前的所有权计划。棒球很便宜，放弃对球的所有权将其转给球迷会让球迷感到高兴。连孩子都知道，当你买了一张棒球票，回家时带回了比赛用球，这是令人激动的。

基于邦兹惊人的成绩，他是我们的下一个潜在所有者——这是我们将在下一章探讨的所有权的核心内容。邦兹（可能）由类固醇增强的击球能力大大提升了球的价值。这个球之所以引起争议，正是因为这是他打出的第73个球。事实上，在许多棒球场，球迷通常认为重击手的劳动是所有权的基础，而不是占有。他们自愿将价值数千美元（甚至数十万美元）的球交给击球者——换来的不过是一张照片或一件签名球衣。当洛杉矶天使队的重击手亚伯特·普荷斯击出他的第600个全垒打时，接住球的球迷斯科特·斯蒂芬把球递了回去，说道："这不是我的球，这是他的，是他应得的。"[50]但在我们的案例中，邦兹没有提出任何要求，而哈亚希和波波夫也没有想要返还这个球。

球迷的看法如何？我们询问过的棒球迷说这是一个简单的案例。在大多数体育场里，露天看台的规则支持哈亚希。争球中发生的事情就留在争球中，谁最后控球，谁就拥有球。通常的做法是用一只手把球举起来，对着巨大的电视屏幕微笑，然后左右转身，向附近的球迷致意。这样做的好处是简单和易于管理，不需要争论价值，也不需要向法官申诉。球迷遵循的规则在第一章的猎狐纠纷案中已有所描述，而这一规则尊重了人类历史上物理占有所起的作用。它可能是原始的"丛林法则"，但它是经过时间考验的。

凯文·麦卡锡法官认为自己可以做得更好。对他来说，争论的焦点可归结为占有的含义。当球落在波波夫伸出的手套上的一瞬间，它还没有被接住，也没有掉下来。法官说，在那一瞬间，波波夫"被一帮'强盗'盯上了,他们把球从他手中夺走了"[51]。哈亚希也是这群"不法之徒"的无辜受害者,在球出现之前,他被撞来撞去。在法官看来,"这两个人对球的优先主张权比其他人都高。彼此对另一个人都有同等的要求"。不能像亚瑟和米尔德里德要求轮流使用摇椅那样轮流占有球,麦卡锡法官决定将球拍卖并平分收益。

这只球以 45 万美元的价格卖给了漫画家托德·麦克法兰。哈亚希支付给律师胜诉费(所欠款项的百分之几),并通过名誉还清了一些钱。然而,波波夫最终破产了,他欠下了按小时计算的律师数十万美元。这里有一个生活教训:如果你聘请律师,请先认真考虑如何支付费用——你的律师肯定会这样做。而且永远不要忘记:所有权纠纷很少值得提起诉讼。

总的来说,我们对麦卡锡法官的评分规则持怀疑态度,但我们也反对球迷对最终占有的粗暴认可。

从本案的具体细节出发,将这个游戏作为一个整体来考虑。每年大约有 1 750 名球迷在棒球看台上受伤,其中许多人是被重击犯规球或在混乱中被尖尖的肘部击中的。一些球迷(也许不是巧合,正是那些支付了最高票价的球迷)受到了安全网的庇护。对于我们其他人来说,我们最好的保护是附近有一个警觉性高的、具备良好接球技能的球迷。

球迷的解决方案——所有权追踪最终控球权——对于鼓励戴着棒球手套来保证我们的安全的人来说没有什么作用。如果法律认可群体规则,而哈亚希又赢得了胜利,那么为什么要戴棒球手套到体育场呢?麦卡锡法官的裁决也好不到哪里去。戴着你的棒球手套,就像买了一张不确定的诉讼彩票。

在我们看来,法律应该定义棒球的控球权,以完善球迷的日常体验,而不是寄希望于那种百万分之一的拍卖棒球的可能情况。因此,我们应该先想想希望球迷做什么,然后将所有权的操纵权指向球迷。

考虑一下这条规则:"如果你用手套抓住了球,而当其他暴力的观众试图抢夺时,球仍是你的。"它向未来的"波波夫们"发出了一个积极的信号,这些超级球迷在热衷于接球的同时,也保证了其他人的安全。它告诉他们,戴上你的手套并保持警惕。如果你保护其他人,法律会保护你。暴力的观众不会赢。它还告诉暴力的观众:"退后。"(如果你想用体育运动类比的话,可以把这想象成足球中的传球干扰规则。)说服球迷遵守这一干扰规则可能很难,但像邦兹的全垒打球这样高调的案例恰好很重要,因为这非常罕见,而且可以涉及广泛的受众。在我们看来,波波夫应该大获全胜。

你可能注意到了,我们的解决方案对现实生活中的波波夫或哈亚希的关注度为零。这是故意的。我们主要将他们的所有权纠纷视为一个改善未来棒球迷安全的机会。在这种情况下,我们问的是,什么样的持球规则会有最好的安全结果?这是所有权设计的一种事前方法,即在"事件发生之前"预测未来。这种推理依赖于对将发生之事的偶然的经验性预测,通常没有事实根据。它应用了一个道德框架,关心规则对个人球迷和整个社会的影响。我们的规则真的能让球迷更安全吗?我们不知道。但保证球迷的安全是我们的目标——也许是因为我们被飞球击中的可能性远远大于接住它们。

相比之下,请注意麦卡锡法官截然不同的做法。他试图在这两个索赔人之间寻求公正。虽然他明白司法裁决会影响人们的行为,但他更注重事后调查(回顾过去,"事情发生之后")。法官问的是一些细致入微的问题,例如谁做得不好,谁做得好。总的来说,我在法庭上能为这两个人创造的最公平的结果是什么。

每一个所有权的选择都可以归结为这两种策略中的一种。[52] 根据一位法律评论家的说法,"如果我必须只选择一种理论工具来让一年级的法律学生掌握,那就是事前和事后的区别"。⁵³ 我们同意,但我们会扩展这个观点:每个人都应该有机会使用这个最强大的所有权工具。

邦兹棒球故事的关键启示是,占有不是一个等待法官判决的迷案,也不是法律强制的东西。相反,占有的含义反映了一种选择——一种更好或更坏的选择,这取决于你如何在互相竞争的所有权故事中发现你的价值观。

第三章

劳动：一分耕耘，一分收获 vs 你播种，我收获

现在就对《我有一个梦想》付费

你对马丁·路德·金博士最深刻的印象是什么？对很多人来说，是他的《我有一个梦想》演讲。马丁·路德·金站在林肯纪念堂的台阶上，面对25万人宣称："我有一个梦想，我的四个孩子有一天将生活在一个不以肤色而以品格的优劣来评价他们的国家里。"这场演讲是美国历史上最著名的演讲之一。

1963年8月，马丁·路德·金发表演讲后不久，几家公司开始销售《我有一个梦想》的印刷本。一个月后，马丁·路德·金的私人律师克拉伦斯·琼斯为这场演讲注册了版权，并通过提起诉讼来阻止别人在未经许可和付费情况下复制该演讲。1968年，马丁·路德·金被谋杀，当时他并不富有，他的遗产包括他所拥有的一切。

马丁·路德·金的遗产成了一种商业品牌。[1]他的文字、视频、信件等都成为一家营利性公司的财产，该公司被称为马丁·路德·金财产公司。阿娃·杜威内拍摄的鼓舞人心的电影《塞尔玛》讲述了马丁·路德·金在1965年为争取民权组织游行的故事，如果你仔细听台词，你可能会注意到，电影中的演讲者听起来像是马丁·路德·金本人，但没有使用他的原话。杜威内说，"我们甚至从未请求过"使用这些演讲稿。² 马丁·路德·金财产公司已经把版权卖给了史蒂文·斯皮尔伯格。

如果不向马丁·路德·金财产公司付款，就不能使用马丁·路德·金的大部分话语。哥伦比亚广播公司在一部纪录片中播放了部分马丁·路德·金的原创内容，马丁·路德·金财产公司对其提起了诉讼。在华盛顿特区的国家广场上建造马丁·路德·金纪念碑时，马丁·路德·金财产公司收取了80万美元的版权费；纪念碑建成后，因为马丁·路德·金财产公司不允许筹建基金会继续使用马丁·路德·金的名字，该基金会就只能叫作"纪念基金会"了。马丁·路德·金财产公司甚至向克拉伦斯·琼斯索要2万美元，因为其在关于民权运动的书中使用了《我有一个梦想》演讲稿，即使这篇演讲稿是他亲自帮忙起草的。

马丁·路德·金财产公司授权一些销售手机、电脑和汽车的公司使用该演讲。2018年，道奇公司播出的一则超级碗的电视广告，就使用了马丁·路德·金的一篇演讲稿，这场演讲原本是谴责汽车广告商的——"你知道，那些善于言辞劝说的绅士们"³，他们教导人们，"为了让你的邻居羡慕，你必须开这种车"。马丁·路德·金财产公司允许道奇公司将这些不方便表达的情绪以广告旁白的形式展现出来。

长期以来，马丁·路德·金的小儿子德克斯特控制着马丁·路德·金财产公司。德克斯特与马丁·路德·金的其他子女、民权运动领袖以及所有人都有过多次激烈的争执和诉讼。琼斯说："这太痛苦了……他们可能是在为处置马丁·路德·金的遗产而战斗，但大多数是为了钱、钱、钱。"⁴ 正如《新闻周刊》杂志的一篇报道所描述的那样："家族的朋友们试图说服德克斯特，获利和获取暴利之间是有区别的。"⁵对于如何处置遗产，马丁·路德·金自己很可能有不同的看法。

让我们回到一个更基本的问题上来。为什么马丁·路德·金财产公司一开始就拥有马丁·路德·金的演讲？一方面，这些演讲是马丁·路德·金为建立一个种族平等的美国所努力的成果，他应该像其他作家和艺术家一样"一分耕耘，一分收获"。另一方面，马丁·路德·金在50多年前就去世了，为什么马丁·路德·金财产公司仍然能够做到不让他的话出现在纪录片中，却可以用来推销汽车呢？更通俗地说，谁应该拥有智力劳动的成果？

也许令人惊讶的是，零所有权是美国法律的基本法则。法律鼓励借鉴，因为人们不一定必须拥有所有权才能有创造力。马丁·路德·金做这场标志性的演讲并不是为了赚钱，他的目的是改变美国的公民权利；毫不夸张地说，版权是律师在事后确定的。

然而，大多数创作者并不像马丁·路德·金那样，他们期望自己的创造性劳动能得到报酬。如果竞争对手只需复制突破性的药物、忽略那些无用的药物就能盈利，那么制药公司为什么还要投资数十亿美元、雇用数千人呢？这种观点认为，为了鼓励生产性创新，我们必须建立所有权制度来奖励劳动。也许马丁·路德·金财产公司应该按照自己的意愿，自由地将马丁·路德·金的遗产货币化——这与研制拯救生命的药物、发展酷炫的科技和热门文化的原理是一致的。

然而，用所有权来奖励劳动并不是一个"非开即关"的选择。马丁·路德·金于1968年去世，但时至今日，马丁·路德·金财产公司仍然控制着其遗产的使用权。我们必须考虑要以什么样的所有权形式奖励谁，以及奖励多长时间的问题。我们必须选择由谁来做这些决定，是国会还是各州，是立法机构还是法院？这些问题看起来可能很狭隘，但它们的答案影响着我们生活中的方方面面——我们听到的演讲、我们穿的时装、我们的娱乐活动，以及我们赖以生存的药物。

额头上的汗水

对劳动成果的声明——"它是我的，因为我为它付出了劳动"——是所有权的又一个基本原则。很简单，经过一天的辛勤工作，我觉得我已经赢得了享受劳动成果的权利。这种应得回报的感觉是我们对许多所有权直觉的基础。如果我抢着排到前面，我就应该在你之前得到服务。如果我把自己的车从雪里铲出来，我的停车椅就应该占有这个空间。

这种劳动与报酬之间的密切联系很古老。类似的"一分耕耘，一分收获"的观点贯穿《圣经》全书，对于古代以色列的农业民族来说，这个观点的字面意思是：大多数人通过种植、收割的农业活动来生存。三百多年前，伟大的英国哲学家约翰·洛克的所有权理论的核心就是劳动与报酬之间的联系，他从对自我所有权的承诺出发，认为"每个人都有自己的财产"[6]；从（性别化的）检验标准出发，洛克继续说："我们可以说，他身体和双手的劳动成果都是被他正当拥有的。"一旦融入了我们自己的劳动，先前无主资源的所有权[7]就会出现（带有重要的警告和限制性条款）。

对洛克来说，美国是将无主资源通过劳动转化为私有财产的一个典型国家。洛克写道："一开始，全世界都是美国。"[8]但是，当欧洲殖民者第一次到达美洲时，美洲并不是空无一人的大陆，数百万美洲原住民生活在那里，在那片土地上劳作。那么，他们为什么没有拥有美国呢？毕竟他们长期在那里劳动。

在美国独立后，法院就不得不决定谁的劳动重要，哪种类型的劳动有价值。正如我们在第一章中所看到的，在1823年的"约翰逊诉麦金托什"案件中，最高法院宣称："居住在这个国家中的印第安人部落是凶猛的野蛮人……让他们拥有这个国家，就是让这个国家变成荒野。"[9]这些话不仅仅是在表达对美洲原住民的蔑视，尽管这肯定是其中主要部分，但是还有其他更深层次的意思。

对法院来说，美国的所有权制度是建立在对生产性劳动的具体设想之上的。[10]一些美洲原住民的狩猎和采集方式——随着野生动物的季节性迁徙、鱼类洄游和浆果的成熟期变化——根本就不算数。土著人耕种土地的方式也不算数，[11]尽管许多人都是那样做的。法院认为，所有权制度要求以特定的方式改善荒地，例如砍伐树木、开垦田地和建造石墙。换句话说，只有当你让新英格兰看起来像殖民者留下的老英格兰时，劳动才会引致所有权。如果这个推理看起来站不住脚，那么，是的，它就是站不住脚，但这足以让最高法院证明剥夺美洲原住民的权利是正当的。

劳动与"先到先得"和占有一样，都不是自己定义的。没有一种中肯的方法来决定谁的劳动有价值。这些不是经验主义的事实，而是可争议的结论，是殖民者和法院在笨拙地选择谁应该控制稀缺资源时贴上的简单标签。

上述观点表明了非专业人士对财产的看法和法律界之间的差距，对于法学新生来说，这是一门很难掌握的课程：所有权制度是一种社会工程选择，是我们得出的结论，而不是我们发现的事实。首先，我们确定建立所有权制度能够实现的目标。其次，我们确定什么方式最有可能让我们达到目标。最后，我们将法律术语"所有者"融入那些经常被隐藏的价值判断和偶然的经验猜测。所有权是分析的终点，而不是起点。

最高法院在"约翰逊诉麦金托什"案中对所有权的定义反映并强

化了欧洲农民和商人的世界观。这一定义在今天看来可能是残酷和武断的，但在那个时代，对于在英美价值观下长大的孩子来说是可以理解的。

我们可从一个特别的孩子那儿得到验证，她叫劳拉·英格尔斯·怀德，她在经典的"小木屋"系列中写下了自己的故事。劳拉的第三本书《草原上的小木屋》的背景是她的家族在1869年从美洲原住民手中夺取了土地。在那年的夏、秋两季，一群掠夺土地的白人搬到了一个被称为"奥萨奇缩减保护区"的地方。劳拉的父亲——最同情奥萨奇人的一个角色——针对定居者的土地所有权说过这样的话："当白人定居者进入一个国家时，印第安人必须继续迁移……这就是我们在这里的原因，劳拉。白人将在这个国家定居，我们得到了最好的土地，因为我们先到这里可以进行挑选。现在你明白了吗？"[12]

在堪萨斯州，英格尔斯家族的劳动时间并不长，这一处的美洲原住民足够强壮，已经适应了土地贫瘠、冬天酷寒的恶劣条件，但英格尔斯家族未能达成预期目标，于是一家人继续前进。在达科他州，他们发现这里的土地更加肥沃，原住民的防御能力也更薄弱。在这里，经过多年的辛勤劳作，植树造林，不断失败又重新尝试，英格尔斯一家人的劳动终于得到了回报。《宅地法》是一系列将定居者的劳动转化为"原始"所有权的法律之一，英格尔斯家族正是根据这一法律拥有了土地的所有权。在确定所有权主张后，劳拉的爸爸曾骑着马到处游历，嘴里还唱着一首诠释定居者所有权精神的小曲：

哦，来到这个国家
你不要感到惊慌
因为山姆大叔足够富有
给我们所有人一个农场[13]

在 19 世纪，美国的国土面积增加了一倍多，联邦政府不希望这些新增的公共土地被欧洲人和原住民夺去，那时的挑战是必须快速、明显、低成本地在密西西比河以西的地区定居下来。为了实现这一目标，政府选择奖励像劳拉爸爸这样的劳动力。如果有人去西部耕种土地，就可以成为那里的土地所有者。最初的《宅地法》将这一交易正式化，授予任何居住在此的成年公民每人不超过 160 英亩的国有土地，这是至关重要的，人们可以用五年时间来开垦田地、建造住房和耕种以获得土地所有权。大约 2.7 亿英亩的土地（占美国广袤土地的 10%）通过《宅地法》变成了私有土地。

1872 年的《通用采矿法》也是如此，它允许公民和公司在公共土地上采矿。勘探者需要找到有价值的矿物证明这一发现，并且每年至少投入价值 100 美元的劳动力或改善费用。只要勘探者满足这些最低要求（以及其他一些要求），并支付每英亩 2.5~5 美元的价格，他们就可以拥有地下的矿产，甚至也拥有地表土地。自 1872 年以来，价格从未变过。矿业公司每年仍从公共土地上开采价值 20 亿~30 亿美元的矿产，而且几乎毫不费力就能够享受这一特权。此外，矿业活动在西部的公共土地上留下一片片的凹坑、创造了一片片的私人财产——"私有土地"[14]，如今这些财产还在阻止人们进入偏远地区的休闲小径和未被破坏的荒野。

类似的法律将公共用水变为私人所有，而水在干旱的西部地区往往比土地或矿物更有价值。如果你能将河流改道并将水用于有益用途，那么它就是你的了。毫不夸张地说，今天美国西部的格局直接源于一个多世纪前国家对土地、矿产和水资源的所有权所做的选择，即谁的劳动和什么劳动决定了土地、矿产和水资源的所有权。

要建立所有权制度，仅靠购买、先到先得、占有是不够的。定居者必须通过特定形式的劳动来改造土地，只有这样，他们才能成为合法的所有者。纵观历史，法律已经强化了播种和收获之间的密切关系——至少对从事某些活动的人来说是这样的。[15]

但每一代人都在革新所有权制度。今天，联邦土地上已经没有多少可开垦的土地了。这项法律于1976年被废除（在阿拉斯加一直持续到1986年），劳拉的时代已经过去了。那么劳动在今天的重要性又如何呢？

非常重要的婴儿日托所[16]

让我们看一下佛罗里达州哈兰代尔市一个非常重要的婴儿日托所的情况。长期以来，那里的孩童都喜欢在一幅壁画下面玩耍，壁画上有五英尺高的米奇、米妮、唐老鸭和高飞。日托所真是一个快乐的地方。

但是，当迪士尼公司的律师得知这些未经授权的迪士尼画像的存在时很生气，派调查人员记录了这些违法的壁画，并威胁要起诉这家日托所。与此同时，迪士尼公司的律师还向"好教母"和"弥赛亚尼基教堂"——哈兰代尔市的另外两家未经授权就使用米奇画像的日托所发出了威胁信。

孩子们很沮丧。5岁的克里斯托弗说："如果他们把这些画从墙上拿下来，我会很伤心的。"7岁的阿曼达说："这一点儿也不公平。"日托所主任艾丽卡·斯科蒂用成年人的语言表达了这一点："我认为这从头到尾都很荒唐。"尽管如此，她还是与迪士尼公司的律师交涉，试图寻求一个折中办法。

哈兰代尔市政府也加入了这场争论，并通过了一项支持日托所的决议。市长吉尔·斯坦说："迪士尼公司用想象力和美国孩子的五分、十分和二十五分硬币发展到了如今这样庞大的规模，却没有仁慈的精神和慷慨的胸怀,这是哈兰代尔市儿童的耻辱和损失。"[17] 但是,迪士尼公司作为"地球上最快乐的地方"的所有者却毫不留情。一位发言人表示:"这是我们的最终答复。我们对这个城市没有什么要说的了。"就这样,米奇不得不离开了。

迪士尼公司咄咄逼人的态度源于华特·迪士尼本人。1923 年,华特·迪士尼创造出了他的第一个热门角色——幸运兔奥斯华,但后来奥斯华的控制权被他的电影经销商夺走,华特·迪士尼破产了,不得不从头开始。1928 年,他又推出新角色莫蒂默老鼠,这只老鼠很快被重新命名为米奇,成为卡通帝国的代表角色。迪士尼不想再被击垮了,从那以后,迪士尼公司开始积极地保护自己的米奇,以防其未经授权就被使用。

幸运的是,这些"重要的宝宝"的困境得到了国家新闻媒体的报道,佛罗里达环球影城——主题公园的竞争对手也赶来挽救了局势。在摄像机的拍摄下,环球影城的工作人员涂掉了哈兰代尔日托所原来的壁画,画上了他们的摩登原始人、史酷比狗和瑜伽熊等角色——所有这些都是免费的。Yabba dabba doo!①

其他许多无辜的米奇用户就没有这么幸运了。迪士尼公司是无情的,它那被称为 Disnoids 的法律部门每年都会提起数百起诉讼,并威胁要提起更多诉讼。正如有个故事是这样说的:"兔子喜欢繁殖,老鼠爱打官司。"[18] 在华特·迪士尼去世 50 多年后,距他第一次画出米奇已将近一个世纪,Disnoids 怎么还能威胁小孩子呢?

答案来自所有权制度设计中的一个基本区别。所有权制度鼓励进行两种类型的劳动:体力劳动和智力劳动。照料苹果园是体力劳动,制作一个苹果派的食谱是智力劳动。

---

① 这是动画片《摩登原始人》中一个经典角色的口头禅。——译者注

体力劳动所有权是经过时间检验的——这就是"一分耕耘，一分收获"这一直觉的由来。对于生产者来说，所有权激励他们种植更多的苹果，因为他们可以用自己种植的东西盈利，消费者也能从中获益。所有权制度提供了一个快速而简单的方法来决定谁能得到苹果：谁支付市场价，谁就能咬上一口。如果一个人吃了苹果，另一个人就不能吃。

但这种交易对于智力劳动来说并不适用。即使我使用了你的食谱，你仍然可以使用它，下一百个喜欢吃苹果派的人也可以使用。所有的知识产权法都在努力解决这一问题：对于智力劳动来说，一个人播种，所有人都可以收获。

托马斯·杰斐逊总统在一封常被提及的写于1813年的信中以蜡烛为例解释了这一点："接受我的想法的人，他自己也得到了指导，但不会削弱我的想法；就像他用我的蜡烛引燃自己的蜡烛，他得到了光明，却不会使我变得黑暗。"[19] 换句话说，我们不需要所有权、价格或市场来决定谁应该使用这个食谱，每个人都可以使用它，且不会伤害任何未来的用户。在同一封信中，杰斐逊总统——美国第一位专利审查员、第一部《专利法案》的作者——对授予专利"垄断（可能）给社会带来的困扰多于好处"表示怀疑。从消费者福利的角度来看，智力劳动不应该归为自有。

消费者担心的是，为什么对智力劳动的默认保护水平始终为零——免费复制就是规则，除非立法另有规定。在迪士尼创造出米奇之后，如果我们都能自由地使用米奇，即使迪士尼公司反对，社会也能够变得更好。在马丁·路德·金发表演讲后，如果我们能免费听到他的演讲，即使这会导致马丁·路德·金财产公司破产，我们也都能受益。此外，一旦有了救命的药物，并可以每粒药片一分钱的价格进行生产，为什么还要让患者因为无法获得药物而死亡呢？

对智力劳动产品的零保护对消费者来说似乎是最好的规则，但问题是：我们也必须考虑到生产者的利益。如果迪士尼和辉瑞公司知道它们没有任何回报，也许我们就不会看到米奇，也不会有拯救生命的药物了。如果劳动不能获得金钱回报，那么为什么还要费心创造呢？这对消费者来说也是一种损失。

因此，我们只能权衡两者。这是推动知识产权法发展的一个价值万亿美元的难题。我们需要付出多少报酬，才能让创作者为消费者提供足够多的好处？谁来决定呢？

18世纪80年代，当制宪者组建美国政府时，他们已经意识到了这个挑战。他们的解决方案是免去州立法机构的一些决定权——各州在这方面没有权利。宪法指示国会为版权（针对创造性表达）和专利（针对有用的发明）制订一个国家计划——自由使用规则以外的主要立法。宪法进一步规定，只有在"促进科学和实用艺术进步"的情况下才可以给予所有权。最后，这些权利必须只持续"有限的时间"——只有这样广大民众才会受益。

最高法院说："版权的主要目的不是奖励作者的劳动"，"原创性，而不是'额头上的汗水'，才是版权保护的试金石"。[20] 在美国，创作者的权利是有限的，而且也只针对他们所创造出的"进步"。在1790年的《版权法》（美国最早的法律之一）中，作者被授予长达28年的独家控制权（最初是14年，还可以选择延长14年），在此之后，公众可以免费享用整个创作。

专利的运作方式大致相同：发明者在有限的时间内垄断所有权，现在是20年的期限。作为交换，到期后发明者应立即公开发明过程，以增加我们的知识储备量。专利期满后，发明就会进入公众领域，任何人都可以免费使用。几个世纪以来，这一直是国会与作家和发明家达成的基本交易。[21]

但创作者往往会要求更长的时间。每当米奇的版权即将到期时，迪士尼公司就会向国会提供大量资金，并涌现出许多游说者。迪士尼公司并不关注自己的市场地位，相反，它强调其创始人与奥斯华、米奇的故事，这只是对其创造力的公正回报。华特·迪士尼的确很喜欢米奇，他在动画片中亲自为米老鼠配音达十年之久。如果别人利用米奇来做一些不光彩的事情，难道不是对他的创造性劳动的不尊重吗？当电影预告片中出现了堕落的、吸食毒品的布偶米奇[22]时，震惊的《芝麻街》的制作者们当然意识到了这一点。

迪士尼公司也不是唯一采取游说策略的公司。欧文·柏林、乔治·格什温、艾拉·格什温、理查德·罗杰斯和奥斯卡·汉默斯坦以及"伟大美国歌谣"其他代表作品版权的所有者也加入了申请延长其版权的行列，游说的努力[23]有了回报。根据迪士尼创作米奇时实行的规则，米奇应该在1984年进入公众领域。然而，在专利到期前，迪士尼公司通过游说国会延长了其版权保护期，将米奇、普鲁托、高飞和唐老鸭的版权分别延长至2003年、2005年、2007年和2009年。1998年，当米奇的版权再次接近到期时，迪士尼公司和其盟友们又极力说服国会通过了后来被戏称为"米老鼠保护法案"的《桑尼·波诺版权期限延长法案》。有了这个法案，直到2023年，迪士尼公司都可以威胁并起诉像婴儿日托所这样的米奇爱好者。

从1790年开始的最长28年时间发展到现在，版权保护期已经延长到了将近一个世纪。

总的来说，迪士尼公司已经为米奇的版权花费了数百万美元，包括直接向1998年法案的25个国会提案人中的19人提供的竞选捐款。对于迪士尼及其盟友来说，这是一笔极好的交易。据《福布斯》报道，仅在2004年米奇就创造了约58亿美元的收入，这使米奇成为世界上"最富有的虚拟亿万富翁"[24]，比任何已逝世或者在世的真正名人赚得都多。

  这对迪士尼公司的股东（以及柏林和汉默斯坦的遗产）来说是件好事，但 20 年的延期对公众又有什么好处呢？答案是毫无意义。1928 年已有的 56 年版权保护期足以激励迪士尼创造米奇。直到 1966 年去世前，他的辛勤播种让他收获颇丰。将旧版权延长到未来，并不会激励迪士尼创造更多的角色，不会让乔治·格什温和艾拉·格什温写更多的歌曲，也不会推动今天年轻的动画师更加努力地工作——只有在他们死了几十年之后，延长版权才会生效。"米老鼠保护法案"不太可能产生任何公共利益，不管是一个卡通人物还是一首歌，它所产生的是纯粹的公司利益。

  "米老鼠保护法案"说明了迪士尼公司和结盟的版权所有者如何利用劳动报酬的故事来操纵所有权规则，在帮助自己获益的同时消耗公共资源，损害其他人的利益。不仅是阿曼达和克里斯托弗这两名儿童遭受了损失，当智力劳动的所有权保护期被一次又一次地延长时，文化就被挟持了。

  1923 年的数千件作品[25]原本应于 1999 年进入公众领域，但随后又被封存了 20 多年。从 2019 年开始，我们获得了弗吉尼亚·伍尔夫的《雅各布的房间》和罗伯特·弗罗斯特的《雪夜林边小憩》的免费使用权；2020 年，我们获得了乔治·格什温的《蓝色狂想曲》和托马斯·曼的《魔山》；2021 年，弗朗西斯·斯科特·基·菲茨杰拉德创作的《了不起的盖茨比》和查理·卓别林的电影《淘金热》也得到释放。正如一位观察家所指出的那样："20 世纪的大部分文化仍受版权保护——有版权但无法使用。换句话说，这其中大都是被丢弃的文化。没有人再版这些书，再放映这些电影，再播放这些歌曲。"[26]

  当智力劳动的所有权保护期延长时，消费者的权益就会因延期而受损，而且以更惊人的方式受损。在版权持有者去世后，其所有权通常会在继承人之间分割，而这些继承人甚至不知道自己已经成为版权所有者，然后所有权又在继承人的继承人之间再次分割，形成我们将在第六章中探讨的家族所有权困境。就版权而言，未知版权持有人的激增导致了所谓的"孤儿作品"，这些作品仍被控制，但已绝版，它们可能占所有潜在版权作品的70%，没有人敢复制这些艺术作品，因为遥远的继承人可能会出现并起诉。

矛盾的是，"孤儿作品"问题意味着我们现在能读到的20世纪中期的书比19世纪后期的更少。[27]为什么呢？谷歌与图书馆合作，扫描并在网上发布了1亿多部版权过期的作品，这些作品都是20世纪20年代以前的，并向所有人免费开放。谷歌也尝试发布后来的具有版权的作品，并最终与出版商和美国作家协会达成了一项全面协议，该协议允许谷歌提供"孤儿作品"的付费下载，并保留63%的收入供版权所有者索赔。但随后，司法部的反垄断执法者介入了，他们担心谷歌会垄断沉睡的"孤儿作品"市场，于是一名法官叫停了这一行动。最终的结果是：米奇和它的伙伴们仍在阻止人们自由地获取20世纪20年代、30年代和40年代的伟大繁荣的美国文化——如果不是因为"米老鼠保护法案"，这些作品早已进入公众领域了。

延长米奇的版权保护期不仅消耗了公共资源，困住了"孤儿作品"，而且损害了创造性劳动旨在保护的版权作者的利益。尤其对于短篇小说作家来说，名声可能取决于版权问题。它可能意味着被选入作品选集和被当作英语101课程的教学内容——或者被遗忘之间的区别。将作品封锁一个世纪，版权保护期的延长几乎抹去了许多作者的身后名声。一位研究人员总结说：过长的版权期限会"使书籍消失"[28]，而版权到期后才能"使它们重获新生"。

科罗拉多州共和党参议员汉克·布朗是唯一一名对米奇投反对票

的美国参议员,他很好地抓住了过长版权期限的问题:"真正的动机(是)那些购买版权的企业主游说国会再给他们20年的收入。我认为这是一种道德上的暴行,没有任何人为公众利益说话。"[29] 布朗参议员是对的,因为宪法明确规定国会负责版权法,游说者只需要影响一小群政客,就没有人能阻挡他们。甚至最高法院也不行,[30] 它遵从了国会的主张,即最近延长的版权保护期仍然有足够的限制,可以满足宪法的最低要求。

所有权制度的设计仅有利于设计者本身。

已故名人

除了版权和专利,州立法者和法官还可以自由建立知识产权制度,而且他们并不觉得这样做有什么不好。

20世纪50年代初,鲍曼口香糖公司与棒球运动员签订了独家交易合同,将他们的肖像印在交易卡上,但托普斯口香糖公司却印制了具有竞争性的交易卡。托普斯口香糖公司认为,棒球运动员并不拥有他们自己的形象,所以他们无法控制自己的使用。在随后的斗争中,法院解释了纽约州的一项法规并创造了一种新的所有权形式:公开权。这种新颖的所有权形式赋予名人控制其个人形象(他们的名字、肖像,甚至声音)的商业价值并从中获利的权利。基于这一新的权利,鲍曼口香糖公司赢得了对托普斯口香糖公司的诉讼,但后来托普斯口香糖公司收购了鲍曼口香糖公司,最终取得了胜利,合并后的公司利用其对球员形象的所有权,在接下来的30年里垄断了棒球交易卡市场。

到1970年,公开权已扩展到七个州;现在,一半以上的州都认可它。特别是体育公开权,[31] 已经从交易卡发展到电子游戏,然后发展到面向职业运动员的体育联盟。在几十年的反对声中，NCAA（美国的全国大学体育协会）甚至也允许大学球员通过授权使用他们的名字和肖像来赚钱（我们将在第五章探讨原因）。

在承认公开权的州中，关于公开权是否能在所有者死后继续存在以及存在多长时间，有着很大的差异。在田纳西州，权利在所有者死后持续10年；在弗吉尼亚州是20年；在加利福尼亚州是70年；在印第安纳州是100年；在纽约，当所有者死亡时，权利就会终止。因此，当玛丽莲·梦露作为纽约居民去世后，她的继承人无法继续获利。

为什么会有这样的差异？加州有许多已故名人，他们的继承人成功地推动了该州的公开权长期所有权制度。这一点并不奇怪。纽约州有点让人感到困惑——有许多已故名人却没有长期所有权制度。印第安纳州的情况如何？为什么在那里所有权会持续一个世纪？答案是跟着钱走。

虽然印第安纳州名人不多，但CMG环球公司的总部设在那里，该公司的商业授权可以针对许多已故名人，包括詹姆斯·迪恩、英格丽·伯格曼、杰克·凯鲁亚克、艾灵顿公爵、阿米莉亚·埃尔哈特，甚至马尔科姆·利特尔。CMG环球公司就像迪士尼公司游说国会那样，请求印第安纳州的立法机构高抬贵手，又有谁会反对呢？

现在，已故名人每年为他们形象的所有者赚取数十亿美元。《福布斯》公布了年度收入最高的已故名人榜单：迈克尔·杰克逊收入6 000万美元；猫王埃尔维斯·普雷斯利收入4 000万美元。通过授权使用一些肖像和作品，甚至玛丽莲·梦露也为CMG环球公司和其他公司带来了超过1 000万美元的收入。

马丁·路德·金去世时居住的佐治亚州的规则是什么？佐治亚州的立法机构从未设立公开权，无论是死后权利还是其他权利。但马丁·路德·金财产公司还是起诉了，它想强迫制造马丁·路德·金半身塑料像的人支付版权费。1982年，佐治亚州最高法院判马丁·路德·金财产公司胜诉，在司法上为已故的佐治亚州名人（包括马丁·路德·金在内）设立了死后公开权。

公开权的出现揭示了所有权制度的一个重要特征：在日常生活涉及的每个领域，都存在一个包含少量预设所有权形式的菜单——古罗马人称为物权法定[32]（数字是非公开的）。这种非公开数字是每个法律体系的特征。历史上，对于智力劳动，国会负责两个领域：版权和专利。早期，各州发展了第三个领域：商标法。从19世纪末开始，国会开始颁布联邦法律，从各州收回了商标立法权。在我们有限的所有权菜单选择中，公开权是最新的条目之一。

为什么允许在所有权菜单上设立这个新条目？所有权与所有技术一样，都是为了应对新的资源稀缺性、市场机会和不断变化的价值观而发展起来的。[33] 每种所有权形式都反映了自由、社区、效率和公正的价值选择等一系列微妙组合。婚姻、共有公寓、合作社、合伙型公司、信托、公司等，这些所有权形式是社会生活的基石，它们就像语言中的单词，可以让我们快速地传达复杂的信息，有时是对少数人，有时是对全世界。[34] 关键在于：为了相互沟通，我们需要或多或少地了解每种所有权形式所传达的信息。

挑战在于，创建新的所有权制度是要有充分理由的——就像语言中出现新词一样，且它们并不是由自己创造的。立法机构、法院、企业，甚至个人都试图创建所有权制度，但都存在缺陷。立法者太容易受到游说者竞争捐款的影响，就像米奇的版权期限延长一样。法官的眼光也很狭隘：在大多数情况下，他们受律师对已经发生的个别争议言论的影响，而且缺乏制定全面所有权的工具。（这又是事后—事前的区别。）企业和个人的目标是实现其私人利益。最终的结果是，在美国，新的所有权制度的创建取决于谁更主动。

法学专业的学生想讨论法律应该是什么，但有经验的律师都知道，真正的问题往往是：谁来决定？

在马丁·路德·金半身塑料像案件中，佐治亚州最高法院在创建死后公开权时忽略了指定一个明确的结束日期，也没有像版权法那样设定几种"合理使用"的例外情况，即在未向版权所有者付费或获得许可的情况下进行教育性使用、批评或模仿。法院创建了一种有缺陷的、过度扩张的所有权制度，并在全国造成了很大影响。尽管马丁·路德·金已经去世50多年了，但是马丁·路德·金财产公司一直在起诉所有使用其肖像的人。

为了改变州法官的裁决结果并确定一个结束日期，让人们自由地分享马丁·路德·金的遗产，佐治亚州立法机构需要从本地法院手中接管所有权设计，否则国会将不得不收回各州立法权。一些立法机构首先需要解决的是佐治亚州最高法院所回避的道德和经济权衡问题。但谁会为此进行游说呢？

将视线从奖金上移开[35]

对智力劳动的过度奖励会产生一个更隐蔽的影响。过多的所有权会使人们无法创造出新的、更有价值的东西。这是为什么呢？

私人所有权通常会创造财富，但过多的所有权会产生相反的效果——它会产生一种被赫勒称为所有权僵局的现象。所有权僵局是赫勒几年前发现的一个悖论。当太多人共同拥有一件东西的时候，合作就会破裂，财富就会消失，每个人都会有损失。

回想一下我们在本章开头所讲述的马丁·路德·金和他的遗产。在《塞尔玛》影片中，我们可以看到与他一起游行、出席他的演讲的人很少，大多数人是通过他的著作、采访和视频了解他的。对于数百万美国人来说，马丁·路德·金是通过1987年荣获艾美奖的公共电视纪录片《美国民权之路》而鲜活起来的。为了制作这部纪录片，制片方与数百名认识马丁·路德·金的人进行了交流，并使用了82个来自档案馆的视频片段、275张静态照片和120首歌曲。每一项内容都必须从其版权所有者那里获得许可，而其中许多许可在1987年影片首次放映后就到期了。因此，这部电影曾被放在保险库中达20年之久，无人观看。

为什么？因为这是僵局。为了重新发行这部电影，制片方不得不签订数百份许可协议，这个过程在业界被称为"清算权"。清算权既不便宜也不迅速。这就像在高速公路上行驶，遇到许多独立的收费站，每个收费站都可以自行收取它们选择的费用。当众多收费站中的任何一个都可以否决整个项目时，就会出现交通堵塞（僵局）。

如果创建所有权收费站太容易，那么当人们想要把这些权利整合到一些有用的新资源（比如一部纪录片）上时，就要付出代价。直到2006年，电影制作人才在捐赠了一百万美元的情况下，清除（或替换）了影片中的版权元素，并最终重新发布了《美国民权之路》——现在你可以免费在线观看。

詹姆斯·苏洛维茨基在《纽约客》杂志上写道："开放的文化领域正越来越多地被用蛇形铁丝网围起来。"[36]《眼睛》这部电影就是一个例子。再如，所有权僵局从根本上改变了嘻哈音乐。想想人民公敌乐队1988年的经典专辑《需要一个数百万人的国家来阻止我们》。这张专辑由数百个作品片段拼接而成，帮助发展了嘻哈音乐形式。越过音乐屏障，歌手查克·D说唱道：

我有罪，被带到了法庭，[37]因为我是小偷

> 这是一项收集活动
>
> ……
>
> 我发现了称之为节拍的宝物
>
> 我却不需支付

在人民公敌乐队的音乐走红后，各大唱片公司的反应是，即使是最简短的音乐片段，也要收取许可费。查克·D说道："人民公敌乐队的音乐受到的影响比任何人的都大，因为我们采集了数千种声音。如果你把这些声音分开，它们就什么都不是了，它们是无法辨别的。所有的声音被拼贴在一起，形成了一面音墙。"[38]

如果你是早期人民公敌乐队数以百万计的粉丝之一，并想知道为什么今天的嘻哈艺术家经常只用一段歌曲片段说唱，那么，这就是答案。这不是音乐品位的改变，而是歌曲所有者像收费站一样使用他们的版权。一位音乐评论家指出："如果你认真对待嘻哈传统，那么你必须承认，目前的形势已经在一定程度上扼杀了这种艺术形式。"[39]

所有权僵局也是我们没有在讲述本书故事时加入漂亮的插图的原因，这将涉及太多的成本和复杂的清算权，此类事情会推迟本书的出版上市。（但我们已经在 MineTheBook.com 上链接了许多我们想要的图片，如果你想知道例如"膝盖卫士"是什么样子的话，可以去看看。）

药物开发僵局 [40]

现在，你可能不关心嘻哈产业的健康发展，不关心电影纪录片，也不关心你手中这本书中的插图！但这里有一个事关生死的案例，说明太多的所有权问题已经冲击到我们的家庭了。一家大型制药公司的研究负责人对赫勒讲述了所有权僵局是如何影响药物开发的。他说道，他的研究人员已经开发出了一种可以治疗阿尔茨海默病的药物（被称为化合物X），但生物技术研究合作伙伴——而不是制药公司的市场竞争对手——阻挠了它的研发。这怎么可能呢？

1980年以前，所有权僵局对药物开发者来说不是问题。科学家们或多或少地可以自由发表他们的研究成果，他们的劳动得到了终身聘任、同行认可、演讲邀请、奖励，甚至诺贝尔奖的回报。认可（而不是所有权）足以激励20世纪伟大的生物医学创新——从青霉素的发现到脊髓灰质炎疫苗等的研发改变了人类的命运。许多科学家认为，控制由大学、基金会和政府资助的研究是不道德的。通过自由分享，科学家可以迅速地以彼此的创造性劳动为基础进行新的研究，没有需要谈判的所有权收费站。

1980年，美国修改了专利法。在专利问题上，大型制药公司扮演着类似迪士尼公司在版权问题上的角色——影响国会工作的重量级人物。大型制药公司说服国会，推动药物研究的方法是改变科学制度：通过赋予科学家所有权来激励他们更努力地工作。因此，从1980年开始，国会允许为开发基本医学研究工具和测试的科学家申请专利，目的是利用所有权来鼓励企业投资于基础研究，这在以前属于公共和非营利性融资领域。

从某种意义上说，按下所有权遥控器上的这个新按钮起了作用。突然间，科学家可以寻求专利，而不仅是拨款、终身聘任、奖项和声誉。在潜在利润的诱惑和新专利垄断的保护下，私人资金涌入了基础医学领域，并引发了生物技术革命。但随着药物研究专利的增加，它们产生了与国会预期完全相反的效果。一项专利可能会刺激创新，但由不同的初创公司持有的大量专利，就像通往医学发现的高速公路上的收费站一样。

化合物 X 能通过多种路径影响大脑，生物技术公司记录了这些路径，并在 1980 年获得了专利。每家初创公司都把自己的专利视为关键技术——我们很容易高估自己的劳动价值（回想第二章的禀赋效应）。每家公司都要求收取相应的费用，直到这些费用的总额超过了药物的利润。忽视任何一个专利收费站都会在药物研制成功后引发代价高昂的诉讼。

结果是什么？这个故事并没有一个圆满的结局。没有人来整合这些专利并授权给化合物 X 的开发者。那位与赫勒交谈过的主管无法在专利丛林中找到一条安全的道路。相反，他（以及许多其他制药公司主管）将他们的研究重点转到了一些不那么有前景的项目上，比如已经被申请了专利的现有药物的副产品。正如赫勒和丽贝卡·艾森伯格在《科学》杂志上所写的那样，在 20 世纪 80 年代和 90 年代，虽然制药公司的研发支出增加了，但真正能拯救生命的新药却很少上市。[41]

生物技术初创企业并不坏，它们是由创新者经营的，而创新者完全按照专利制度来管理企业。这就是所有权制度的运作方式——对特定劳动形式的人进行奖励，他们就会做出反应。就个体而言，生物技术科学家的行为是理性的，但他们共同造成了所有权僵局：对基础医学研究工作的奖励增加意味着拯救生命的药物减少，而我们都要承担这些代价，因为现在人们还会死于可以治愈的疾病。然而，没有人提出抗议。你去哪里抱怨拯救生命的药物可以被生产——应该被生产——却因为糟糕的所有权设计而没有被生产？

自赫勒发现所有权僵局以来，已有数千篇学术文章探讨了这一现象。经济学的一个分支正在记录和讨论它的影响。最近，在《科学》杂志上，一位评论员提出，今天最突出的所有权僵局可能涉及某些基因编辑技术。[42] 使用这些创新性工具可以拯救你的生命——事实上，第一个被批准用于检测新型冠状病毒感染的紧急测试就是依靠基因编辑技术。[43] 但是，多家公司控制着这项技术的方方面面，并且都想在药物开发的道路上设置竞争性的"收费站"。

创造性劳动创造财富的方式已经不为人知地发生了变化。在专利制度建立之初，每项专利或多或少都会带来一种特定的产品：约瑟夫·格莱登的专利涉及带刺铁丝网。但是，过去那种"一个专利一种产品"的规则现在看来有些奇怪。今天，财富创造需要将独立的所有权组合起来，这种现象不仅限于基本的生物医学发现，将一部手机推向市场或运行 ATM（异步传输模式）网络都需要同时获得数千项专利。事实证明，对全部专利进行授权是不可能的。我们创新的方式已经改变，但我们仍然被老式的所有权制度所束缚。

几个世纪以来，我们认为所有权的首要价值是给予劳动明确的回报。当时的想法是，只要所有权有保障，人们彼此之间进行交易就会很容易。从这个角度来看，增加对劳动的回报是没有成本的。如果我们想要更多的发明和创造，那么只需扩大大型制药公司的专利范围，延长迪士尼的版权期限。

所有权僵局问题揭示了这种逻辑的缺陷。有时，我们应该减少对劳动的奖励，这样才能减少创造和创新的道路上的"收费站"。如果能阻止协议的所有者较少，那么其余各方可能较容易达成协议。

该怎么做？让我们把所有权制度设计想象成组织一群朋友共进晚餐。随着人数的增加，这个任务的难度呈指数级增长。他是素食主义者，她是无麸质食品主义者，他们只吃寿司，这个人正在进行果汁排毒，另一个人只在星期二有空。如果每个人都有对晚餐的否决权，那就不能在一起吃饭了。参议院就是这样运作的，在大多数问题上，每位议员都能阻碍议案通过，使议案陷入僵局。联合国也经常陷入僵局，安理会的五个常任理事国——中国、法国、俄罗斯、英国和美国——每一个都能通过设计否决其他国家的议案。

然而，如果你已经邀请了很多客人，并且给了每个人对细节的否决权，那也有一线希望。对于晚宴，有一些技术上的解决方案：你可以使用像 Doodle 这样的日程安排应用程序来找到合适的日期，快递公司可以运送来自多家餐厅（素食、寿司、牛排）的食物，Venmo（付款软件）允许人们各自买单。政府可以对知识产权制度采取同样的做法，例如，启用"专利池"和"标准制定组织"。专利池和标准制定组织将一项新技术所需的关键专利捆绑在一起，将它们作为一个群体进行所有权的授予，并在所有者之间按比例分配收益（我们将在下文看到这种解决方案的强制版本）。

另一种方法是，如果你已经发出了晚餐邀请并收到了许多愿意赴约的回复，那就倾听每个朋友的需求，不给任何朋友否决权，但仍满足他们的需求。这是你的派对，由你来决定。如何补偿那些感觉受到伤害的朋友是设计所有权制度的关键。对于律师来说，通常是在所谓"禁令"和"损害赔偿"之间进行选择。禁令就像否决权，它阻止伤害方任何进一步的行动——如果我不吃素，就没有人和我共进晚餐。从历史上看，当专利权被侵犯时，法院会下令让违规产品退出市场，而且不再有人能得到这些产品。如果某项专利对你的产品至关重要，你就不可能绕过专利收费站。你必须支付专利权所有人要求的版权费，否则你就得离开市场。

但否决权并不是专利激励创新和保护所有权的唯一方式。合理的设计可以通过将保护从禁令转向损害赔偿、从否决权转向现金来避免僵局。如果你决定提供寿司，那么下次你可以带你那位受委屈的素食朋友出去吃豆腐炒饭，或者给她一张礼券来订外卖。事实上，最高法院裁定，在某些情况下，法院可以命令专利侵权人向专利权所有人支付赔偿金，而不必将侵权产品完全撤出市场。[44]

不过，最好的晚宴解决方案可能是在一开始就少邀请一些朋友——无论如何，交谈都会更愉快。最初的所有者群体越小，就越有可能达成协议，无论是关于一个晚餐目的地、一部纪录片，还是一种畅销药。

也许国会和各州应该削减对知识产权的保护，而不是扩大。尽管大型制药公司或迪士尼可能会提出异议，但并非每一项创新都值得拥有专利或版权。减少前面所提的所有权就意味着减少以后要解决的僵局问题。

然而，在实践中，这很难实现。

在政治上，没有多少人会为了公共利益而游说立法；在心理上，没有人愿意放弃自己已经拥有的东西；在宪法上，第五修正案保护所有者的财产不被"无偿"拿走。所有权制度一旦建立，就很难再收回。这是一个单向的棘轮——在我们创造更多的权利之前，现实告诫我们要谨慎行事。不邀请朋友参加聚会是很痛苦的。

我光明正大地偷走它

当一位时装设计师以全新的服装造型大获成功后，山寨货很快就会出现在商店的货架上。例如，MèreSoeur 品牌的创始人凯莉·安妮·罗伯茨了解到，老海军品牌抄袭了她最畅销的"Raising the Future"T 恤衫。罗伯茨说："我是一个单亲妈妈，设计这件 T 恤衫的想法激发了我的整个事业。现在一切都没有意义了，我感觉受到了侵犯。"[45]

《嘉人》和《时尚》等杂志在定期的"炫耀 vs 剽窃"[46]特辑中强调了这些山寨货。巴黎世家推出了一款价值 795 美元的运动鞋，Zara 以 35.9 美元的价格推出了一款外观几乎一模一样的鞋子。泰勒·斯威夫特穿了一件价值2 675美元的瑞克·欧文斯机车夹克，H&M则以37.8美元的价格出售山寨货。高端设计师之间也互相"致敬"。古驰的2018早春系列中包括一件仿自哈莱姆女装设计师达珀·丹在20世纪80年代设计的夹克。

这都是完全合法的。对于那些作品被抄袭的设计师来说，抄袭可能会让他们感觉像是被敲竹杠或盗窃，但事实并非如此。盗窃，就像所有权本身一样，是一个法律结论，而不是一个经验性的事实。在美国，从事时装设计的劳动者不受任何法律保护。快时尚的商业模式，包括Zara和H&M这样的全球零售商快速复制热门产品，再以更低的价格出售。一般来说，在时尚界，每个人都在复制别人的作品。抄袭设计理念并不是盗窃。

每隔几年，美国时装设计师协会就会游说一次政客，希望通过自己的"米老鼠保护法案"，为其成员的时装设计提供所有权，从而将抄袭变成盗窃行为。该委员会指出，像凯莉·安妮·罗伯茨这样的小型独立时装设计师可以证明这一点，就像迪士尼提到华特一样。但时尚界在美国国会没有像迪士尼那样的影响力。纽约时装技术学院的阿尔乐·伊利亚说，国会没有"看到后果，即抄袭伤害了这个行业，使设计师难以脱颖而出"。[47]

伊利亚的沮丧是可以理解的，但有些言过其实。正如第一章的排队和第二章的停车椅例子所表明的，法定所有权可能远没有人们想象的那么重要，也没有创造者声称的那么重要。当然，设计师希望自己的劳动得到更多的回报，生产者总是这样。但是对于智力劳动来说，美国法律的主旨是只在最终符合消费者利益的范围内奖励生产者。在时装设计中，更多的所有权会对消费者有帮助吗？可能不会。

在推特上发文可能比法庭更有影响力。率先进入市场可以是决定性的。礼貌和礼节可以引导行为。法定所有权只是社会控制的一种工具——可以肯定的是，这是一个充满硝烟的战场，但它往往不是激励和奖励创造的最有效方式。非法律人士和律师都犯了一个错误，他们高估了法律的价值，忽略了有效的替代方法。毕竟，建立知识产权制度的目的不是制定更多的法律，而是刺激更多的创新。

卡尔·劳斯迪亚和克里斯·斯普里格曼找到了法定所有权的强大替代物[48]，以维持时尚界的创造力。劳斯迪亚说："版权背后有一个意图，这个意图就是保护创作者，使他们继续创作。当我们审视时尚界时，我们看到了一个非常有创意的行业，每一季都有大量的新想法，而且几十年来一直如此。"[49] 所有这些都没有版权，他们把这称为"盗版悖论"，并表明模仿实际上有助于时尚行业的创新。

时尚界并不是一个奇怪的例外。我们在前文解释过，对智力劳动给予零所有权可能会消除生产者的创造动机，会没有米奇、没有《我有一个梦想》的演讲，但这并不完全正确。许多经济领域在生产者没有所有权的情况下都蓬勃发展。正如劳斯迪亚和斯普里格曼所表明的那样，喜剧演员的表演动作不受版权保护，厨师不拥有自己的食谱，体育教练的创新动作可以被免费模仿。然而，新的喜剧表演动作、食谱和体育运动却一直在被创造出来。盗版悖论描述了许多创意产业及其努力。

即使是老派的公司也越来越认识到智力劳动无所有权的重要性。以据说是世界上最大的专利持有者IBM（美国国际商用机器公司）为例，IBM现在从系列专利授权中获得的收入少于开源软件语言Linux相关业务的收入。Linux是由志愿者创建和维护的。Linux背后的智力劳动成果对任何人来说都是免费的，包括IBM，IBM销售的硬件和服务也都在Linux平台上运行。

维基百科也许是人们最熟悉的开放在线资源，它依靠志愿者的时间和金钱运行。这是一项非常成功的免费智力劳动，取代了整个这一领域。现在的学生还知道百科全书是什么吗？维基百科已经变得如此可靠，以至于苹果公司用它来回答你问 Siri 的问题，就像亚马逊用 Alexa 那样。事实上，许多支持现代生活的关键软件都是在没有知识产权的情况下创建的。如果你使用火狐浏览器，你就是在别人播种的地方收获。Apache 这款开源软件也是如此，它可能为你乘坐的飞机或使用的 ATM 提供助力。

在别人播种的地方收获是日常生活中不可或缺的一部分，这比人们意识到的还要重要得多。这是为什么呢？

律师和普通人一样都有一种偏见——一种毫无道理的信念，认为法定所有权很重要。但通常情况下，它并不重要。即使没有法律保护，创造者也可以依靠四种策略来自行谋生。[50]

所谓的"先发优势"不仅是对创造性劳动的一种强有力的回报，而且避免了正式所有权的许多弊端。例如，教练发现每个赛季开发新的战术是值得的。为什么？举个例子，因为在橄榄球赛中第一次使用手枪式进攻[51]有助于赢得比赛——没有人预见到它的到来——在竞争对手的教练反应过来之前，就把创新者推进了复赛。或者创新者被另一个球队以更高的薪水雇用，或者得到更多的报酬而留下。在没有任何额外报酬的情况下，成为第一名就已经足够了。迈克尔·布隆伯格创建了一个价值数十亿美元的业务许可终端，在与交易相关的新闻和信息上提供了零点几秒的领先优势。

羞耻感也可以保护创新。喜剧演员面临着与时装设计师和教练一样的困境：他们没有版权保护。正如斯坦·劳雷尔说过的，"所有的喜剧演员都会从其他喜剧演员身上偷东西"[52]。那么，如果先制造笑点还不够的话，喜剧演员该如何保护自己呢？他们在喜剧俱乐部的单口相声表演中用尖刻的旁白来羞辱那些窃取笑话的人。例如，2007

年卡洛斯·曼西亚在洛杉矶剧场表演时,喜剧演员乔·罗根跑上舞台,指责他是"小偷"[53]。在紧密联系的喜剧演员群体中,金钱很重要,但真正的回报是笑声,而羞耻感会让整个房间变得安静。羞耻感可以成为比诉讼更有力的劳动奖励工具,但它并不总是奏效的。比如米尔顿·伯尔将他的职业生涯塑造成了"拙劣笑话的窃贼",但喜剧演员在搬用材料之前通常会深思熟虑,以免对他们的声誉造成潜在的伤害。

在今天的时尚界,社交媒体为创作者创造了第三个强大的奖励机制,尽管它并不完美。在凯莉·安妮·罗伯茨注意到这些抄袭行为后,她的粉丝们立即行动起来,在老海军品牌网站上炮轰这款抄袭的"Raising the Future"T恤衫。在照片墙应用软件上被羞辱了几天后,老海军品牌停止了这款衬衫的销售,并进一步取消了订单。罗伯茨对自己的作品被抄袭感到气愤,但"大卫与哥利亚"的社交媒体混战让她的知名度达到了前所未有的高度,人气遥遥领先。[54]

总而言之,免费提供知识在商业上是有意义的,因为它在做大馅饼。IBM 从 Linux 中获得了如此多的价值,因此愿意拿出数百万美元请工程师来维护和改进该软件。Linux 的性能越好,IBM 就越能通过出售其上层服务赚取更多钱。因此,尽管 Linux 对 IBM 的竞争对手也有好处,但 IBM 还是做出了贡献。Linux 在不断改进,但没有人拥有它。

在一个没有所有权制度的世界里,每个行业都通过这些策略蓬勃发展——先发优势、羞耻感、社交媒体和做大馅饼,这些工具没有一个是完美的。羞耻感可能导致暴力,社交媒体可能成为暴民统治。每种奖励劳动的工具都有其优点和局限性,但法律也是如此。

当创作者确实依靠法律来打击抄袭时,实施起来效果往往适得其反。多年来,唱片业到处起诉大学生,以防他们不付费就下载音乐,但这些诉讼大多事与愿违。起诉你的客户并不是一个好的营销策略，但金属乐队起诉音乐分享网站 Napster 是个例外，因为正如该乐队鼓手所说的："他们把我们耍了，我们也要跟他们玩玩。"[55] 金属乐队的歌迷对乐队这种直接的处理方式反响良好。

即使是对知识产权保护极为严密的行业，也常常会从容忍偷窃中获益。正如前面所描述的，HBO 知道人们在非法分享它的密码，但认为这是一件好事。HBO 公司并不介意自掏腰包，因为分享会造就新一代 HBO "视频瘾君子"，正如该公司总裁讲到其非法观众时所说的那样：当这些观众更年长、更富有时，HBO 相信他们会为自己的账户付费。容忍偷窃行为是一项长期投资，与此同时，偷窃行为为该网络节目创造了宝贵的人气。

令人惊讶的是，容忍偷窃行为也能使奢侈品制造商受益，积极地执行商标保护并不总是一个好策略。伊夫·圣罗兰将其商标印在手提包上，劳力士则将其商标装饰在手表上。游客在时代广场的黑市上购买假冒的圣罗兰手提包和劳力士手表，这并没有抢走合法商店的销售额，反而告诉年轻消费者应该追求什么，假货可以是最好的广告。购买仿冒奢侈品的买家未来也许会成为真正奢侈品的客户。一项研究发现，40% 购买仿冒奢侈品的人在试用了廉价的假货[56]后，最终购买了高端产品。其他研究表明，对许多奢侈品牌来说，容忍假货市场反而会提高其正品的价值。[57]

即使是最不可救药的版权囤积者迪士尼公司，也可能会改变主意，其中的关键是由非常重要的婴儿日托所引发的争议。与好莱坞环球影城的宣传热潮相比，迪士尼受到的媒体攻击或许能促使其重新考虑其所有权策略。

米老鼠的版权于 2024 年到期，而迪士尼并没有准备好向国会购买它的下一个延长期。这是为什么呢？付给游说者一些钱，有针对性地进行一些竞选捐款不是很便宜吗？该公司先前为延期所花费的大约1亿美元已经得到了很多倍的回报，但迪士尼发现了一种更好的所有权设计策略，通过减少对版权的依赖来获得更多利润：它采用了HBO的支持盗版的策略。

迪士尼现在非正式地容忍数百家由铁杆粉丝经营的小网店，这些商店出售T恤衫、纽扣、胸针、徽章、珠宝和数千种涉及迪士尼角色的商品，这些商店不向迪士尼支付任何许可费。为什么要转变态度容忍山寨货？因为迪士尼了解到，粉丝制作的、未经授权的25美元的T恤衫会将穿着者带到迪士尼乐园，在那里他们会购买昂贵的门票，并花费更多的钱度过这一天。

迪士尼之所以如此宽容，还有另一个原因：它从数百家山寨小店中发现了市场价值。这些商店变成了迪士尼新官方商品的一个充满活力的创意源泉。2016年，在线卖家波比迪·布鲁克推出了一系列玫瑰金亮片米奇耳朵，并大受欢迎，这是迪士尼授权方没有想到的。因此，迪士尼采纳了这个设计，放到其官方商店后立即售罄。波比迪·布鲁克很友好，发帖说："我很高兴能看到新的产品。"[58] 她的粉丝回答说："你的永远是原版！"大家都赢了。

一位知识产权教授在谈到迪士尼的新策略时说："我仍然不认为它有兴趣让其他人参与价值数百万美元的业务，但它更了解粉丝参与所发挥的作用。正如唱片业发现的那样，如果那样做是因为那些人是你的粉丝，那你起诉自己的粉丝看起来就很糟糕。"[59]

在社会经济的许多领域，真正的规则是"你播种，我收获"，但创新却发展迅速。即使没有人要求所有权，人们也能找到方法让创造性劳动变得有价值。复制、分享和容忍盗版是发展的关键引擎。问题不是"我们应该加强对时尚版权的保护吗"？以时尚为指引，问题应该是：我们还能在哪些领域消除智力劳动的法定所有权？

荒蛮西部的基因数据

我们以一个谜题作结。我们应该如何拥有自己的基因数据？彭博社记者克里斯汀·布朗为了写一篇关于她的种族血统的文章,[60] 把十几份唾液样本寄给了 Ancestry.com 和 23andMe 公司；为了深入了解自己的运动能力、饮食和睡眠模式，她还把样本寄给了 Helix；为了获得一份根据基因定制的美容养生方案，她把自己的基因数据上传到了一家化妆品初创公司的数据库。

然后，布朗思考再三。

她意识到，她已经泄露了自己的基因秘密，允许了无限制商业访问。而且她在没有得到亲属许可的情况下间接泄露了他们的信息。今天，大约 2/3 具有北欧血统的美国人可以被单独识别，因为不同的家庭成员已经寄送了样本。[61] 也许很快，无论你是否邮寄过唾液，基因数据公司都能够识别出你最隐私的遗传特征——不仅是你易患的疾病，还可能是你的寿命、运动能力和许多其他特征。

对基因数据的控制引发了超出个人隐私和尊严的问题，尽管这些问题也很重要。随着越来越多的人提交基因数据，基因数据库的商业价值呈指数级增长。医学数据许可已经成为一项价值数十亿美元的业务。葛兰素史克公司向 23andMe 公司支付了 3 亿美元，以获取用于研制靶向药物的数据。23andMe 公司则根据这些数据研制了一种抗炎药物。23andMe 公司已经拥有超过 900 万份个人档案，整个行业则拥有超过 2 500 万份个人档案。越来越多人的隐私岌岌可危。

布朗决定取回她的基因数据，但她能拿回来吗？或者，她能从数据库公司授权她的数据所取得的收入中分得一杯羹吗？就像其他有价值的新资源一样，基因数据的所有权是有争议的、模糊的，而且没有被明确定义。正如布朗所说，从基因数据库中分离出她的个人数据是

"极其困难的"。最终，她失败了。

你呢？你是数百万个擦拭脸颊并寄出样本的人员之一吗？你仔细考虑过这一问题吗？是否有家庭成员出卖了你？以下列出的是你送出样本后谁可能拥有你的基因数据：

- 没有法定所有权，保持数据免费。
- 数据库集成者拥有数据。
- 个人保留对其基因数据的所有权。
- 集成者和个人共享所有权。

今天，基因数据领域正如当年美国的荒蛮西部，创新发展快于规则建立。我们可以让数据免费，就像时尚、喜剧界和体育运动一样。一个没有所有权的世界创造的价值可能比立法者强加规则的世界更多，但谁会从这种价值中受益呢？

对于23andMe公司和它的同行来说，没有所有权更好：这些公司不需要法律来奖励它们的劳动，也不依赖时尚冲突中的羞耻感和先发优势。相反，它们可以利用保密和规模来控制没有所有权的基因资源。

保密是直接的：该行业不公开其基因数据库，而是许可使用。在这里，保密代替了版权，也可以取代专利。例如，太空探索技术公司的创始人埃隆·马斯克说："我们基本上没有专利。如果我们公开了专利，那将是很滑稽的，因为我们的竞争者只会把它们当作一本'菜谱'。"[62] 精明的企业家往往依靠自由裁量权，而不是法律。

与所有权完全无关的规模也很重要。在过去，确定新的药物靶点既复杂成本又高，需要科学家实地观察患者。现在，他们可以将大型私人基因数据库与人们的保险、医疗记录以及其他可能的记录（如健身追踪器、手机和浏览历史所产生的记录）相结合，更快地获得更好的结果。几年前，当最高法院宣布麦利亚德基因公司的乳腺癌基因测试专利无效时，该公司认识到了规模的价值。如果你认为宣布专利无效后，麦利亚德公司的市场就会消失，那你就错了。麦利亚德公司发现它不需要利用专利来增强竞争力，因为该公司已经控制了对最大的乳腺癌突变数据库的访问权。凭借在收集样本方面的领先优势，该数据库现在可以让麦利亚德公司检测到更广泛的基因突变，并对这些信息收费。

快速发展数据库是关键，随着数据库规模的扩大，它们的价值也会呈指数级增长。这就是为什么23andMe公司只需99美元就能解码你的遗传信息：你的基因信息才是真正的产品——数据库的原材料。

为了维护"荒蛮西部"的制度，数据行业一直在努力避开所有权监管。明智的做法是，23andMe这样的公司决定不与布朗和其他像她这样的人抗衡。基因公司已经从Napster和流媒体音乐、HBO和密码共享中吸取了经验，不找顾客的麻烦；寻找一种不那么令人恼火的方法，从稀缺的人力资源中提取价值。在基因数据市场上，现有的公司已经拥有了它们所需要的所有优势。它们的规模让新的竞争者望而却步，它们的防火墙很难被穿透，而社交媒体的推文也不会造成太多羞耻感。

一种行业策略是培养个人对所有权的错觉。23andMe公司意识到，它最好放弃对布朗数据的所有权，不能让布朗觉得她的自我所有权受到了侵犯——它是我的，因为它来自我的身体（见第五章）。挑衅会导致激进主义，而激进主义会催生法律。因而，更好的办法是，在采集样本和付钱时，就让你的原材料供应商感到满意。

当布朗试图取回她寄来的唾液样本时，这些公司"原则上"欣然同意了，但实际上，23andMe公司告诉布朗，"目前还不具备"删除物理样本所需的程序。而Ancestry.com公司告诉她，从来没有人要求归还唾液。事实证明，这些基因公司正在储存这些唾液。也许有一天，新的测序技术会让它们从这些储存的样本中解锁更多数据。

找回已经存在的基因数据又能怎么样呢？许多基因数据公司欣然承认数据是你的，也许是为了避免触发你的依附直觉，即认为它是我的，因为它依附于我的东西（见第四章）。如果你想删除数据，原则上是可以的。但实际上，布朗报告说："23andMe 公司可能会告诉你，你可以删除自己的数据，但实际上，法律不允许这样做。"数据不可能被删除的部分原因是卫生保健测试实验室有保存记录的义务。布朗发现："该公司被要求保存的'最少'信息量，基本上就是我所有的原始基因信息。"而在你的基因档案被整合到数据库并授权给第三方使用之后，你就没有办法检索你的数据了。"布朗总结说："当你删除你的基因信息时，你是在自欺欺人。"

数据行业没有主张对基因档案的所有权，而是把重点放在确保使用你的信息有约束力的许可上——也就是说，它的注意力从所有权转移到了合同上，这是行业娴熟行使设计控制的另一个领域。当你提交唾液时，基因公司要求你勾选"我同意"这一方框。几乎没有人读过基础协议，但是，这一简单的点击就给了基因数据行业需要的所有权利，即使没有所有权。没有人知道数据是属于你，还是属于公司，但有了一个有约束力的合同后，这就不重要了。

在 Ancestry.com 公司的表格上，你的点击授予该公司"一项可转授的、全球范围内的、免版税的许可，以托管、存储、复制、发布、分销、提供访问、创建衍生作品，以及其他方式使用"你的基因数据的权利。[63] 太多许可事项了！在 Ancestry.com 公司的顾客中，有超过 80% 的人勾选了这个选项，允许该公司出售或分享他们的数据。23andMe 公司称："选择让 23andMe 公司分享研究数据的每位客户可为 230 多项关于哮喘、狼疮和帕金森综合征等的研究做出贡献。"[64]

如果基因数据库使疾病得以治愈，那会发生什么？你不会有任何好处。正如一位评论员所指出的："你不能以后去找他们说，'嘿，你需要为使用我的数据研发出来的这种畅销药补偿我'。"[65] 当你点击"我同意"时，合同就接管了所有权，无须再明确底层数据所有权。我们贡献的数据如同种子，这些种子生长，而其他人收获。

目前，美国人在如何使用人们的数据方面几乎没有什么保护措施。2008 年的《遗传信息无歧视法案》（GINA）限制了医疗保险公司和大公司使用 DNA 数据的方式，但其他类型的保险公司（如长期护理、残疾和人寿保险）并不包括在内。它们可能会根据从其他家庭成员的唾液中收集到的基因信息来歧视你。雇员少于 15 人的公司以及整个美国军队都不受 GINA 在就业领域对基因歧视的保护。基因所有权和使用权的规则反映了联邦和州法律的复杂性以及变化速度。一些州正在提高个人保护水平，而行业正在试图进一步削减你本已有限的权利，因为他们发现你的数据的用途越来越多，从破获悬案到营销牙膏，等等。

欧洲监管机构则采取了不同的做法，主要保护隐私而不是分割所有权。通过 2018 年的《通用数据保护条例》，欧盟赋予其公民"被遗忘的权利"，更具体地说，在基因方面，公民有权销毁自己的基因样本并删除数据——这正是布朗所寻求的。在美国，加利福尼亚等州在保护敏感数据的个人隐私权方面走在前列。这些权利的作用有点像我们在前文中讨论的"膝盖卫士"——它们旨在防止在行业范围内将其基因数据库倾斜到你的虚拟膝盖上。

数据行业乐于围绕这种新兴的隐私方法或现有的合同许可策略展开辩论，两者都允许你说"不"，然后（或多或少）被遗忘。经过深思熟虑和一系列努力，你也许能将自己的数据从数据库中剔除。但是，对该行业来说，剔除一份基因档案和一万份基因档案，在很大程度上是没有成本的，只要它控制了真正的利益，即没有意识到是否勾选"我同意"的利害关系的数百万人的强大数据库。

不过，用所有权的术语重新定义对基因数据的控制有一个极大的优势，这是隐私和合同故事所缺乏的。所有权设计可以帮助强调"是的，如果你付钱给我"的选项，而不仅是"不，别管我"的默认选项。选项"是"让我们有尊严，尊重了我们作为自由个体的地位，使我们有权对我们最宝贵的资源做出重要的选择。行业本身甚至可以从公开、透明的自我所有权制度中获益。正如《纽约时报》专栏作家爱德华多·波特指出的："如果贡献数据能得到相应的报酬，那么其质量和价值都将有所提高。"[66]

今天，北欧血统的人在基因数据库中占比很大，他们就是那些购买基于基因的化妆品、健身训练课程和血统资料的人。历史上被排除在外的有色人种[67]在这些数据库中是缺失部分——进而缺失他们可能受益的医学研究和发现。如果基本所有权规则是23andMe公司为数据付费，而不是相反，也许我们会看到更多样化的贡献者和更具包容性的药物开发人员。

但是，如果我们的目标是推动一个"是的，如果你付钱给我"的故事，那么请注意：行业专家往往比普通公民更擅长所有权设计游戏。正如我们所看到的，迪士尼及其盟友在版权问题上控制了国会，马丁·路德·金财产公司和CMG环球公司等控制着各州的公开权。数据行业已经准备好编写联邦数据库版权规则和各州的商业秘密法（这些都是有限许可的所有权形式列表中的新成员）。你可以预测这个行业未来的故事情节：我们应该"一分耕耘，一分收获"，我们的生产性劳动应该是所有权的根本，基因数据库拯救生命，个人所有权将造成僵局，等等。数据行业的故事有其道理，但这不是唯一的故事。

建立所有权制度的挑战在于平衡个人基因的自我所有权和依附于

行业劳动之间的竞争。这对国会来说并非易事，但也并非不可能。

与此同时，也涌现出了一些替代方案。在公众方面，人们正在努力创建基因公域——一个可以免费使用的基因数据库，其规模和多样性足以推动医学研究并帮助诊断罕见疾病。在市场方面，初创公司已经开始向参与者提供与其基因数据综合价值相当的股份。其中一家初创公司的联合创始人道恩·巴里说："你不能说数据有价值，接着就把这些数据从每个人手中拿走。"[68] 一个健身追踪器 20 天的数据价值是 14 美分，相当于巴里的两股股票；一个 23andMe 式的测试可以让你获得 3.5 美元的股票收益；你的整个基因组可以让你净赚 21 美元。如果初创公司的股票表现良好，人们就会从中获利，从而扭转 23andMe 模式的现金流。

但股票所有权模式也有弊端，只有少数有经验的消费者才能搜索到它，这些人喜欢股票而不是廉价的测试，并有意选择加入这种所有权关系。大多数人继续向 23andMe 和 Ancestry.com 公司邮寄试剂盒，点击"我同意"，且不会得到直接补偿（如果公司的测试成本高于消费者支付的费用，可能会有一些间接补偿）。诚然，消费者可以选择退出基因数据库，但很少有人这样做。而且更重要的是，没有一个简单的方法能将我们的个人贡献与集合我们的样本所带来的有价值的医学发现联系起来。

设计"选择加入"和"选择退出"的规则是所有权设计的一个重要部分，它与关于所有权基准（人们视其为对稀缺资源的正常、自然和正确使用的自动默认值）的战略选择协同进行。理解基准的重要性怎么强调都不为过：它意味着你的所有权故事获胜，而竞争故事很快就显得很反常。

一百年前，水池是滋生蚊子的"沼泽"，土地所有者自然会把它们填平。今天，同样的地方是生态敏感的"湿地"，所有者被要求保护其自然状态。沼泽地或湿地仅仅是我们设定所有权基准过程中的一个问题。

假如我们改变基因的所有权基准呢？我们可以设定一个自动的默认规则，让每一个提交基因数据的人——不仅是最精明的人——在从他们的基因数据中获得的医学发现中拥有一小部分股份。像 23andMe 这样的公司现在仍然可以提供现金，以换取未来的所有权股份，但选择退出的交易必须是慎重、透明的，而不是隐藏在"我同意"下的莫名其妙的话。

我们已经能够在其他所有权环境中更改基准。如果雇主被要求为自动扣除设定基准，雇员就会为退休储蓄更多的钱；如果人们现在想要现金，他们就必须选择退出，但很少有人这样做，所以有税收优惠的退休储蓄会增加。如果没有自动扣除基准，那么选择加入的人就会减少，储蓄行为就会推迟。类似地，当基准是司机将成为捐赠者时，器官捐献也会增加。如果司机不喜欢这种选择，就可以选择不更新驾照。如果没有捐赠的基准，选择加入的人就相对较少（在第五章中，我们将探讨基于自我所有权的器官短缺的其他解决方案）。这种围绕所有权基准和选择加入 vs 选择退出规则的行为不对称性，是推动卡斯·桑斯坦和理查德·泰勒所称的政策制定"助推"杠杆的引擎。[69]

不仅限于基因，个人的自我所有权和行业劳动之间的冲突每天都在发生。我们的手机帮助市场营销人员（和执法机关）汇编包含我们所有信息的数据库；无处不在的摄像头为人脸识别数据库提供信息；最有价值的是，我们的每一个在线举动都在产生可追踪数据的点击流。

想一想，在搜索时你向谷歌提供了多少个人信息，或者你在脸书上点击"喜欢"时所透露的信息。收集、分析和出售这些数据才是互联网经济发展的真正原因。2018 年，洞察美国人的喜好、态度和在线活动的预计价值为 760 亿美元——如果将其中的一半收入拿出来分享，那么每人将收到一张 122 美元的支票。[70] 肖莎娜·祖博夫将这种商业模式命名为"监视资本主义"。[71] 正如一位经济学家直言不讳地指出的那样："想象一下若通用汽车公司不为其钢铁、橡胶或玻璃等投入买单，而这正是大型互联网公司的情况。这真是一笔划算的交易。"[72] 这就是很多应用程序都免费的原因。不过，正如科技文章反复强调的那样：当应用程序免费时，你就是产品。

没有所有权的荒蛮西部的规则适用于时尚、喜剧和体育运动，但不适用于基因、位置、面容和点击流。这些都有什么区别呢？也许是因为这类数据都有一个共同点，也是今天所有权设计的核心——单独的数据价值无足轻重，汇集起来却价值连城。互联网行业更倾向于荒蛮西部的规则。如果你不同意，那么现在是时候大声说出来了。

第四章

依附：我的家是我的堡垒 vs 我的家不是我的堡垒

8号鸟枪的三次射击

2015年夏季的一天,威廉·梅里德斯正在肯塔基州的家中待着,他的女儿们从后院回来。女孩们说:"爸爸,有一架无人机在大家院子上空飞来飞去。"[1] 爸爸知道后很不开心。

梅里德斯说道:"我走出来,在邻居后院的树下看,无人机已经进入了邻居院子里,就在邻居的房子边上,离地大约10英尺,我去拿了我的猎枪,并且说,'如果它不会径直飞到我的院子上空,那我就不会干什么'。"

没过多久,无人机就越过了边界,到了他家的上空。"大约有一分钟,它就来了,"他说,"它在我的院子上空盘旋时,我把它打了下来。"他用8号鸟枪连开三枪,这架价值1 800美元的无人机应声落地。几分钟后,无人机的主人约翰·大卫·博格斯出现了,他问:"你有病吗,竟敢开枪打我的无人机?"[2] 梅里德斯的腰间别着一把10毫米格洛克手枪,回答说:"如果你越过人行道进入我的院子,那就会有另一场枪战。"博格斯镇定自若地报了警,梅里德斯因故意危害他人而被捕。

这次逮捕让"无人机杀手"感到困惑,正如梅里德斯说的,"它当时正在盘旋;如果它是在飞行,那么我根本不会开枪","如果他站在我的后院,情况也不会有什么不同。我们有权捍卫自己的权利和财产"。对于在居民区开枪会不会有什么问题,梅里德斯也感到很困惑:"现在,如果我有一支点二二步枪,我就该坐牢了,这些东西的管径有足够的力量伤害别人。8号鸟枪则不然,它的子弹只有针头那么大。基本底线是,这是一个……捍卫自我财产的问题。"

在审判中,博格斯出示了视频证据,证明该飞行器被击落时正飞行于200英尺以上的高空。尽管有视频,但梅里德斯说无人机是在树下方盘旋的。布利特县的法官支持梅里德斯,并撤销了所有指控。这一裁决变成了全国性的新闻,因为它表明城郊的房主可以连续射击无人机——一种令人惊讶的可能性。在美国,一般情况下,土地所有者有权起诉侵入者,而不是朝他们开枪。

但是,梅里德斯说无人机是非法入侵,这是否正确?

答案取决于依附原则,这是所有权制度的一个原始的、强大的而又常被忽视的基准。正如我们所使用的术语[3],依附描述了这样一种直觉:它是我的,因为它依附于我的一些东西。无人机引发了与前文中所说的"膝盖卫士"相同的冲突。你的登机牌代表了一个座位号,比如说10C,这是你所坐的人造皮革座椅的二维平面。座位号并不能解决倾斜座椅的楔形空间冲突问题,也不能解决扶手周围有争议的空间问题。为此,你需要一个额外的原则,一个所有权的三维原则。依附就是这个原则。[4]

当你买地时,就像拿到一张登机牌。你的契约勾勒出了你可以在地图上找到的平面边界,比如"阿斯彭山分区的第10号地块"。但是,当你站在你的地块上时,地契并没有告诉你,你的所有权是否延伸到了上面的"无人机航线"、下面的地下水，或者边界上的鹿群。这些看似有联系的新资源和现有资源是依附直觉起作用的。在过去的大部分时间里，很少有人会关注他们在上空或地下深处拥有多少东西，因为这并不重要。所有权冲突大多发生在地表附近，也就是人们生活和工作的地方。

传统的所有权直觉对无人机并不适用。与飞机不同，无人机的漫游是不可预测的，它们可以在地面附近盘旋，从窗户处窥视，或从外面偷听；它们甚至可能带有武器。梅里德斯以一个广义的视角看待依附，他认为博格斯的无人机越过了一个无形的围栏，这个围栏高高地延伸到他的二维地产之上。他说："你知道，当你在自己的房子里，在六英尺高的隐私围栏内时，你对隐私怀有期望。对我来说，这和非法入侵是一样的。"[5]

梅里德斯的主张是有历史渊源的。据说早在13世纪，土地所有权就被纵向延伸了，"上至天堂，下至地狱"。围绕着房屋，这种扩张变得越发强烈。1628年，英美普通法的伟大编纂者爱德华·科克爵士写道："一个人的家就是他的堡垒。"[6] 当你把"上至天堂"这个纵列与"家是堡垒"结合起来时，就会同意梅里德斯的观点。

但这只是古老的格言，格言从来不是法律。我们无形的堡垒之墙不会在灯塔的光柱中向外太空扩张，也不会向下汇聚到海洋深处。所有权格言的修辞力量总是超过其法律效力。一百年前，在商用航空发展初期，针对飞机是否能飞越领空有过一场激烈的辩论。一些土地所有者主张"纵列"和"堡垒"，说飞机侵入了他们家的领空，强烈要求航空公司为此支付费用。[7]

法院很快驳回了这种无限制的依附关系：这将使一个革命性的行业陷入困境。你不能击落飞过你院子上空的飞机，不是因为你没有合适的地对空导弹，而是当美国需要畅通无阻的空中高速公路时，法院和立法者审查了我们自相矛盾的所有权直觉，并决定土地所有权不应延伸到数千英尺的高空。[8]

基于依附关系的权利要求的边界不断变化，新技术、人口增长和日益突出的资源稀缺性问题迫使我们重新思考所有权。亚马逊、UPS快递和达美乐公司看到了未来使用无人机运送包裹和比萨带来的效益。[9]无人机送货是否会成为一个成功的产业，部分是技术问题，但此时此刻，它主要是一个所有权设计问题。如果无人机可以飞过人们的土地，那么使用无人机送货最容易。如此，是否应该由依附关系或其他所有权原则来决定无人机航线的控制权？我们在哪里划定私人土地和公共通道之间的界线？是到你射箭、开枪或发射导弹达到的高度吗？

当梅里德斯说："基本底线是，这是一个……捍卫自我财产的问题。"[10]他是在提出一个期望性的主张。对于无人机飞越的200英尺高空，只有当我们决定它应该属于梅里德斯所有时，它才是这样，否则就不是。

这与针对阳光和风的争论是一样的，它们是争议越来越大的、宝贵的可再生能源商品。当邻居的树木遮挡了你的太阳能板时，或者当他们的风车干扰到你家的气流时，他们是在将你的财产拿走吗？你在土地上拥有的一切都是一个独特的选择——也许是由中世纪的格言、英国的传统和美国的实践所暗示和塑造的，但不是由它们所控制的。可以说，这一切都悬而未决。

同样的情况也发生在地下。[11]你的契约并没有告诉你哪些地下资源是你一个人的，哪些是与邻居共享的，或者哪些是公共的。水在巨大的含水层中流动，石油在大油田中汇集，硬岩矿物在矿脉中蜿蜒。随着水力压裂技术和其他开采技术的兴起，有关地下资源的冲突正变得越来越尖锐。解决这些冲突，取决于我们对依附原则的不同选择，这些选择总是在不断变化的。

选择在不断变化，但有一个例外。据我们所知，在有记载的历史中，每个法律体系都遵循着一个关于农场动物的增加规则，即母体的所有者拥有其后代。[12]根据古老的《摩奴法典》，"假如一头公牛与不属于它的主人的母牛生了一百头小牛，这些小牛只属于母牛的主人；公牛是白费力气的"。[13]这条规则从4 000年前的印度到今天的世界各地一直未变。

为什么呢？因为我们很容易就能知道新生儿的母亲是谁，而父亲是谁则不易得知。此外，小牛往往依靠母亲生存，所以在所有权上将它们结合起来能确保小牛的生存。所有权涉及的每一个因素在这里都指向一个方向。正如一位法学学者所总结的那样，该规则"对有计划的生产给予奖励；管理起来是简单的、明确的、经济的；符合当下人类和动物的习惯和驱动力；响应了许多地方祖祖辈辈人类的公平感"。[14]

在人类通用的依附规则下，如果判定新生农场动物的所有权是最简单的一种情况，那么土地所有权的边界问题可能是最难解决的。所有权涉及的所有变量都处于持续不断的冲突中。越来越多的土地所有者感到自己似乎受到了来自四面八方的攻击，正如我们将看到的那样，但这毫不奇怪。我们的依附直觉往往与所有权现实相去甚远，所有权并没有到达天堂和地狱，你的家不是你的堡垒。

蕨菜和双鹰金币

当代有一个这样的难题：缅因州的蕨菜战争。几个世纪以来，每逢周末蕨菜采摘者就会在缅因州的乡村和海滩上徘徊，以期装满他们的柳条篮，大多土地所有者也容忍他们这样做。然而，最近专业的采摘者来到这里并影响了这里的经济秩序。这要归咎于农贸市场、食品合作社和"从农场到餐桌"的餐馆——它们创造了一个利润丰厚的市场，而觅食者正急于填补。事实证明，人们正在意识到用少量咸奶油炒的蕨菜很美味，而土地所有者也开始被激怒了。

缅因州参议员托马斯·萨维洛提出了一项禁止未经许可就采摘的法案。"对我来说，这是明摆着的事情，"他解释说，"如果你拥有土地，我就没有权利进入你的地界，拿走属于你的东西。"[15] 然而，萨维洛忽略了一点，那就是只有当国家支持土地所有者的依附主张，而不支持觅食者基于劳动和占有的竞争性主张时，拿走蕨菜才是偷窃行为。

在美国历史上的大部分时间里，觅食者可以自由进入他人的土地，采摘寻觅到的野生植物。他们并非偷偷摸摸的，采摘也不是偷窃。他们有"漫游权"[16]，包括利用他人土地的权利，而这不仅限于蕨菜觅食者。从历史上看，蘑菇猎人、树莓采摘者、挖蛤人以及持枪猎人，不需要许可就可以进入没有围栏、没有开垦或者没有张贴禁止擅入标志的乡间土地。

而这是有道理的。早期的美国，野生动植物是一种重要的营养资源。因此，各州法律倾向于劳动和占有（我努力工作来采集这些蕨菜），而不是依附（这些蕨菜是我的，因为它们依附在我的土地上）。漫游权是美国独立时的普遍规则，这是刻意采取的一项针对英国的反贵族举措，是对拥有丰富狩猎和觅食资源的大地主和王室的指责。

但时代变了。正如我们在前文所讨论的，19世纪末带刺铁丝网的发明改变了美国土地所有权的含义。带刺铁丝网以一种廉价的方式传达了一个强有力的信息：这是我的土地，顺便说一句，地上的东西也是我的，请勿入内！但是，人们可以爬过带刺铁丝网，或者剪断它。所以，土地所有者也推动了法律的变革，利用依附原则来创造一个无形的围栏。今天，半数的州都流行着土地所有者的故事，而且呈日渐盛行的趋势。在这些州，即使是在没有围栏、未贴标语的土地上，采摘者和猎人也是非法侵入者，蕨菜、蛤蜊和鹿仅属于这些资源所处的土地所有者。

这个问题在缅因州一直悬而未决。该州会坚持美国的传统还是加入新的多数派？萨维洛的法案遭到了很多人的反对。约翰·吉布斯是缅因州的一名警察、猎人兼采摘者，他说："我认为该法案最大的问题是，它将改变整个生活方式。你应该能采摘树莓、草莓和黑莓，而且不必担心被开罚单。"[17] 另一位采摘者汤姆·西摩说："在过去的几百年里都没有什么问题，我认为没有什么理由去改变旧有的规则。"萨维洛的提案现在还处于停滞状态，但美国法律越来越倾向于有组织的土地所有者，而不是分散的采摘者和狩猎者——这是倒退回了英国贵族制度。

这种向扩张性依附的转变不仅支配着生长在土地上的东西，而且支配着地下的宝藏。让我们将目光从缅因州移到艾奥瓦州。

格雷格·科利斯当时正在为《滚石》杂志老板简·温纳位于太阳谷农场的一座新宾馆铺设车道。[18] 格雷格低头看着泥土，对他的朋友兼老板拉里·安德森喊道："拉里，快看，金子！"拉里命令道："赶紧装到你的口袋里，我们可以分掉它们。"那是格雷格和拉里的幸运日，他们发现了铸造于1857—1914年的96枚半鹰金币、鹰金币和双鹰金币，他们挖出的这些金币当时价值约25 000美元。一个世纪以前，当太阳谷还是一个凹凸不平的采矿区时，有人将这些硬币装在一个梅森罐里埋入了地下，再也没有回来取。格雷格喊道："我们会得到奖励的！我们将登上《滚石》杂志的封面！"

"闭嘴，"拉里低声说，"这是你我之间的事。"

在他们考虑如何处置的时候，拉里一直抓着金币不放。最后，格雷格要求得到一半的金币。拉里担心格雷格会采取暴力手段。大家都在谈论这件事，这个故事在太阳谷流传开来。最终，拉里把金币交给了温纳；格雷格起诉了拉里；然后两人都起诉了温纳。正如当地的一位采矿工程师所说："这些人有多蠢？很明显，你把它们分了，分了的钱可以让人保持沉默——完全没有必要上诉，因为简·温纳会要更多的钱，就像无底洞一样。"

因为拉里和格雷格没能保持沉默，所以戏剧性的一幕出现了。

起初，温纳主动提出给格雷格和拉里一大笔奖励。但被起诉后，他撤回了这个提议，他说："格雷格是个游手好闲的人，是个骗子、浑蛋。"作为答复，格雷格出人意料地表示理解："如果你很富有，而在你的车道上偶然发现金币的笨蛋要起诉你时，你就能理解简了。"

争夺宝藏的战斗可以追溯到很久以前。数千年来，人们为埋藏的战利品争吵不休。在古老的英格兰，即使在私人土地上发现了宝藏，也归王室所有。今天，如果人们公开其发现，则可能会得到宝藏一半的价值；如果不公开，则会被监禁。在美国独立时，各州有意站在反贵族的立场，就像对待漫游权一样：宝藏归发现者所有，而不归土地所有者。艾奥瓦州在19世纪60年代建州时延续了这一做法。州法律有利于寻宝者。即使你在别人的土地上找到宝藏，它也是你的，就像野生动植物一样。

格雷格和拉里认为，国家应该坚持这一传统：应该奖励搜寻者，否则宝藏会一直被埋藏或隐藏，这样任何人都不会得到宝藏。这是一个事前论证，就像我们对巴里·邦兹全垒打球的论证一样：授予所有权，激励未来的寻宝者。温纳援引依附原则进行反驳：游手好闲的人不应该随意进入他的土地，拿走埋藏的东西，尤其是他们还是他的雇员。

艾奥瓦州地方法院的法官詹姆斯·梅支持温纳的观点，他裁定土地所有者获得金币，从而使艾奥瓦州的法律与美国多数州的规则保持一致。今天，土地所有者和雇主（如温纳）通常会击败发现者和雇员（如格雷格和拉里）。我们绕了一圈又回到了老英格兰。

双鹰金币和蕨菜可能不是典型的案例，但支配它们的规则在任何地方都适用，甚至在思想领域也是如此。关于版权法，美国国会立法规定，版权持有人自动拥有一系列额外的权利——它们依附于原始作品。如果你写了一本书，你就拥有派生权利，如将作品改编成戏剧的权利。同样的依附规则也适用于发明者：某些发明改进的权利依附于原始专利的所有者，即使这些改进本身并不符合专利保护的条件。

依附规则甚至引发了关于文化挪用的激烈争议。18岁的凯西亚·多姆在推特上发布了一张她在舞会上穿着东方传统服装的照片。这个帖子传播广泛，引起热议。杰里米·兰转发了她的帖子，写道："我们国家的文化不是你穿的那样的舞会礼服。"[19] 多姆觉得自己欣赏的是文化，而不是挪用附属于他人的东西，因此文化还是属于他人的。她解释说："我是为了显示对这种文化的赞赏。"但是社交媒体上的攻击指责她盗用。类似的指控还包括食物（韩式炸玉米饼）、发型（白人扎玉米辫）、歌曲（艾薇儿·拉维尼的日本主题的"Hello Kitty"视频）、舞蹈（非阿拉伯人的肚皮舞）、聚会（兄弟会举办五月五日节庆祝活动）等。每年10月，随着万圣节的临近，院长发送禁止文化挪用的电子邮件已经成为大学校园的惯例。

公司也卷入了这些争论当中，比如当都会装饰品店推销纳瓦霍人印花布包裹的瓶子和低臀女短裤时，纳瓦霍族起诉了。都会装饰品店在法庭上赢了一回合，[20] 但随后和解了，双方同意合作开发一系列美洲原住民珠宝。

类似的争议也出现在生物剽窃[21]方面，即公司在开发产品时没有向原住民和部落居民支付费用，而这些产品所用的有特殊价值的动植物正是当地居民发现的。举个例子，法国研究人员在了解法属圭亚那的传统文化之后，利用苏里南苦木的抗疟疾特性，从中提取了一种化合物并获得了专利。公司的主张是基于生产性劳动，社区的主张是基于依附。

这些冲突反映了主流文化和小众文化之间的紧张关系：因为传统的服饰、食物、艺术和知识与某一群体密切相关，并在一定程度上定义了该群体，所以该群体应该在多大程度上拥有这些东西呢？谁的故事算数？谁决定什么行为是偷窃？这些都是关于依附边界的争论。

依附的磁引力

依附是所有权制度的一种强大的核心直觉，它是将飞机登机牌转化为自我楔形空间，将地契转化为对农作物、树木、动物、风能、太阳能、水能、石油、天然气和无数其他资源的控制的规则。通过依附规则，现有事物——无论是土地、小牛还是版权的所有者都会拥有与原始事物有合理联系的新事物。但为什么会这样呢？

在最基本的层面上，我们需要直接的规则来分配新的稀缺资源的最初所有权。这有助于防止人们对无主之物的争夺过于激烈。这不仅适用于农场的小牛和被埋藏的宝藏，也适用于无人机航线和水力压裂石油。对于新出现的资源，通常没有预先存在的规则，而依附往往填补了这一空白，首先是在实践中，然后变成一个法律问题。

每种所有权规则都有优点、缺点和赢家、输家。依附规则之所以强大，部分原因在于它的管理成本低且易于理解：只需将新的资源授予已经存在的、显而易见的附属资源的所有者。基于此，小牛就归母牛的主人。

正如这一广义依附规则的主要支持者汤姆·梅里尔所解释的那样，这一规则设法解决了一个关键的所有权问题：谁有可能成为最有效率的新资源管理者？相关资源的现有所有者至少要和其他合理的主张者一样有能力。如果改编权不属于图书作者，那么就得有人想办法解决改编权的归属问题。一个简单的依附规则可以将纠纷排除在法庭之外。法官不必分析谁是第一个写剧本的人，或者谁的改编本最好。他们只需要问，这本书的版权所有者是否授权了这种改编权？[22]

但是，依附原则公平吗？答案是通常情况下并不公平，这是一个很大的弊端。正如梅里尔所强调的，依附原则"在其运作中内置了一套使富人更富的理论"[23]。虽然这一理论并不总是会产生财富集聚，但依附规则会朝着这个方向发展。如果我们把新的资源授予确立已久的所有者，就会产生一种乘数效应，"那些已经拥有大量财产的人会不断得到更多财产"。土地所有者温纳得到了他并不知道也未预期会得到的黄金。依附给了他一笔意外之财。发现者什么都没有得到，甚至没有被奖励，所以想去挖的人更少，也更难发现被藏在地底的资源了。

依附的作用就像一块磁铁，为现有所有者发现新资源并排斥其他人。这样一来，采摘者和猎人、拾荒者和挖蚌者、观鸟者和捕猎者、徒步旅行者和雪地摩托车手、编剧和车库修理工，以及其他为寻找、发掘和开发新的有用资源而付出劳动的人将都是输家。

对于土地，现在倾向的是依附规则，[24] 而不是奖励先到先得、占有和生产性劳动。依附很容易解释，特别是对现有的土地所有者来说，常常运转良好。诚然，依附并不总是能赢，尤其是在反对方有足够强大的拥护者的情况下。无人机事件仍然是一场公开的争论。梅里德斯主张广义的依附规则，快递公司则推动着不同的所有权故事的展开。但是，当依附成为所有权基准时，当它变得自然、成为大势所趋时，它就将其他故事排除了。先到先得、占有和劳动会被视为例外情况，而不是同样应得的选择。

人们也许会抱怨美国的财富不平均，从税收政策到种族歧视，每个人都能说出一堆理由。但很少有人想到依附规则扮演的角色，这种所有权机制倾向于将所有权集中在更少、更富有的人手中。

干涸的水井和黏性楼梯

查理·皮蒂利亚诺的祖父是一名意大利移民，于20世纪20年代搬到了加利福尼亚州的中央山谷。[25] 他买下的土地很肥沃，但真正吸引他的是大量年代久远的地下水资源。根据当时的依附规则，农民拥有这些水源。他们能从地下抽出多少水，就能灌溉多少田地。因此，他们不断地从地下抽水。

今天，整个山谷有十万口井，浇灌的农场出产了全国1/3的蔬菜以及2/3的水果和坚果。我们吃到的杏仁、葡萄、芦笋、开心果以及杂货店产品区的其他高价物品有可能就是在中央山谷中生长的。像皮蒂利亚诺这样的农民已经用他们的方式进入了你的生活。地下水帮助山谷成为世界上最有价值的农业区。

但是，在这个丰饶之地有一个悲剧性缺陷——一个完全由糟糕的依附规则产生的缺陷。当水资源充足的时候，依附规则作用良好，就像大多数所有权规则在水资源充足的时候一样。但随着水资源的短缺，无限制地抽水被证明是灾难性的。年复一年，农民抽取地下水的速度超过了含水层的补给速度。随着时间的推移，地下水位下降，土壤被压实，土地开始下沉。20世纪20年代以来，中央山谷部分地区的地面已经下降了28英尺，导致街道开裂，桥梁翘棱。

当农民追赶下降的地下水位时，后果可想而知：地下水位继续下降，最终降到现有水井以下。这种恶性循环对距离皮蒂利亚诺农场35英里的蒙森小镇打击尤为严重。住在蒙森的贫穷的拉丁裔雇农的房子和拖车下面虽然仍有水源,但他们没有钱去钻更深的水井,以到达不断下降的地下水位。钻一口井可能要花费一年的工资。

在最近一次持续了六年的干旱期内,图莱里县有近千口井干涸,中央山谷干旱地区的面积与康涅狄格州相当。水流开始时是汩汩声,然后是不祥的嗞嗞声,最后水停止流动了。在图莱里县,六个孩子的母亲格拉迪斯·科伦加的水井干涸了,她在指责农民的抽水行为时说:"我理解他们也需要获得收成,但我们是一个家庭,我们有孩子,我们需要这些水。我的意思是,我们可以没有电视、没有手机,但不能没有水。"[26]

多米尼克·皮蒂利亚诺是这个家庭农场的经营者,他花了100多万美元打了新的水井,以到达地下约1 000英尺处的水位。继续追赶不断下降的水位的代价高昂,但皮蒂利亚诺觉得他别无选择:"你不想坐视不管而失去你一生的心血吧。"[27] 扁桃树和其他作物都需要水,所以农民继续抽水。就个人而言,每个农民都使用了自己的用水权;但就集体而言,他们耗尽了含水层。

抽取地下水不仅是加州中央山谷的问题,在任何缺水的地方,强势的依附规则都会导致水资源危机。在整个美国,土地所有者正在吸干他们邻居的水井。对于依赖自来水的大城市居民来说,他们可能并不了解这些,但这是数千万依靠井水的居民一直关注的问题。

巴特·西普里亚诺居住于得克萨斯州亨德森县,一天早上醒来,他发现自己的百年老井已经干涸,他很快就知道了原因。Ozarka瓶装水公司——现在是雀巢公司的一个部门——已经搬到了附近,并且每天抽取九万加仑地下水,以加工成瓶装水运往全国各地。对西普里亚诺来说,突然间,"他就像生活在沙漠中"[28]。

西普里亚诺的邻居哈罗德·法因是下一个受害者。就在Ozarka公司开始抽水几天后,法因的水井水位明显下降了。他惊呆了。"在我最遥远的梦里，"他说，"我也无法想象在我的土地上做出一些伤害邻居的事情。即使我能想到，我也不会去做。"29 法因和西普里亚诺起诉了 Ozarka 公司。这些得克萨斯州的邻居意外地发现了依附规则的一个缺点。他们认为井里的水是自己的，但陌生人仍可以抽走水，因为他们的地产下面的水一直是流动的。

自然资源的问题在于，我们常常在资源丰富的时候设计初始所有权规则。每个人都有足够的资源。如果土地是你的，那么下面的东西也一定是你的。你能抽取多少水？不管你用什么方式，你能从你的地下抽取多少水，你就有多少水。起初，依附规则运转良好。你抽水，我抽水，大家都有充足的水资源。律师们把地下水制度称为捕获规则，就像我们在第一章介绍的野生动物规则一样（许多现代所有权规则可以追溯到丰富多彩的古老农场）。有了这个规则，你就可以站在你的地盘上，跺着脚，公开宣称：一直都是我的。

不过，在制定这个初始规则时，我们忽视了稀缺性的后果。依附关系可以双向发挥作用——这是它的重要特征之一。你的邻居和你同样有权利把他们的管子塞进地下水井内。他们能从自己的土地下抽出多少水就拥有多少水，包括本来流向你的水井的水。如果你抽得少，而你的邻居在持续抽地下水，那么留给你的只有干涸的水井。从字面上看，这并不是一场复杂的竞赛，可以理解。扁桃树种植者和瓶装水生产商很快就会意识到他们需要添置能够不停运转的大功率柴油发动机。很快，含水层就失去了补给能力。最终，所有人都没有水了。

难道房主们的水井被抽干不是什么大事吗？法因拥有他水井里的水，直到被 Ozarka 公司抽走。这难道不是偷窃吗？答案是否定的，根据得克萨斯州的依附规则，这不是偷窃。

法因的案子一直打到了得克萨斯州最高法院，他输了。自 1904 年以来，得克萨斯州给予地表所有者对地下水的"绝对所有权"，因此他们可以随心所欲地抽水，不管这会不会把邻居的水井抽干。随后法院裁定，在得克萨斯州，法因所要求的邻里行为没有相关规定。即使钻井会降低地下水位、损害邻居水井的水质和可得性，得克萨斯州的法院也不愿意进行干预。他们说，如果你想改变捕获规则，就得让得克萨斯州的立法机构通过一项法律。

法院不愿意干预说明了所有权制度的另一个特点：规则黏性。在这个时代富有成效的有用规则，在另一个时代可能是灾难性的，但它们富有黏性。法官们常常犹豫不决，甚至连明知是最愚蠢的规则都不愿意修改，有时把责任推给立法机构，有时参照过去的法院裁决，几乎从不带头修改。对变化的怀疑是一种根深蒂固的法律习惯。正如威廉·布莱克斯通在 1787 年写的，在第一部英国普通法和可使用的综合法中，财产法"现在已经形成了一个精细的人工系统，充满了看不见的联系和微妙的依附，谁要是破坏了这个链条中的一个环节，就会使整个链条面临解体的危险"[30]。

在分歧的另一边，最高法院的法官小奥利弗·温德尔·霍姆斯尖锐地批评了对判例的无条件遵从，他在一个世纪后写道："如果一条法律规则不比亨利四世时期主张的理由更好，那是令人反感的。如果制定该规则的理由早已消失，该规则只是由于盲目效仿过去而持续存在，那就更令人反感了。"[31] 大部分律师培训所涉及的学习工具都游走在布莱克斯通和霍姆斯之间，即游走在拥抱存续价值和倡导必要变革之间。

得克萨斯州选择了延续，但其依附规则早在人们了解含水层之前就被采用了。当人们挖浅井时，捕获规则可能有意义，因为浅井不会对邻居造成太大影响。没有人想到深层钻井和强大的柴油泵可以到达那么深的水源，并使整个地下水位迅速降低。钻探技术和水泵改变了游戏规则，而不仅是降低了水位。

正如得克萨斯州自然资源保护委员会主席巴里·麦克比所表明的那样，这些旧规则根本没有"保护私有财产权，Ozarka 案件就是证据。农民和牧场主认为自己应该对水资源拥有绝对的权利。好吧，捕获规则说他们有这个权利，除非其他人有更强的水泵。那时，他们的权利期限就变得相当短暂了"[32]。在今天的得克萨斯州，依附规则意味着土地所有者拥有流动的地下水，但只是在另一个地表所有者将其抽上来之前。

当得克萨斯州考虑改革地下水的所有权制度时，却被用水大户们压得喘不过气来了。得克萨斯州和西南养牛业协会认为，这种"合理使用"的要求，也就是法因所要求的权利，剥夺了"一直"属于他们的东西。而这在得克萨斯州很难改变。与黑石集团的保守信条相呼应，强势的农业局法律负责人里奇·佩特补充说："我们正在处理人们的财产权。当你剥夺一个人的财产权时，它在何处终结呢？"[33]

注意佩特在这里使用的策略：用滑坡谬误来支持规则黏性，滑坡谬误是所有权辩论中最有力，且经常被使用的修辞手法之一。[34] 如果你能把所需的改革说成滑坡谬误——或者援引"恐怖游行"或"帐篷里的骆驼鼻子"这样的说法，那么对现有制度的任何变革，无论多么微小、多么合理，似乎都不可避免地走下坡路，最终导致灾难的发生。最好保持现状，即使它有缺陷。

父母总是对小孩子使用这一招："不，你不能再熬夜了，最后又会到几点结束呢？午夜之后吗？""今天放学后不能吃糖，否则你的牙齿会烂掉。"

每当你听到一个黏性规则——滑坡谬误论证时，要认识到有一个同样强有力的回答：我们喜欢称之为黏性楼梯还击。"是的，"你可以承认，"旧规则有价值。"然后你转过来再说："但它并不完全正确，所以让我们做出合理的改变。我们将迈出一小步，并安全地停在这个黏性楼梯上。"

得克萨斯州水资源发展委员会的汤米·诺尔斯提出了黏性楼梯的观点,并提出了一些替代方案,比如建立限制过度使用的水资源保护区、跨流域水市场,以及在不影响邻居使用的前提下允许无限消费的"合理使用"规则——这些黏性改革可能会大大改善邻里关系和可持续抽水问题。牧场和农场游说团对这些改革不屑一顾,尽管正如麦克比所指出的那样,农村居民是受捕获规则威胁最大的人群。

撇开巧辩策略不谈,关于地下水的争论体现了一个在管理稀缺资源过程中反复出现的挑战。在学术文献中,这一挑战被称为公地悲剧[35],它是现代所有权制度的基石之一。每位农民都知道争相抽水是徒劳之举,但如果不能保证其他人都不会过度抽水,那么为什么要为群体的利益做出牺牲呢?如果只有你努力节约用水,而其他人不这样做,那么你就是个笨蛋。但如果没有人保护资源,这些资源就会被破坏。无论何时,在使用权对所有人开放的情况下,各种各样的资源,包括地下水和石油、鱼和狐狸、草和牧场等,都会被争相占据。每个农民、渔民或牧民会在短期内消耗更多的资源,并且不会投资保护资源,哪怕能获得更好的收益。这就是每个个体现在的理性选择。但是,从长远来看,短期内个体的合理选择对我们所有人来说都是灾难性的。

查理·皮蒂利亚诺知道农民应该减少抽水量,以避免他和其他人遭受下沉和水井干涸的损失。"为了拯救我们的山谷,"他说,"我们必须自我监督。"[36] 但没有人愿意第一个这样做。如果其他人都继续钻井,那么节制又有什么意义呢?竞相捕获困住了每位农民,抽水还在继续,最终所有人都输了。

好吧,几乎所有人都输了。对于最富有和流动性最强的人来说,无限制的开采暂时没有问题——这又是一个富者越富的所有权规则的例子。在 Ozarka 公司抽干亨德森县的地下水之后，雀巢公司可以将其抽水设备再部署到得克萨斯州其他适用捕获规则的县。抽干一个，继续前进。只要水罐车持续开动，雀巢公司装瓶厂的经理们并不关心大量的水罐车来自哪里。如今，该公司在密歇根州、佛罗里达州、缅因州等地均发生了钻井纠纷。

不过，依附规则不一定会导致悲剧的发生。当我们仰望天空时，飞机从头顶飞过，土地所有者却并没有对空中航线提出要求。只有少数几个反常的州仍然遵循得克萨斯州的地下水规则，这些州包括康涅狄格州、佐治亚州、印第安纳州、路易斯安那州和马萨诸塞州。试着找找还有什么规则只出现在这些州。

其他的州，不管是自由派还是保守派，都采用了诺尔斯为得克萨斯州提出的部分或全部黏性方案——水资源保护区、水资源市场、合理使用。

即使在得克萨斯州，保护含水层的同时尊重牧场主和农场主的意见也不难。这可能吗？看看石油和天然气。

石油

150 年前，石油工业开始在宾夕法尼亚州蓬勃发展。你有没有对名为美国桂冠达石油的产品感到好奇？1859 年，宾夕法尼亚州的泰特斯维尔出现了第一次石油热潮。采油者争先恐后，都想从地下挖出尽可能多的原油。这一时期的照片显示，油田一片连着一片。

钻井者在宾夕法尼亚州疯狂开采石油的原因与人们在加利福尼亚州开采地下水的原因相同：捕获规则。所以，采油者总是尽可能快地钻井。这里的悲剧是石油的浪费。当一片油田内的油井过多时，油田的压强就会下降，大部分的石油就会困在地下。最好的办法就是减少油井，减缓开采速度。如果小心维持油田的压强，钻井者就可以抽取更多的石油。

当得克萨斯州第一次发现石油时，该州遵循了捕获规则。[37] 每一块油池的地表所有者都可以钻井。要么抽走油，要么丢失油。这似乎是一个无法解决的问题，注定了和过量抽取地下水一样的悲惨结局。

但许多州的石油钻探者迅速避开了公地悲剧，不是通过新技术，而是通过重新设计依附的规则。当石油生产商看到油田压强下降，油井迅速枯竭时，他们游说政府进行单元化[38]，这是一种新的石油和天然气所有权形式，旨在将过度分散的利益集中起来。

单元化是如何运作的呢？各州的具体措施并不相同，但基本理念很简单。一片油田上的所有土地所有者都加入一个私有单位，就像股份制公司一样。土地所有者放弃钻探自己油井的权利；作为交换，他们可以基于自己地块下的石油量获得一定份额的利润（并且保留他们对地表的使用权，如经营牧场和耕种）。该单位雇用专业操作人员来最大化总收入，他们钻探更多的油井以获取石油，但又不至于多到使压强下降；且当价格上涨时多抽油，当价格下跌时少抽油。简而言之，该单位通过经营油田来最大化利益，以供所有者分享。

单元化尊重依附原则——拥有土地意味着你拥有地下的石油，但它改变了这种惯例。你的个人钻井权变成了按比例分享的利润。邻居们不再争先恐后地抽取石油，而是有了一个共同的目标。所有的人都尽可能从做大蛋糕中受益，由此每人便能得到更大的蛋糕。单元化已经成为经营多个地表所有者的油气田的黄金标准，这是为解决公地悲剧而设计的所有权制度。

得克萨斯州是唯一一个不强制要求单元化的产油州。所谓单元化就是地表所有者可以自愿创建一个单位，但前提是他们必须一致同意，而这很难实现。相反，得克萨斯州坚持使用一种更具集体主义色彩的所有权形式来解决公地悲剧——对于一个崇尚个人自治的州来说，这是一个奇怪的选择。自20世纪30年代末以来，得克萨斯州铁路委员会（以政治为借口）通过"配定产量"的规则来控制石油产量：该州主管机构每月为各个所有者设定产量上限，并执行井距规则。如果离别人的现有油井太近，你就不能挖井，这是一种先到先得的形式。与单元化相比，"配定产量"是一种生产率较低的所有权形式——它依赖于信息贫乏的州政府参与者，而不是灵活的私人市场经营者，随着钻探者转向深层钻探和水平压裂，这种成本变得更高。得克萨斯州的所有权解决方案似乎不利于市场发展，因为小型独立经营者——得克萨斯州立法机构中一股强大的政治力量——认为他们可以在油田不受单位控制的情况下独自开采出更多的石油。

事情不一定要这样才能解决。

回到加利福尼亚州，近年蔓延全州的旱情打破了在地下水管理上长期存在的政治僵局。通过一项新法律，加州正在重新设计所有权形式，以防止土地下沉和水井干涸。也许只有一场毁灭性的干旱才会让他们尝试新事物。

单元化和合理使用规则只是众多所有权形式中的一小部分，这些所有权形式可用于解决因捕获规则和随之而来的公地悲剧而产生的问题。我们将在第七章讨论一些更成功的方法，但在这里讲述一个看起来可能很激进的方法：改变地下资源的所有权基准，也许它们根本就不应该属于地表所有者。

事实证明，世界上的大部分地区并不属于个人。包括日本和智利等国家在内的142个国家表示，地下自然资源属于国家，是共同财富的一部分——流动的石油、天然气和水就像我们呼吸的空气和捕鱼的海洋一样。土地所有权意味着你在地表和接近地表的地方控制着某些权利，但依附不会向地下延伸。美国的私有土地所有权的"天然"特征在世界上大多数市场经济国家中似乎完全是一个奇怪的选择。

在美国，已经很难改变地下自然资源的所有权基准。很少有人认为这些资源应该是公有的。人们已经投资了数万亿美元，期待着能够凭借某种依附形式控制水、石油以及天然气、煤、铀、铁和其他矿物。美国是一个例外，并将继续如此。虽然我们经常重新设计惯用的依附规则——例如，通过转向单元化——但美国不会改变现有的规则。

然而，对于新出现的资源来说，情况就有所不同了：在那里，依附规则必须与其他规则竞争，所有权仍旧未知。要了解这些新资源冲突如何此起彼伏，就让我们从海滩说起吧。

人工育滩和混凝土岛

琳达·谢里住在位于佛罗里达州德斯坦的海边白沙上一栋三层楼高的住宅里。[39] 在 20 世纪 70 年代，德斯坦是一个只有 2 000 名居民的安静渔村。现在，它是墨西哥湾沿岸最受欢迎的海滩小镇之一，旺季时有 65 000 名游客到这里游玩，从而使这里的房产价值飙升。当地人自豪地称德斯坦是"世界上最幸运的渔村"。

尽管谢里的家可能是在一个拥挤的地区，但她并不担心那些带着扩音器、沙滩毛巾和帐篷的游客。她的住所，就像所有佛罗里达州的海滨一样——从她的后门廊一直延伸到平均涨潮线——干沙是私人的，湿沙是公共的。谢里喜欢她的私人海滩，像许多邻居一样，她竖起了禁止外人擅入的标志。

在过去，这条规则对德斯坦的海滨所有者来说很有效。海滩的大小取决于水流和风暴带来的沙子。但在幸运的德斯坦，海滩年复一年地堆积新的白沙。谁拥有这些新沙？在佛罗里达州，拥有者是谢里和她的邻居们。依附规则不仅可以纵向扩展所有者的土地，还可以横向扩展。只要干沙堆积起来，私人土地就会扩展——始终触及平均涨潮线。这就是海滨依附。

但有一个问题：依附也是反向的。如果沙子慢慢被冲走，那么谢里的私人海滩就会缩小。情况也的确如此。由于气候变化，佛罗里达州的海平面在过去的一个世纪里上升了5~8英寸，而且还会继续上升。现在，如果能够从你的后门走到海边，就证明你的投资很棒。但往后，海滨的所有者正面临着气候变化导致的现实，每个人都在为剩余的干沙而斗争。

从1995年的"奥帕尔"飓风开始，德斯坦的海滩不停受到侵蚀，有时甚至一年内后退达5英尺。德斯坦最昂贵的房屋面临着完全消失的风险。因此，富有的海滨所有者开始向城市施压，游说州政府，要求保护私人海滩。如何防止海滩被侵蚀？简单粗暴的方法是添加更多的沙子……

一个世纪前，在海滩上堆放沙子的想法似乎很疯狂。早期的佛罗里达州投机者购买海滨土地的价格是每英亩不到1美元。当时的海滩是臭气熏天的荒地，渔民在此处晾晒渔网，粗野的人在船周围闲逛（早在第一章中，洛多维克·波斯特就在"被称为海滩的无主荒地"上追赶狐狸）。不过，今天有一半的美国人住在离海岸50英里以内的地方；一栋车库大小的平房就可以卖到数百万美元。

"人工育滩"的实践始于1922年的科尼岛。今天，这项工程包括从近海海床中挖出大量沙子，或从内陆采矿运到岸边。在过去的80年里，仅佛罗里达州就花费了13亿美元来培育其237英里长的海滩。2017年，美国陆军工程兵团倾倒了数十万吨沙子，仅支撑了迈阿密海滩3 000英尺长的区域，为此，地方、州和联邦纳税人付出了

1 150万美元的代价。当今世界上开采最多的矿物是沙子和砾石,其重量超过了我们抽取的所有化石燃料,它们同水力压裂、土地开垦、混凝土和玻璃一起被用于人工育滩。

沙子也开始变得稀缺。[40] 开采沙子对环境造成的危害不断加剧。

人工育滩是房产所有者和当地企业乐意看到的,但这是徒劳之举。地质学家指出,试图阻挡潮水的做法简直愚蠢。海水上涨和下一场大风暴将不可避免地使海滩恢复原状。生物学家发现不停挖泥会使海洋生物被埋葬或破坏,对其造成毁灭性影响。纳税人理所当然认为这是一种不正当的补贴,只是暂时保护了最富有的房主。然而,这种做法越来越多:富人善于为自己的利益索取补贴,他们的理由是保护旅游业、税基或房产价值。不惜一切代价的人工育滩是依附原则有利于富人的又一个例子。

但谁拥有新海滩?如果一片私人海滩是自然形成的,新的干沙就仍然是私人所有。如果政府突然在你被侵蚀的海滩上倾倒了成吨的沙子呢?事实证明,横向依附是有限制的,就像上到天堂、下到地狱的依附一样。

根据佛罗里达州的法律,突然扩大的海滨土地属于公众,而不是私人海滨所有者。[41] 佛罗里达州遵循一条可以追溯到古罗马的规则:在飓风导致的突然变化之后,私人所有权仍然固定在旧的平均涨潮线上。在佛罗里达州,这种突然变化的原因总是无关紧要的:州政府进行的人工育滩工程就像一场飓风。因此,当德斯坦增加了75英尺海滩时,新的干沙是公共的,可以让散步在海滩上的形形色色的人自由漫步,并搭起他们的帐篷、烟雾弥漫的烤架和扩音器。

谢里进行了反击。在她看来,如果市政府说"我们这样做是为了保护海滩,保护高地的所有者",那么市政府的做法可能是有道理的。市政府也确实是这样说的,但她并不接受这就是德斯坦人工育滩的真正动机。"抱歉，你永远也无法让我相信这一点。这完全是为了提供他们所寻求的公共海滩。"[42] 就像"无人机杀手"梅里德斯一样，谢里坚持她的所有权原则。她和邻居们提起诉讼，认为当州政府增加沙子时，应适用渐进的依附规则——公共资助的新海滩应被围起来成为他们的私人领地。

此案被提交至美国最高法院，该法院裁决，佛罗里达州法院对佛罗里达州依附法则的解释是正确的：无论原因如何，州政府确实一直在限制突然变化后的横向依附。无论是飓风还是推土机，都会产生同样的结果。人工育滩并没有从谢里手中夺走任何原本属于她的东西。

对谢里来说，看着市政府在她的海滩上倾倒沙子是一种痛苦的经历。"当法国人看到德国人的坦克开过他们的领地时，他们一定会有这种感觉。这绝对是对宪法赋予我们的权利的彻底侵犯。"也许有点过激，但依附会带来强烈的情绪，特别是当感觉与你有关的东西被夺走时。还记得第二章中的禀赋效应吗？

横向依附似乎不太重要，只有富裕的海滨所有者才感兴趣，但它具有不容忽视的地缘政治、军事和经济影响。

波波、多克斯和图利普

正如纳托尔·纳尔斯泰特发现的那样，依附不仅向上、向下和向侧面延伸，而且会深入你的家中，纳尔斯泰特感到沮丧。纳尔斯泰特同她的猫咪——波波、多克斯和图利普快乐地生活在加利福尼亚州卡尔弗城的湖滨村公寓里。但后来她发现，她的邻居通过依附规则将控制权径直延伸到了她的客厅里。

当一位邻居发现图利普在窗口晒太阳并通知湖滨村公寓协会时，争议就开始了。协会提醒纳尔斯泰特这处寓所有宠物限制，将对她处以 25 美元的罚款，并命令她把猫带离小区。纳尔斯泰特拒绝了，协会再次对她处以罚款，然后是又一次的罚款。

物业经理布拉德·布朗并不同情这些可爱的猫咪："这些（规定）是与所有权捆绑在一起的。很多人在这里买房，是因为我们有宠物限制。"[43]而且邻居们大多支持这些规则。"我同意人们有权养宠物，"公寓业主露丝·费恩说，"但如果养宠物对他们来说如此重要，他们就不应该搬到这里，因为在这里是违反规定的。还有很多公寓在那里，你想养多少宠物就养多少。"

罚款慢慢升级，所以纳尔斯泰特起诉了。协会怎么能强迫她赶走那些安静的家养猫呢？"我不会赶走这些猫，"纳尔斯泰特明确表示，"它们是我的宝贝。我选择养猫而不是养孩子……如果他们攻击你的孩子，你也会聘请律师，做同样的事情。"

此案被上诉到加州最高法院，并引起了全国的关注。加州最高法院进退两难。一方面，如果法院判决纳尔斯泰特胜诉，那么公寓协会可能面临破产的风险，有可能不得不在法庭上为每项常规的规定进行辩护，来反对心怀不满的业主。另一方面，如果邻居可以深入我们最私人的空间，那么还说什么个人自由呢？

直到 1960 年，共同利益社区在美国还不为人所知，那时候没有公寓楼，没有高尔夫球场或散步道社区，没有设门禁的住宅小区。实际上，公寓的建造并不复杂，但它们确实需要创新的所有权设计。对于个人来说，我们没有办法拥有"10C 单元"并获得融资，因为"10C 单元"是一个空中的空间，与土地分离；没有办法共享电梯、健身房和高尔夫球场等公共设施的所有权和管理权；也没有办法来收取维护费并执行社区规则。必须创建一种所有权形式，并且添加到物权法定原则这种我们允许的有限所有权形式中。波多黎各推动建立了这种新所有权形式，它借鉴了德国的旧公寓法。从波多黎各传到美国本土，该形式非常受欢迎。

住宅协会的迅速崛起从根本上改变了美国人的生活、工作以及彼此联系的方式，并改变了社区的含义。自 1960 年以来，生活在超过 35 万个住宅协会之一的居民从零增长到超过 7 000 万人。今天，3/5 的新住宅单元按照公寓的模式进行管理。在许多城市，如果你想拥有一个家，那么你唯一现实的选择是一个由业主协会控制的社区。

这种转变基于一种完全不同于对地下水或鱼类的所有权依附形式的主张。在这里，依附以合同开始，以财产形式结束。当开发商建造一个新项目时，每个初始购买者都必须以合同的形式同意社区的管理限制，无论谁住在公寓里。最初的协议约束了所有未来的业主，而不仅仅是那些与原开发商签订合同的人（正是因为能约束非签约者，所以这些限制成为一种财产形式，而不是合同）。[44]

依附之所以出现，是因为这些持续存在的限制是相互的。拥有你的公寓可以让你限制邻居在他们家里做的事情，他们也可以限制你：我可以限制你在公寓内的活动，因为它在法律上是依附于我的。业主协会被授权，而且的确被要求代表业主实施一致同意的限制。正如纳尔斯泰特通过其诉讼所发现的那样，它们能够并且确实进入了我们最私人的空间。

如果公众同意，业主协会通常会制订违反宪法的规则：禁止圣诞花环，禁止褐色草坪，禁止皮卡车，禁止宗教服务，禁止日托所，禁止室内吸烟，禁止太阳能板，禁止草坪火烈鸟，禁止晾衣绳，禁止政治符号，禁止旗帜，甚至连你在自己的门廊上亲吻约会对象并互道晚安也是被禁止的。在加利福尼亚州的兰乔圣达菲，杰弗里·德马科因养的玫瑰花过多而被罚款。当他起诉并败诉时，他不得不向协会支付 7 万美元的法律费用，并且失去了自己的家。加利福尼亚州长滩市的一位年长业主帕梅拉·麦克马汉被罚款并最终被迫离开了她的公寓，因为她走过大厅的时候没有抱着狗——狗的脚被禁止接触地板。而所有这些限制都是私下创建的，几乎没有司法监督和立法干预。

那么波波、多克斯和图利普呢？它们输了。实际上，加州最高法院认为，如果每只猫都有出庭的机会，公寓就会被淹没在诉讼中。因此，业主协会或多或少拥有最终决定权，在他们最初一致同意的限制条件中应用这些规则（后来颁布的章程不需要全体一致同意，在法庭上得到的尊重也稍微少了一些）。如果你更看好公寓的优势——更实惠的空间、志同道合的邻居，以及健身房或高尔夫球场等共享设施，那么你必须接受邻居的限制。你的家是否曾经是你的堡垒是有争议的，但你的公寓肯定不是。

即使公寓规则允许邻居的所有权延伸到我们的隐私生活中，像所有依附规则一样，我们也必须确定其界限。何时那些公寓限制——即使是一致同意的，会与围绕所有权的基本价值观发生冲突？何时所有权规则能将我们从"合同自由"中解放出来？

对于法官阿曼德·阿拉比安来说，禁止养宠物的规定太过分了。他对法院的裁决提出异议，写道："不仅仅是体现拥有'一个人的堡垒'的概念，（拥有一个家）象征着我们的民族性格，代表了自由和自主意识。诚然，那些居住在公寓中的人无法像在大庄园中一样尽情地行使这种自由的权利。但连拥有不打扰他人的宠物也要妥协，这并不合理。"

阿拉比安法官没有说服法院——大多数人想要一个明线规则（在第一章讨论的一种所有权设计选择），而不是基于一个模糊的标准让法院被迫确定每个波波、多克斯和图利普存在的合理性。但阿拉比安对宠物的看法最终赢得了胜利。无论公寓的初始协议如何，州立法机构都制定了其关于家养宠物所有权的明线规则。在加利福尼亚州，养猫现在是拥有房子后的一项基本自由（但不是租房，因为房东可以实施禁止宠物规则)。但对于纳尔斯泰特来说,转机来得太晚了。她和她的猫已经搬出去了。

避免公寓规则限制的方法是远离公寓。但即使你买了一栋独立的房子,也仍旧没有逃离依附与你房子的联系——至少当它与幽灵有关联时。

杰弗里·斯坦博夫斯基决定离开纽约市去一个更安静的地方。[45] 在奈阿克的拉维塔广场1号,他找到了一栋理想的房子,一座面向哈得孙河的古老的维多利亚式房屋,距离城市仅20英里。海伦·阿克利正准备出售,他们以65万美元的价格成交了。这是一场普通的房地产交易,每年都会发生数百万次——直到斯坦博夫斯基得知这栋房子闹鬼,并且这样的传闻是由阿克利引起的,房子甚至被列入了当地的鬼屋之旅。然而,阿克利和她的房地产经纪人在将房产挂牌出售时并没有透露鬼屋这件事情。

斯坦博夫斯基试图退出,但阿克利拒绝了,理由是房地产交易的老式规则:一经售出概不负责,"买家自负风险"。经过一番法律上的交涉,法院站在了斯坦博夫斯基一边:在闹鬼一事依附于房子时,阿克利无法否认它们的存在。法官们得出的结论是:"作为一项法律问题,这栋房子是闹鬼的。"[46] 住宅内部的依附规则同样延伸到幽灵和宠物上。

而且鬼屋比你想象中还要多。根据幽灵调查员琳达·齐默尔曼的说法,仅在奈阿克,就有许多房屋被认为伴有众所周知的幽灵。[47] 阿克利的家甚至还不是该地区十几个闹鬼最严重的地方之一。对阿克利来说,幸运的是,在斯坦博夫斯基退出后,钟爱幽灵的购房者们给了拉维塔广场1号多份报价——只要她能保证乔治爵士和玛格丽特夫人这两位常住幽灵强依附于该房屋,并会在关门之后继续出没。

然而,不仅是幽灵可以依附于房屋这么简单,依附规则甚至可以用于墓穴。几个世纪以来，人们通常将亲属埋葬在后院的土地上，还有数百万人被埋葬在废弃已久的墓地上。直到今天，他们的家人仍然可以合法地穿过你的土地来表达他们的敬意，长期被忽视的墓穴的存在完全出乎你的意料。[48] 墓地权利依附于墓穴，死者的后代总是可以进入你的土地。如果是美洲原住民的墓穴，依附权利会更加严格，有时甚至会禁止任何打扰遗体的建筑活动。

依附规则是所有者宣称新资源与他们已经拥有的东西有着似是而非联系的工具。同时，对于公寓邻居、失去亲人的后代、无人机操作者、海滩游客和各州来说，依附规则互惠互利——从你的土地的侧面延伸到土地上方、下方，也穿越过去。你的家可能是你的堡垒，但它绝不是你一个人的。

陆地、阳光和风

我们用一个当代难题来结束本章：树木与阳光。似乎没有什么地方比加利福尼亚州北部的太阳谷小镇更适合安装屋顶太阳能板了。[49] 卡罗琳·比塞特和她的丈夫是环保主义者，他们开着一辆普锐斯，并以在自家土地上种植的八棵红杉树为荣。他们的邻居马克·瓦加斯也是一位自豪的环保人士。他开着一辆电动汽车，并在屋顶上安装了太阳能板。然而，随着邻居的红杉树越长越大，这片曾经友好的生态飞地开始变得像真人秀节目。

红杉树开始遮蔽太阳能板。瓦加斯要求比塞特砍掉树顶，她拒绝了。"我们只是和平地生活在这里，"比塞特说，"我们不想被干涉。"[50] 瓦加斯反驳说："我认为一位邻居从另一位邻居那里夺走这种能源是不公平的。"[51] 于是，瓦加斯起诉了。

关于邻居和阳光的所有权规则已经存在很长时间了。在英格兰，

"老窗户采光权原则"可以追溯到17世纪初,它适用于因邻居挡住阳光进入已有窗户的路径而引起的纠纷。英国法院甚至制定了一个被称为"抱怨线"的标准——到达这一点,百姓就会开始抱怨房间光线不足。[52] 然而,当美国建立自己的法律体系时,这些规则普遍都被否定了。在这里,你几乎可以建造所有你想要的东西,无论是否遮住阳光。而对于大多数人来说,大多数时候,我们不会在意,因为空间和阳光都是充足的。

然而,随着更密集的社区和便宜的太阳能的兴起,阳光成为一种被争夺的资源。像瓦加斯和比塞特之间的这种冲突正在美国各地上演。假设你想种树或为你的房子再加高一层,增加的高度也许会遮蔽你邻居的太阳能板。

谁应该赢?下面一些选择,都与本章探讨的依附规则一致:

- 比塞特可以尽可能多地阻挡光线。
- 瓦加斯拥有太阳能权,可以砍掉树顶。
- 比塞特可以阻挡光线,但必须为阻挡瓦加斯家的光线付费。
- 瓦加斯有权采光,但必须为比塞特的树木付费。

对于比塞特来说,她的家是她的堡垒。像"无人机杀手"威廉·梅里德斯一样,她声称自己拥有通向天空的灯塔光束。只要她想,她就可以在自己的土地上种植红杉树,那是她的权利,也是一个环保的选择。她说,让红杉树继续生长吧。糟糕的是,瓦加斯在她种树五年后才安装了太阳能板。比塞特先行提出的主张加强了她的依附。瓦加斯应该知道红杉树会不停生长并遮蔽他的太阳能板,他应该把太阳能板放在别处。

瓦加斯也可以提出"家是堡垒"的主张,只是颠倒了过来:落在他的太阳能板上的阳光依附于他的王国,因此也是他的房产的一部分。比塞特的红杉正在夺取他的太阳能。即使比塞特的行为在先,"先到先得"也只是诸多所有权故事中的一个。时代在变,各州可以改变所有权基准,以鼓励使用更有价值的稀缺资源。一个世纪前,最高法院在类似纠纷中写道,如果做出其他裁决,"将阻止发展,并使一座城市永远处于原始状态"[53]。技术在进步,城市在发展,价值观也在发生变化,相应地,我们也要调整所有权。

这些观点中的每一个都有其优点。通常,邻居通过在后院围栏旁聊天来解决这种所有权冲突。但是,当谈判破裂,邻居起诉到法庭时,会发生什么?对于物理侵入,法院使用被称为非法入侵的明线规则——你可以驱逐踏入你土地上的人并收取损害赔偿。但对于非物理侵入,法官会参考被称为妨害的旧法律体系。妨害法禁止你从事"不合理"的活动——一种基于标准的方法。[54] 当你的邻居在凌晨 3 点演奏或播放震耳欲聋的重金属音乐时,这是不合理的,也是一种妨害行为。然而,在现实生活中,很难判定什么是正常使用权,什么是非正常使用权——这取决于所有权基准。如果邻居在晚上 10 点播放乡村音乐会怎么样呢?如果在晚餐时播放轻柔的古典音乐会怎么样呢?

今天,妨害法简直是一团糟——它的标准是模糊的、不可预测的。对我来说合理的事情,对你来说可能就是令人愤怒的。那么什么是合理的?这个问题没有客观、中立的答案。我们似乎夹在岩石和硬地、树木和阳光之间。

有一种可替代的法律经济学方法,建立在诺贝尔经济学奖获得者罗纳德·科斯的三个深刻见解之上。[55] 首先,他指出,资源冲突总是相互的——种植树木和安装太阳能板都是正常使用权,冲突的发生只是因为它们彼此相邻。种植遮蔽邻居太阳能板的树是否不合理,这种问法忽略了任意一方使用权都会伤害另一方的核心问题。如果我们决定保护阳光,那么红杉树会被砍倒,瓦加斯就会伤害比塞特。但如果我们选择保护树木,那么太阳能板会被遮蔽,比塞特就会伤害瓦加斯。将所有权授予任何一方都会损害另一方。各方使用权是合理的还是有害的,取决于我们设置基准的位置。在这个简单的框架中,似乎必有一个失败方。这就是生活,对吧?

不,不必如此。科斯的下一个见解是,如果我们生活在一个完美世界中,所有权规则就无关紧要了。对于经济学家来说,完美世界是一个没有恶意或其他非理性的世界,信息是完全透明的,交易成本为零,监管及时有效。根据科斯定理——法律中引用最多的一个定理——在那个完美世界里,无论法律如何规定,理性人总是会协商将资源用于最具社会价值的地方。

这是如何运作的呢?假设我们现在处于那个完美世界里,可以肯定地知道太阳能比树木更有价值。如果比塞特拥有种植红杉树的权利,那么瓦加斯将提出向比塞特支付高于树木价值且低于太阳能价值的钱。比塞特会同意砍树,我们也得到了太阳能。相反,如果瓦加斯拥有获取阳光的权利,那么比塞特将支付瓦加斯不高于树木价值的钱,瓦加斯将拒绝这笔交易(我们已经规定太阳能比树木更有价值)。所以我们得到了太阳能。

换句话说,在经济学家的完美世界中,如果太阳能更有价值,我们就会支持太阳能,而不管谁是初始所有者。支付方式是这样还是那样取决于谁拥有初始所有权(因此法律会影响财富的分配),但资源最终总是用于具备最高价值的用途。

但是,正如科斯本人在他的第三个见解中所强调的那样,有一个难题:我们并没有生活在这样一个完美的世界中。人们是非理性的,与树木和太阳能板等东西有着深厚的情感联系,时常缺乏重要信息,并不总是善于议价,并且不确定是否会执行协议。在瓦加斯提起诉讼后,无论价格如何,比塞特可能都没有心情进行谈判。因此资源可能会被困在低价值的用途中,即使理论上交易可以让每个人都过得更好。

所以回到现实世界,所有权设计确实很重要:如果我们一开始就支持树木,那么我们最终可能会得到树木,即使太阳能更具有社会价值。在现实世界中,财富的分配也很重要。我们对所有权的初始选择是黏性的,也是重要的。

科斯的洞察力引导法律经济学家开发了一种已经对所有权设计产生影响力的工具。与其反复争吵什么是"合理的",还不如问诸如此类的问题:谈判何时可能会破裂?我们如何设置初始所有权以更好地利用资源?提出这些问题[56]有助于我们打开所有权设计的思路,跳出上述两个令人不满意的选择:比塞特赢,可再生能源输;瓦加斯获胜,红杉树被砍倒。

想象一下,我们如何通过设定比塞特的所有权来奖励她的"家是堡垒"和"先到先得"的直观感知。红杉树为环境增添美感,但我们也关心可再生能源。为了表达这种关心,我们可以要求树的主人补偿太阳能生产者因树荫而失去的可再生能源。现在,比塞特不得不认真考虑她的树所带来的成本,因为她必须支付这些成本。如果她真的爱那些树,那么可以留下它们,但必须付出代价。

或者考虑相反的情况。时代变了,今天可再生能源是第一位的。正如最高法院指出的那样,我们不想"让一座城市永远处于原始状态"。为了体现这一点,我们也可以说瓦加斯拥有照在他太阳能板上的太阳光。但这里也有一个问题:比塞特在种植红杉上没有错(毕竟是她先种树的),强迫她砍树可能会让人觉得不公平。所以现在我们要求瓦加斯补偿比塞特的损失。那么瓦加斯不得不考虑,支付砍伐红杉树的费用以确保稳定的光源真的值得吗？也许他可以将太阳能板移到家里其他地方以避免冲突，比如移到一个丝毫不会被遮光的地方，这样树木和太阳能就可以共存了，而且这种方式成本更低。

实施这种方法的一个问题是，很少有可靠的、准确的数据可供参考，即使有，法律经济学家也没有价值中立的方法来评估红杉或太阳能的真正价值。谁应该付给谁多少钱？归根结底，所有权需要在价值观中进行选择。

也许我们可以基于"先到先得"或强烈的公平感将所有权分配给比塞特。如果我们认为邻居通常很擅长围绕这种局部冲突讨价还价，那么如果瓦加斯真的对太阳能估价更高，我们就会让瓦加斯尝试与比塞特达成协议。相反，如果我们强烈希望人们的关注点转向可再生能源，那么我们可以支持瓦加斯，让比塞特向瓦加斯提供一个有吸引力的解决方案。

但是，如果我们认为人们通常很难就最初的所有权选择进行谈判——可能有一百个邻居利益攸关，或者恰好有几个心怀恶意的邻居——那么我们可以改用不同的规则：让法官设定太阳能的价值或树木的损失。当事人不必讨价还价，他们只需支付法官设定的价格即可获得所有权。

所以我们最终有几个选择。首先，确定比塞特或瓦加斯是否拥有初始所有权。其次，判断他们是否必须达成自愿的私人交易以转换所有权，或者让法官设定价格。这类的分析已经出现在数千篇学术论文中。如果我们对邻居的谈判能力持怀疑态度（谈判经常失败），那么我们会让法官设定价格；如果我们对法官的定价能力缺乏信心（通常他们不清楚价格），我们就会专注于设定初始所有权。

在比塞特和瓦加斯之间，我们认为正确的结果应该是支持太阳能，以实现该州对可再生能源的承诺，并且要求法官（或立法机关）

公平地对那些先到达那里的人进行补偿，比如比塞特。[57]

这些问题并不简单，但明确它们可以推动建立新的所有权制度。首先，从集体福利、个人自由或你选择的任何最终价值的角度，想一想你最偏好的所有权设置方式是什么。然后考虑一下，如果你将初始所有权放在错误的位置，那么哪一方能以最低成本来避免你的失误？什么情况值得法官介入定价？

或者我们可以坚持使用老式的妨害法来决定什么是不合理的。法律经济学家放弃了这个想法，但普通人通常知道什么是正当的行为，什么是不正当的行为。当你的拳头碰到我的脸时，我们就知道谁在伤害谁了。也许树木和太阳能板的选择相差无几——但对于妨害法和法律经济学方法来说，确实如此。[58]

回到太阳谷，树木是输的一方。加利福尼亚州支持太阳能板所有者和可再生能源。1978年，该州颁布了《遮阳控制法案》，禁止邻居在上午10点至下午2点遮住太阳能集热器超过10%的面积，并通过刑事诉讼和每天高达1 000美元的罚款来强制执行。太阳能成为正常的使用权基准，遮阳的红杉树则是不正常的。比塞特沮丧地说："我们是加利福尼亚州第一批因种植红杉树而被判有罪的公民。"[59]

比塞特和她的丈夫不仅是第一批因遮住太阳能板而被定罪的人，还是唯一一批。他们的案子在美国引起轩然大波，导致该州在2008年修订了该法案。[60] 现在，先于太阳能板存在的树木，就像比塞特的红杉树那样，可以完全不受该法案的约束，且违规行为通过民事诉讼而非刑事诉讼来强制执行。

在太阳能之后，哪种新兴的自然资源有可能引发下一场大规模的依附之战？我们看一下"风"。

我们可能会将风车想象成荷兰运河旁的古朴建筑，但如今风力发电已成为一项大生意。在荷兰，巨型风力涡轮机产生的电力约占该国电力的10%。在得克萨斯州，风能提供的电力超过了15%，比美国其他州都多。就像高大的树木可以遮蔽太阳能板一样，逆风涡轮机会在其尾流中产生"脏风"，使顺风涡轮机的效率降低甚至根本无法运行。[61] 随着越来越多的公司在全国各地安装涡轮机，"拿走"风的邻居之间就产生了冲突。

风能像太阳能和地下水一样，不同的所有权主张之间相互对抗。这是否应该是一场捕获竞赛，人们继续在安装涡轮机的地方竞争？我们应该保护第一个安装涡轮机的人吗？大多数州还没有完善的法律来解决风能冲突。我们才刚刚开始对所有权设计做出尝试。纽约的奥齐戈县现在需要"基于尾流的回退"，这样，涡轮机就不会互相干扰了。回退类似于油田中的井距规则，这是得克萨斯州部分地区保持油田压强的方法。但所有产油州（得克萨斯州除外）后来都意识到，强制单元化是缓解这种资源困境的一种更好的所有权技术。各州是否也应该在"风域"推进单元化？它们应该根据水资源法调整使用规则吗？还是应该重新创建一个所有权规则？

不要忘记无人机的航线——另一种潜在的变革性资源。我们应该如何处理"无人机杀手"呢？我们可以保护威廉·梅里德斯和他的邻居免受无人机入侵，让他们为自己土地上方的空域定价。但这种依附规则可能会造成无人机路线堵塞，会使新兴的无人机送货产业搁浅。或者，我们可以要求无人机始终飞行在距私人土地200英尺以上的高空，并禁止在其上方悬停或盘旋。但是，被激怒的房主将没有简单的机制来阻止讨厌的无人机飞过。所谓的不公平和对隐私的侵犯可能导致更多的无人机被击落。

也许可以设计所有权规则，以便快速运送包裹和比萨，维护社会利益（尤其是在比萨方面），同时，我们可以补偿无人机飞过的土地的主人，从而解决我们的直觉问题：我的家就是我的堡垒。可以让亚马逊、UPS 快递和达美乐公司为无人机的飞越支付小额费用，这种技术已经存在了。反之，针对特别敏感的房主，我们可以让梅里德斯支付递送服务费来使无人机改道，飞过喜欢现金的房主的上空。智能手机上的小额支付可能成为 21 世纪的铁丝网。所有权规则必须跟上。

第五章

自我：我们的身体属于自己 vs 我们的身体不属于自己[1]

肾脏移植界的罗宾汉

几十年来，利维·罗森鲍姆一直经营着一项拯救生命的事业。肾衰竭的患者向他寻求帮助，他寻找自愿捐献者，并帮助他们配对。这项工作是有偿的。"到目前为止，我还没有失败过。我会长期从事这项事业。"他说。²

罗森鲍姆的服务并不便宜。他向受捐者收取的费用高达16万美元，其中可能只有1万美元是给活体肾脏捐献者的，其余的归医生、签证员和他。他解释说："它如此昂贵的原因之一是，你总是要贿赂的。"它之所以昂贵，还因为自1984年美国将活体器官交易定为非法行为以来，这项业务一直是违法的。

2009年，罗森鲍姆在美国联邦调查局（FBI）的一次行动中被抓获，³他认罪了，并成为美国第一个也是迄今为止唯一一个因出售活体器官而获罪的人。他的判决听证会座无虚席，肾脏经纪人蜂拥而至，但并没有被愤怒的受害者包围。好心人来为他求情。一个人说："这里没有受害者。捐献者很高兴，接受者也很高兴。"罗森鲍姆称自己是"肾脏移植界的罗宾汉"。

政府检察官争辩说:"他的故事与罗宾汉只有一个共同点,那就是这都是谎言。"[4] 罗森鲍姆教唆"捐献者"对他们的移植手术医生撒谎,让医生以为他们是在做富有同情心的捐赠。他在交易时都带着枪,当捐献者试图退出时,他还会威胁他们。罗森鲍姆最终被判入狱两年半。

检察官认为,监禁他能警告人们出售肾脏是对"人类尊严的侮辱"[5]。当前,世界上几乎所有国家都将包括肾脏在内的器官销售界定为是非法的。正如一位医学伦理学家所说的,人体器官市场"对穷人和弱势群体的剥削实在太大。器官的质量可能有问题。人们为了得到钱而撒谎。中间人是不负责任的,而且往往是罪犯"[6]。

市场和死亡,哪个是更严重的"对人类尊严的侮辱"?罗森鲍姆是罪犯还是英雄?

我们都有一个直观的认识,那就是有些东西不应该被出售。这些东西是无价的——不是说它们不可能有价格,而是不应该有价格。在这个意义上,一方面,我们的身体是典型的神圣的资源,是自我所有权的核心。[7] 正如一位作家所说,这些资源构成了我们的人性、我们的"人格"[8]。另一方面是世俗的,我们在市场上买卖普通东西,比如自行车和篮子。在自我所有权和普通所有权之间、在神圣和世俗之间划清界限,是一场长达几个世纪的斗争。

今天,我们已经基本实现了普遍的自我所有权,这是对我们同等尊严和价值的承认。但与此同时,医学的进步使得从我们的身体上取出器官和细胞成为可能,由此产生了几年前还是科学幻想的新资源。我们应该把这些人体资源视为神圣的还是世俗的,还是介于两者之间?

答案与我们所处的位置有关。今天,在蒙大拿州,你可以出售你的骨髓细胞，但最多只能卖到 3 000 美元；在邻近的怀俄明州，这项交易是非法的。在内华达州的一些县，你可以出售性服务，甚至你的处女之身；在隔壁的亚利桑那州，这是卖淫、犯罪。在伊利诺伊州，你可以出租你的子宫来孕育其他人的胚胎，但是跨过州界到了密歇根州就不行了。对于人体资源来说，神圣和世俗之间的界限是清晰的——它们往往是州界线。这些地理上的差异不能用红州与蓝州、北部与南部，或任何其他熟悉的界限（比如财富或种族）来解释。宗教信仰者和无神论者各抒己见，经济保守派和激进的女权主义者也是如此。

虽然自我所有权规则可能看起来很杂乱，但实际上它们并不杂乱。本章将向你展示塑造每一种自我所有权观点的力量。我们不能告诉你，应该把罗森鲍姆视为罪犯还是英雄，但我们可以为你提供工具来展开辩论，并自行决定如何为那些最具挑战性的资源问题提出解决方案。[9]

负责人和主宰者

当我们援引自我所有权时，我们断言：它是我的，因为它来自我的身体。自我所有权是所有其他所有权的根源——它是你可以基于占有、先到先得、劳动或依附规则而提出要求的理由。

自我所有权由两个部分组成。第一，它是不被他人拥有的自由。直白地说，即你不是某个人的奴隶。第二，它是在与其他人平等的条件下成为所有者的权利。这二者的结合——能够拥有和不被拥有——是人类自由、尊严和平等的先决条件；它是你书写自己人生故事的基础。

奴隶制是自我所有权的反例。它是美国所有权的原罪。数百万名非洲人被带到美国，他们无法拥有自我所有权，却被他人拥有。今天我们关于自我所有权的许多辩论都是对非裔美国人身体的糟糕所有权的回应——有时是直接的，有时是模糊的。甚至在美国内战之后，吉姆·克劳法／黑人歧视法还强制执行了与奴隶制类似的做法，如佃农制和劳役偿债制（在南部是一种普遍的做法，一直持续到20世纪90年代），强制剥夺了数百万名非裔美国人的自我所有权。

今天，在全球范围内，奴隶制在法律上已经被废除了，但在实践中却没有。

尤多西娅·洛拉·托马斯·普利多出生于菲律宾，她一出生就是奴隶，到死时还是奴隶。她的主人亚历克斯·蒂松写道："她18岁时，我的祖父把她作为礼物送给了我的母亲，当我的家人搬到美国时，我们把她也带来了。"[10] 近60年来，普利多日常准备食物、打扫房子，并为蒂松和他的兄弟姐妹及父母服务。他的父母从未向她付过钱，还会殴打她。蒂松的母亲去世后，蒂松继承了她。"普利多过来和我一起生活，"他写道，"我有家庭、有事业，在郊区有一座房子——拥有着我的美国梦。而且我有了一个奴隶。"

这个故事令人惊讶的地方在于：这并不是古老的历史。普利多于1964年被带到美国，蒂松于1999年继承了她。在这些年里，她只在2008年83岁生日时踏上过一次回家的旅程，并得知她在那里认识的人几乎都去世了。之后她回到了蒂松的家，于2011年去世了。当蒂松在2017年《大西洋月刊》的一篇文章中讲述普利多的故事时，读者对其所遭受的不公正待遇充满了愤慨。

但普利多的故事并非那么不同寻常。据估计，目前美国有6万~40万名被奴役的人（全球可能多达4 000万人）。[11] 男人、女人和孩子被性贩子挟持为债奴，或被迫在餐馆、农场、美容院和其他场所无偿工作。你可能在不知不觉中就遇到了他们——也许是美甲店的美甲师、送餐员或邻居的女管家，比如普利多。[12]

建立自我所有权不仅是结束人可以拥有人的做法,还扩展为谁可以拥有什么。当政府限制某些群体的拥有能力时,其结果可能是致命的。从1933年开始,希特勒在德国掌权后,纳粹党人通过了400多条针对犹太人的法律,其中许多是关于所有权的。犹太人先是被禁止拥有农田,后来又被要求报告他们所拥有的东西,然后"犹太人财产"被无偿没收。在德国,剥夺拥有能力是剥夺生命的前奏。

在美国,相似的法律以日本人被剥夺财产和被拘留而告终,而不是种族灭绝。一个世纪前,弗兰克和伊丽莎白·特勒斯试图将华盛顿州的一个农场租给一个日本移民N. 中冢(N. Nakatsuka,记录里没有他名字的第一个字)。他们都不知道该州已经规定这类交易是非法的。在审判中,法官执行了华盛顿州的法律,并明确表达了他的观点:日本移民是潜在的敌人,不能把土地交给他们。一审中特勒斯一家输了,在上诉到美国最高法院后又输了。[13] 中冢被逐出了他的农场。第二次世界大战期间,他被关押在图里湖安置中心。

中冢的故事并不是个例。华盛顿州的法律基于加利福尼亚州1913年通过的《外国人土地法》,该法禁止日本等国家的人拥有或租赁土地,以免他们与欧洲裔的农民竞争。加利福尼亚州的法律一直延续着,直到1952年州最高法院裁定该法律违宪。华盛顿州尽管多次试图取消这项法律,但还是一直保留到了1966年。今天,佛罗里达州是唯一没有废除这项法律的州——它仍有案可查,但不是强制执行的。美国最高法院从未裁定这些种族主义法律违宪。

在同一时期,私人开发商创建了被称为种族限制性契约的所有权协议,旨在保留完整的白人居民社区。这些广泛存在的契约主要排斥非裔美国人、亚洲移民和犹太人,以及墨西哥人、希腊人、天主教徒和许多其他群体,这取决于当地的偏见。在1949年具有里程碑意义的"谢莉诉克雷默"一案中,美国最高法院最终取消了这些契约,但它们仍然会出现在交易活动的数百万份契约中。研究表明，它们仅仅存在于房屋"产权链"中，就对谁住在哪里持续产生强烈影响。[14]

美国妇女在实现自我所有权方面面临着类似的斗争，她们经常从非裔美国人的斗争中寻求灵感，有时领先一步，有时落后一步。当伊丽莎白·凯蒂·斯坦顿和卢科西娅·莫特在1848年组织塞尼卡瀑布会议时，将争论焦点聚集在确保所有权和投票权上，这是美国第一次妇女权利大会。在当时，妇女结婚时，在旧的"婚约"规则下，她们实际上已经不再拥有自我所有权。1869年，著名的反奴隶制书籍《汤姆叔叔的小屋》的作者哈里特·比彻·斯托写道："已婚妇女的地位……在许多方面与黑人奴隶的地位相似。她不能签订合同，也不能拥有财产；她所继承或赚取的任何东西都是丈夫的财产……她的存在失去了法律意义。"[15]

由于没有自我所有权，妻子们几乎没有选择，她们无法开展自己的事业，也无法带着任何财产离开不幸福的、受虐待的婚姻。"男人是，或者应该是妇女的保护者和捍卫者，"1872年最高法院的一项裁决解释道，"这种观点在普通法的缔造者之中如此牢固，以至于成为该法律体系的准则，妇女没有独立于丈夫的法律存在，丈夫被视为她在社会国家中的负责人和代理人。"[16]法官们得出结论："这是造物主法则。"

而负责人和主宰者的法律一直延续到最近。在20世纪的大部分时间里，美国几个州的法律都规定丈夫有权管理所有夫妻共同拥有的财产。即使妇女支付了家庭住宅的费用，她的名字在房契上，丈夫也可以在她不知情或不同意的情况下出售住宅。路易斯安那州是最后一个废除这些规定的州，直到1979年才在联邦法院强制执行的情况下做出改变。

未婚妇女的情况也不乐观。在美国国会于1974年通过《平等信贷机会法案》之前，如果妇女没有男性共同签署人，银行就可以拒绝为其发放信用卡。

自我所有权的发展也更具包容性。非裔美国人、亚洲移民、犹太人、妇女等曾因为他们的群体身份，而被剥夺了某些特定类型的所有权。然而，随着时间的推移，他们拥有所有权的能力在稳步提高。我们将这称为普遍性推动，它是所有权设计中一个未被注意到的地方：当一种所有权形式在一个群体（通常是白人）中可用后，随着时间的推移，压力传导到其他群体，直到该所有权形式对其他人同样有效。普遍性推动并不是必然发生的，实现并维持普遍性需要持续的斗争。还有一个例子是同性婚姻，它将长期以来异性恋者可以获得的平等的所有权扩展到了同性恋者。

对我们来说，自我所有权从控制自己的身体开始，然后扩展到包括积累资产、建设更好未来、投资于我们的家庭和职业的权利，并最终作为正式公民参与投票。这意味着我们有能力书写和改变自己的生活。这些都是艰苦的斗争，在发展初期总得有人冲锋陷阵。

黄金卵子

温迪·格里什是一位熟练的针灸师，经营着自己的生意。[17]她受过良好的教育，拥有综合医学硕士学位。格里什通过出售她的卵子来补充收入，每次"捐赠"的价格是2万美元。除了和她生活的一个儿子，她的卵子已经诞生了10个活生生的生物学意义上的孩子。每年有超过1万名孩子从类似的交易中诞生，推动了美国每年8 000万美元的卵子捐赠市场。随便拿起一份大学新闻报纸，你都会看到招募捐献者的广告。

格里什是行业内知名的"顶级捐献者"，因为很多想要她的卵子的买家都会付额外的费用。位于洛杉矶的一家卵子中介机构的主管谢莉·史密斯说，价格"通常是基于较高的受教育程度和SAT（美国高中毕业生学术能力水平考试）分数"。[18] 正如史密斯所指出的，"当我们推荐一个很漂亮、很聪明并且具备其他优秀品质的捐献者时，我们会立即接到电话。我把这称为'大鱼吃小鱼'。从来没有人进来说，'我想要一个愚蠢的、丑陋的捐献者'"。

史密斯经手的顶级捐献者卵子的价格是10万美元，这通常只支付给金发碧眼、热爱运动的常春藤盟校的学生。亚洲和犹太妇女也会获得可观的溢价。史密斯认为这种挑剔的品位是很正常的。"当你选择和一个人结婚时，"她说，"你也在为你的孩子挑选遗传基因……为什么你不能在将会帮助你建立家庭的卵子捐献者身上寻找这些品质呢？"一项研究发现，在校生的平均SAT分数每增加100分，大学报纸上刊登的捐献者报酬就会增加2 000美元。

20世纪80年代前，这个市场并不存在，原因很简单，因为女性没有办法进行体外卵子受精。体外受精（IVF）的发展改变了这一状况。现在，每八次体外受精尝试中就有一次使用捐赠的卵子。[19] 诚然，其中一些卵子是无偿捐赠的，也许是为了帮助不孕的朋友和家人。但大多数仍然是付现交易，尽管卵子经纪人继续刻意地将卖家称为"捐献者"，以避免引发关于神圣的和世俗的所有权争论。

高额费用会是一个有效的激励因素。捐赠卵子需要注射数周的强效药物来增加卵子的数量，然后在麻醉后进行手术提取这些卵子。这个过程可能是痛苦的、危险的：生育药物可能会刺激卵巢，释放太多卵子；手术和麻醉的并发症可能导致不孕不育、血栓，甚至死亡。"这不像你只是觉得，'好的，是的，我要把我的卵子取出来，然后把它们给你'，"格里什说，"你为这些人奉献了几个月的时间，牺牲了你自己身体的一部分。"

卵子买家是这个市场的另一方当事人。对他们来说，这种交易有些不可思议。米歇尔·巴德在43岁结婚后，立即开始尝试要孩子，但很快发现自己的卵子无法存活。她就去找了一个捐献者。"就像我在网上约会一样，"巴德说，"而且很早的时候，我就看到一个女孩和我说话。她对我来说就像一个天使。"[20]两年后，巴德生了一对双胞胎，支付了7 000美元给她的"天使"，另有13 000美元的医疗、法律和中介费用。对巴德来说，"每一分钱"都花得很值。对于许多男同性伴侣来说，购买卵子是养育一个有血缘关系的孩子的唯一途径。

每个国家都必须决定，自我所有权是否应该包括出售卵子的权利。卵子是神圣的，不是用于出售的，像我们的身体一样构成了我们的人格？还是卵子是世俗的，像我们在市场上出售的其他商品一样？它们应该被类比为多余肾脏还是腰果？

美国产科医生试图采取折中的方案，为交易提供便利，但规定了价格上限。医生组织公布了指导准则，称卵子价格超过5 000美元时"需要说明理由"[21]，超过10 000美元则"不合适"。他们认为，较高的价格可能导致弱势的捐献者承担不合理的健康风险，并将有需要的买家排除在生育治疗之外——这就形成了一个具有剥削性、侮辱性和排他性的市场。

然而，对卵子捐献者琳赛·卡玛凯来说，那些用来解释允许生育诊所而不是捐献者来确定价格并赚取利润的理由听起来是虚伪的——不是高尚的道德，而是自私自利的借口。因此，她起诉取消价格上限。如果妇女的身体被当作资源来开采，卡玛凯希望得到全额付款，而不是微不足道的零钱。洛杉矶卵子中介机构的谢莉·史密斯表示赞同，她说："医生对他们的报酬没有规定上限。他们可以收取任何想要的费用……中介机构当然可以从中赚钱。为什么捐献者被限定报酬，而其他人却没有任何上限？"[22]

产科医生很快就屈服了，并与卡玛凯达成了协议。现在，普通卵子以正常价格出售，优质卵子则以市场所能承受的任何价格出售。在美国，尽管有注射、手术和其他风险，尽管对我们共识性的人类尊严和平等有潜在影响，但还是有大量的卵子在出售。

所有权的调光开关

50 年前，当人们说"你看起来就像百万美元"时，他们是在称赞你。但今天，这可能更像是一份冷冰冰的账单。除了卵子，我们还可以出售头发（红头发能达到 3 000 美元）[23]、血浆（频繁捐赠每年能达到 5 000 美元）、精子（坚定的捐献者每年最多能有 10 000 美元）、母乳（"吸乳获利"每年可达到 20 000 美元）和干净的尿液（每个样本 40 美元，黑市上更多）。人死后还有一个可怕的、有利可图的、基本不受管制的尸体市场。你的身体正在成为一座金矿。

除了活体移植所需的高价项目，联邦法律禁止人们出售肾脏等多余器官、肝脏等再生器官，以及肺和肠子等部分可移植器官。从头到脚看，我们面临一个难题：如何解释支配我们身体哪些部分可以卖、哪些部分不能卖的模糊规则。

答案是：我们一直在以错误的方式构建我们的选择。对于来自我们身体的资源，我们倾向于把所有权想象成一个开关。打开的位置我们称为世俗的，允许其在市场上交易。当我们将开关切换到"关"的位置时，它表示该资源是我们不可或缺的组成部分——"是的，这个资源是你的，但他人不得购买"。几千年来，这两种选择或多或少都是足够的。

对于人类的头发，开关一直是打开的。也许这样的销售是没有争议的，因为头发生长在我们身体外面，可以无痛地剪掉，并迅速再生。头发交易可以追溯到古埃及。[24] 19 世纪欧洲的一些村庄每年都会举办"头发收获"活动,贫穷的女孩可以在那里卖掉(或被迫卖掉)她们的长发;今天,全球头发贸易每年都超过 10 亿美元。虽然头发市场可能会剥削卖家,但我们并没有听到很多关于禁止销售、追踪头发来源或提高卖头发者补偿的呼吁。恰恰相反:不受管制的新业务形式如接发正在蓬勃发展。

相比之下,对婴儿来说,这个开关似乎是关闭的。父母不能卖掉他们的婴儿。我们拒绝贩卖婴儿的原因与我们拒绝奴隶制的原因相同。即使买卖婴儿是自由的、公平的和完全知情的,卖家和买家都能从中获益,我们中的大多数人仍然拒绝婴儿市场。[25] 为什么?正如财产学者佩吉·雷丁令人印象深刻的说法,因为它的存在会降低"人类世界的质地"[26]。而且这种市场会不尊重新生儿的自我所有权——其固有的自由、尊严和平等。想象一下,当你得知你的父母从亚马逊上购买了你,运送你的是一架 UPS 无人机。为了保护这些核心价值,我们把开关拨到关闭状态。个体是神圣的——他们不能被卖给别人。[27]

但有一个问题。这个开关并不是完全关闭的。正如托马斯·杰斐逊在《独立宣言》中写的,成年人"被造物主赋予了某些不可剥夺的权利",这可能是真的。然而,儿童并没有被赋予这样的权利。父母对孩子有一些所有权。的确,他们不能卖掉孩子,但可以把孩子送人——我们称之为收养。[28] 长期以来,法律一直将父母的权利部分地定为所有权[29]——查理?她是我的——在一定程度上符合儿童的福祉。因此,就像肾脏一样,开关并不完全适用。

我们在很大程度上通过越来越独立于父母的所有权来衡量我们向成年的过渡。对许多人来说,青少年时期的叛逆有一些经典的争论:"你不能穿成这样出去。""我可以,这是我的身体,我已经长大了,可以有自己的选择。"父母暂时在这些争吵中赢了，但是，很快，孩子们将开始获胜。自我所有权意味着你可以剪时尚的发型，在肚脐上穿洞，或者在身上文"龙"。随着时间的推移，孩子们会成为完全的自我所有者；而对父母来说，所有权的开关会转为关闭。

在头发和奴隶制之间——这就是对源自自我所有权主张的身体资源的争议。器官市场曾经仅存在于科幻小说或恐怖电影里，但是现在，由于医学的进步，医生可以（或多或少地）安全切下越来越多的身体资源，以投入有价值的用途。

许多新资源都有一种介于两者之间的品质。正是在这里，开关的意象阻碍了我们对所有权设计的思考。有一个更好的方法：让我们把这种意象从开关升级到调光器。按开关只是让我们看到全有或全无的所有权解决方案。设置一个调光器可以让我们看到在完全打开（不受限制的市场销售，世俗的）和完全关闭（完全没有交易，神圣的）之间的一系列选择。

而这场辩论远远超出了我们身体的自我所有权。当人们将有形资源视为特别的构成要素时，也就是说，这些要素是我们作为自由平等的人所必不可少的，它们通常会受到特殊的法律保护。这就是为什么我们有时会击败市场力量，通过租金管制、破产中的宅基地保留权和共有土地的"实物分割"（将在第六章讨论这个问题）来使人们留在自己的家中。

每当新的资源出现时，其所有权都是模棱两可的、有争议的。我们需要一个规则来确定谁是初始所有者，以及他们拥有什么。为了了解调光器是如何工作的，让我们回到利维·罗森鲍姆的商品：肾脏。如果多余的肾脏能在自由市场上出售，那就能够拯救生命，因此肾脏便在一定程度上构成了我们的人性。但开关不允许我们处理这种介于两者之间的类型——相反，它迫使我们做出一种或另一种极端选择。

20 世纪 50 年代，当移植在医学上首次成为可能时，大多数患者死了。20 年后，更好的抗排斥药物的出现提高了患者的存活率，对肾脏的需求才开始增加。1983 年，弗吉尼亚州的商人 H. 巴里·雅各布斯发现了一个商机：肾脏的销售没有任何法律障碍。因此，他着手创建了一个市场，让卖家说出他们的价格，寻找买家，自己作为经纪人收取费用。

为了帮助制定最初的规则，人们经常借助类比推理，这是所有权设计和一般法律推理中使用最广泛的工具之一。这就是各州为石油、天然气和水设定初始所有权的方式——裁定它们类似于裁定狐狸的归属，并引入捕获规则（如第四章所讨论的）。这个工具的一个特点是，它很容易与开关意象吻合。我们只需要问：卖肾更像是卖头发还是卖人？

针对雅各布斯的商业计划，弗吉尼亚州立法机构将器官销售类推为奴隶制，并禁止这种做法。随后，国会通过 1984 年的《国家器官移植法案》（NOTA）将弗吉尼亚州的禁令扩展到全国，这正是将罗森鲍姆送入监狱的法律。对许多人来说，出售人体器官的想法根本无法容忍，简直就像奴隶制一样，不把一个阶层的人当作人类。如果这是你的观点，那么你也许可以坚持 NOTA，禁止销售器官以保护人类尊严，防止剥削穷人和弱势群体。

问题是，对某些目的有效类比会误导其他目的。它们是一种修辞手法，而不是一个逻辑证明的问题。肾脏没有自主的自我所有权。多余的肾脏也不是生存所必需的——无私的捐献者可以过上完整的、健康的生活，他们对家人、朋友甚至陌生人的馈赠理应得到赞美。肾脏与它们所从属的人类其实并不完全一样。这些差异很重要，可能会促使你支持肾脏市场。

精心设计肾脏市场的想法——将调光器调节到一半的位置——并

不是那么不切实际。1984年,NOTA还禁止销售干细胞,当时人们通过髋关节手术痛苦地从骨髓中获取这些干细胞。但今天,从你的血液中过滤出干细胞已经变得非常简单。2011年,一个包括西部九个州的联邦上诉法院改变了对干细胞的类比,将其描述为更像可以出售的血浆,而不是不能出售的肾脏。

但法官们也没有把调光器一直推到全面开放。潜在的卖家必须加入国家捐献者登记册。医生根据医疗需求和细胞相容性进行匹配,所以卖家不能向绝望的患者拍卖他们的细胞。卖家不能与患者有直接联系。设定支付上限为3 000美元,以减小对潜在的弱势卖家的不利影响——这个上限就像医生试图对卵子销售施加的一样。使用调光器在神圣和世俗之间移动——在禁止销售和无限制销售之间移动——有可能挽救每年因等待干细胞移植而死亡的3 000人中的许多人。但潜在卖家只有在蒙大拿州等地,才能受2011年的法院裁决保护。州界另一边的怀俄明州,调光器被推到最低,仍然禁止付费购买干细胞,认为其同卖肾一样都是犯罪。

NOTA并非一成不变。这个法案才实施不到50年。当国会通过NOTA时,它关注的是"人体器官不应该被视为商品"[30]。从那时起,实施NOTA的代价变得更加显而易见:对器官的医疗需求不断增加,而自愿增加供给的方式却失败了。在肾脏销售上有很多有说服力的反对意见——有关胁迫和尊严的反对意见让我们停下来——但也许合理的所有权设计可以直接解决每个问题。如果我们愿意的话,就可以将所有权的调光器调到中间。

如果你想深入了解所有权规则,那么没有比掌握类比推理和区别推理艺术更好的切入点了。这就是蒙大拿州法院在干细胞问题上的做法,也是我们所有人在日常生活中可以使用的工具。每当你听到有人在做类比推理——"肾脏就像人一样"时,请考虑一下区别——"肾脏没有身份，它们不会自己思考"。有说服力的区别可以在生与死之间做出抉择。

重新审视黄金卵子

现在让我们回到温迪·格里什和她的黄金卵子。当体外受精技术在20世纪80年代使卵子销售成为可能时，我们不得不制定初始规则。以此类推，卵子更像肾脏还是精子？

美国的法院选择了精子，并启动了一个充满活力的市场。的确，卵子在某些方面与精子类似，在它们被提取出来后，还有很多剩余。当卵子与精子结合并在子宫中孕育胎儿时，彼此都有能力创造生命。当违背捐献者的意愿使用时，比如在离婚或死亡后，精子和卵子都引起了对生物学上的父母身份的关注，以及对由此产生的后代的潜在父母义务（子女可能想知道他们在生物学上的父母，或者因医疗原因需要知道）。这些因素促使人们对精子和卵子一视同仁——并使用调光器从无管制的销售中推开一个切口。

但区别也很重要。一方面，精子很容易收集，并能迅速再生，就像头发一样。相比之下，提取卵子更加痛苦，需要注射、手术、麻醉，还有潜在的并发症，也许更像肾脏。脆弱的或不情愿的卵子卖家可能因急于获得大量的现金，而忽略了情感和健康风险；积极主动的卖家不一定负担得起后续护理费用；胁迫性的中间人可能对捐献者撒谎以获取大部分的利润。这些差异表明，相较于精子，我们要把卵子的调光器进一步调低，卵子需要更多的咨询和后续护理，因此需要对出售施加更多限制。

另一方面，对于性别平等的担忧可能表明，尽管有更多的风险，还是要将卵子的调光器调高，使其与精子的市场销售持平。卵子销售在 20 世纪 80 年代成为可能，那是一个变迁的年代，当时许多女性都在为自己身体的控制权和在市场上被平等对待而斗争。那正是卡玛凯在挑战产科医生的价格上限时为之奋斗的目标。今天，如果我们要为女性和男性设置不同的所有权调光器，我们就需要有令人信服的理由。

我们应该在哪里设置调光器？我们内心最深处的（而且往往是未经审查的）道德承诺影响着我们如何做出这个决定。假设我们可以保证卵子的出售是完全安全的、知情的、非胁迫性的、自由的和公平的，有些人可能仍然反对，这不一定是出于性别问题，而是出于对维护我们共同人性的特定理解的承诺。他们的观点是，在一个正派的社会中，卵子根本就不应该有价格。

请考虑一下精英大学报纸上经常出现的招募卵子捐献者的广告，这更加深了这种担忧。[31] 这些广告专门为有着 SAT 高分的高个子、运动型、白人或亚洲女性的卵子提供高额资金。在过去的 50 年里，联邦法律规定，为"白人室友"或"漂亮女性"做广告是非法的——因为这些广告会使歧视文化看起来合法，并使其长期存在，即使一些房东和租户、雇主和工人都同意这样做。那么，为什么可以为卵子捐献者印制类似的广告呢？

理性的人可能会对卵子的销售持不同的看法。美国选择了将大部分的调光器调高，随之也产生了相应的挑战。加拿大和大多数自由主义的欧洲国家则走了另一条路：禁止商业销售。在英国，捐献者只允许得到象征性的补偿，比如去诊所的出租车费。结果，很少有英国女性愿意捐献卵子，整个国家需要为卵子等待多年。今天，全球大量的"生育游客"涌入美国购买卵子以组建家庭。

即使在一个已就"上帝与国家"的大问题达成一致的家庭中，也经常会在器官移植问题上产生巨大的分歧。如果人们对神圣性或胁迫性持有某种看法,则可能会把调光器调低;如果人们把自由或市场的特定词汇当作试金石,则会把它调高。观点的转变也取决于首先想到的是哪些类比和区别,以及问题是如何形成的(回顾我们在第二章中探讨的所有权心理)。这就是红州或蓝州、北部或南部、高收入或低收入地区、宗教保守派或非宗教的女权主义者,或坐在餐桌旁的人,不容易对自我所有权的规则保持一致态度的原因。

将自我所有权视为一个调光器是有挑战的,但它可以使我们超越开和关的简单拉锯战。我们可以设计所有权,按它自身的条件来直接解决每个核心问题。这有可能创造出双赢的解决方案。但为此,我们需要一个更关键的所有权设计工具,这就是我们现在要做的。

摩尔与稀缺

你的身体可能是一座金矿,但你不一定是那个开采者。其他人可能会从你的身体中提取资源以谋取利益。约翰·摩尔就经历过这样的痛苦。

20世纪70年代,在阿拉斯加输油管线上工作时,摩尔被诊断出患有毛细胞白血病,这是一种罕见的癌症。[32] 他向位于洛杉矶加利福尼亚大学的癌症前沿研究者大卫·戈尔德寻求治疗方案。戈尔德成功地切除了摩尔患病的脾脏。在接下来的7年里,摩尔定期回到洛杉矶复诊,提供他的骨髓、血液和精液样本。他重复着这些艰难的旅程,认为这是他后续护理的一部分。不过,摩尔确实想知道,为什么西雅图的医生不能采集这些样本。当戈尔德提出可以为他购买前往洛杉矶的机票并将他安置在一家豪华酒店——比佛利山威尔希尔酒店时,摩尔开始怀疑了。

在一次就诊中，摩尔拒绝签署一份要求他将任何从他的血液或骨髓中开发的潜在产品的"所有权利"授予加利福尼亚大学的同意书。戈尔德立即跟进，给摩尔打了三次电话，询问他为什么不同意。当摩尔拖延时间说他一定是忘记了的时候，戈尔德寄信到西雅图，缠着他签字。于是摩尔聘请了一名律师。

他了解到，来自他患病脾脏的白细胞很特别，会产生一种特别有价值的蛋白质。手术后，戈尔德和他的同事开始研究分离这种蛋白质的方法，并将其大量生产出来进行销售。他们利用摩尔的脾脏开发了一种新的细胞系——在培养皿中存活的细胞，它们可以独立地、永久地进行繁殖。摩尔意识到，他七年来所忍受的一些术后程序是为了增加戈尔德的财富，而不是改善自己的健康状况。

在摩尔拒绝签署同意书后不久，戈尔德申请了一项专利，声称对"摩尔"细胞系拥有所有权。戈尔德已经从一家生物技术公司获得了300多万美元，并有望获得更多的收入——当时，摩尔细胞系被预测价值几十亿美元。摩尔却什么也没得到。他告诉记者："被认为是摩尔细胞，在医疗记录中被称为摩尔细胞：'今天观测到了摩尔细胞，'这些是很不人道的。[33] 突然间，我不再是被戈尔德拥抱的那个人，我是摩尔细胞，我是细胞系，就像一块肉一样。"

摩尔起诉戈尔德和加州大学洛杉矶分校窃取他的细胞，并要求赔偿，认为他的自我所有权至少应该包括从他的脾脏中获利的权利，就像那些未经许可将脾脏商业化的医生所声称的那样。

摩尔的情况并不是个例。你可能还记得亨丽埃塔·拉克斯的故事，丽贝卡·斯克洛特扣人心弦的书《亨丽埃塔·拉克斯的不朽生命》和HBO电影明星奥普拉·温弗莱的演绎让这个故事变得很有名。1951年，当拉克斯因宫颈癌而死亡时，约翰斯·霍普金斯大学的研究人员提取了她的细胞，并利用它们创造了海拉细胞——第一个自我延续的人类细胞系。毫不夸张地说,海拉细胞彻底改变了现代医学,并为许多生物医学产业创造了财富——仅举几个例子,比如使化疗、脊髓灰质炎疫苗以及开启卵子捐赠和代孕市场的体外受精技术成为可能。

然而,这个患者的情况并不乐观。治疗拉克斯的医生从未获得使用她的细胞的许可,也从未向她支付费用。多年后,当研究人员联系他们索取组织样本以完善细胞系时,拉克斯的丈夫和孩子才知道海拉细胞的存在。拉克斯的大女儿艾尔西死于贫困,儿子乔被监禁,另一个女儿黛博拉是一个患有关节炎和抑郁症的年轻母亲。如果拉克斯的家人能得到哪怕是海拉细胞一小部分的利润,他们就会过上不同的生活,很可能会生活得更好。

拉克斯没有机会要求自我所有权了。她在细胞被切除后不久就去世了。然而,摩尔活了足够长的时间来起诉,而且他坚持自己的主张,将官司打到了加州最高法院。[34] 加州大学洛杉矶分校的科学家是否偷了他的细胞?对法院来说,答案取决于戈尔德拿走细胞时摩尔是否拥有这些细胞。

法院依靠开关方法,将冲突简化为一个谁拥有摩尔细胞的严酷选择:摩尔或戈尔德。如果开关是开着的,摩尔就赢了,细胞是他的;如果是关着的,摩尔就输了,细胞受到市场保护以支持其他基础价值。对法院来说,关键的价值是促进科学创新——它并不关心摩尔的人身安全。法院担心,允许患者对切除组织的控制权会使医生陷入费钱且漫长的谈判中,使"研究人员购买的每一个细胞样本(变成)一张诉讼传票",最终将导致"因获取必要原材料受限而阻碍研究"。而他们认为避免这种结果的最简单方法是将自我所有权的开关拨到关闭状态。所以摩尔输了。

摩尔于 2001 年在没有获得任何报酬的情况下去世,享年 56 岁。

法院的解决方案令人费解。诚然，促进科学研究是非常重要的。戈尔德为开发细胞系而努力工作——他的生产性劳动可能应得到所有权奖励。但劳动并不是我们关心的全部。为什么摩尔不能要求对来自他身体的有价值的资源进行补偿呢？那么，在手术过程中保护脆弱的患者又该怎么说呢？法院所重视的"获得必要的原材料"转化为医生们为了自身利益而剥夺人们的身体。这听起来可不那么尊重人类尊严。

实际上，法院告诉摩尔，他的身体是如此神圣，以至于他是唯一不会从摩尔细胞系中获得报酬的人。

法官们忽略了一种所有权工具，它允许我们调和摩尔和戈尔德的主张——让我们设置调光器，以同时奖励自我所有权和劳动、尊严和科学进步。律师们将这种工具称为权利-补救区分。这是一个两步的过程。以下是它的工作原理。

首先，我们在被切除的细胞中设定摩尔的权利。大多数人会同意，至少，摩尔的自我所有权应该包括说：把手拿开，手术后毁掉这些细胞。自我所有权的这一基本方面解释了为什么当你把自己的多余肾脏留在体内时，没有人指责你是肾脏囤积者，即使你的选择——几乎肯定地——使一些肾病患者陷入死亡危机。同样，以此类推，如果你拒绝支持医学研究，你也不是一个细胞囤积者，即使它们具有额外的科学价值，最高尚的医生恳求获得你的特定细胞。但是，如果自我所有权只包括说"不"的权利，那么科学就可能失去许多有价值的身体衍生资源。

相比之下，如果我们将调光器调高一些，那么患者就有更多的理由来对获得自己的细胞的人说可以。一种回应是将调光器调高，但只是调高一点，允许摩尔捐赠细胞，就像捐赠肾脏或将儿童送给他人收养。为什么摩尔不能把他身体里的财富捐给他选择的医院或慈善机构呢？或将调光器进一步调高，允许有限制的销售，如蒙大拿州的干细胞。或更进一步，让摩尔有理由说，是的，如果你能支付我足够的费用，你就可以拿走想要的细胞，就像今天常春藤盟校学生的卵子。在这些情况下，摩尔的权利最终来自自我所有权——它是我的，因为它来自我的身体。

挑战是：当我们把调光器调高时，我们似乎给了患者更多控制研究方向的能力，也许他们会阻挡拯救数百万人生命的科学。我们是否陷入了一种悲剧性的选择，是尊重患者的自我所有权还是支持科学家的劳动？

不，当我们将关注点从权利转向补救时，解决方案就出现了。在确定了摩尔的权利后，我们必须做出一个与此无关的选择：如果戈尔德未经许可拿走细胞，那么我们应该补偿摩尔什么？（我们在第三章描述损害赔偿 – 禁令的区别时提到了补救措施。）权利和补救措施共同构成了所有权——缺少任何一个都没有意义。我们能否设计一种权利 – 补救的组合，在推动科学进步的同时，重视病人的自主权和人格尊严？假设在我们给予摩尔对其细胞的所有权并反对戈尔德在未经同意使用的情况下，戈尔德还是拿走了这些细胞，这里有几个补救方案：

- 戈尔德付给摩尔一美元。
- 戈尔德欠摩尔其细胞的公平市场价值。
- 戈尔德将全部专利和利润转让给摩尔。
- 戈尔德向摩尔支付强制许可费。

我们可以要求戈尔德支付一美元作为补偿。作为一个法律问题，一美元尊重了摩尔的权利，即未经许可不得使用他的细胞。法官称这是名义损失，当侵权行为造成的伤害看起来相对微不足道、没什么实际影响或难以衡量时，他们会采用这种补救措施。这种补救措施承认摩尔的东西在原则上被夺走了，但认为其价值在实践中更重要。名义上的损害赔偿对戈尔德来说只是一个轻轻的巴掌。对未来试图越轨的医生来说，所传达的信息是不可"肆意而为"。

接下来，考虑摩尔获得公平市场价值的情况。公平这个词在补救的名义上是合适的——这有什么错呢？问题是摩尔的癌细胞的公平市场价值很可能是零或十亿美元——这取决于法官如何评估摩尔的细胞对戈尔德的专利细胞系整体价值的贡献，也取决于法官评估的是在手术前还是在细胞系出现后的细胞。在未来，医生可能会赌一把，拿走细胞，支付公平市场价值，并保留专利和利润。或者他们会因为不确定法官会如何裁决而抛弃这些细胞，科学也将遭受影响。

有一个简单的方法来消除不确定性：将戈尔德的所有专利和利润从摩尔细胞系转移给摩尔。律师们把这种补救措施称为追缴。从理论上讲，追缴可以消除以他人的利益为代价而使自己不公正致富的动机。如果你必须交出所有的东西，包括你自己的劳动价值，那么为什么还要费力地索取？按照这种思路，更严厉的补救措施是对戈尔德进行刑事处罚和监禁。这种补救措施将发出最强烈的信号：不要闯入他人的家里偷东西，不要闯入患者的身体拿走"原材料"。

不过，要意识到，我们用来维护摩尔权利的补救措施越强，未来的医生就越不可能很容易地采集细胞（这就是我们在第二章中讨论的事前效应）。相反，研究人员将更有可能尝试事先与患者谈判达成交易。但这正是法院最担心的结果：使研究人员陷入无休止的谈判中，如果医生获得了错误的许可，就会面临诉讼（或者即使他们获得了正确的许可，也会面临因相邻侵害所产生的诉讼），并将医患关系引向不恰当的方向。我们真的希望外科医生在开刀前与脆弱的患者就其身体部位讨价还价吗?

所有权设计是艺术,而非科学。除了刚才讨论的那些方案,还有更多的选择,包括一个经事实证明为我们面临的困境量身定制的选择。即所谓的强制许可。

强制许可是广播电台可以播放其想要的歌曲,不需要事先与每个麦当娜、坎耶·维斯特等十万名音乐版权所有者谈判。电台制订其播放列表,把歌曲的数量乘以预设的强制许可费,定期向支付清算中心发送支票,包括美国作曲家、作家和发行商协会,广播音乐公司和音乐发烧友喜爱的美国录音制品集体管理机构 SoundExchange。清算中心将这些款项与来自夜总会、餐馆、卡拉 OK 酒吧和数字流媒体服务的款项汇总在一起,根据每个艺术家的歌曲被播放的次数向其签发一张支票。这并不完美——有些歌曲比其他歌曲更有价值——但它很容易管理。强制许可意味着没有谈判,没有僵局,没有法律诉讼。每个人都需要付钱,每个人都可以得到报酬。

我们可以对切除的细胞采用这种补救措施。承认患者对来自其身体部位的资源的自我所有权,表明对人类尊严和自主权的尊重。一些患者可能更愿意说,你不可以使用我的细胞。这是患者的权利。但我们希望患者说,是的,让我们共同推动科学进步。为了鼓励这一点,我们可以通过一个简单的、易于管理的强制性补救措施来保护自我所有权——比如从获得的专利使用费中提取一个小的固定比例。这意味着,如果科学家赚了 10 亿美元,那么患者——可以选择提供或销毁必要原材料的自我所有权者——也会得到报酬。

随着科学家将大数据与个性化医疗相结合,所有这些选择都变得更加紧迫。近期《纽约时报》的一版标题是:为什么她没有得阿尔茨海默病?[35] 答案可能是预防这种疾病的关键。像这样的故事甚至从来没有考虑过我们是否应该把基因突变视为原材料以外的东西,我们是否应该用比给摩尔或拉克斯更多的尊重来对待患者。

你很可能会拒绝将调光器设置到中间的位置,比如给患者的自我所有权加上强制许可。这很合理。许多人更喜欢"开－关"的选项:这些极端的选项解释起来很简单,甚至更容易管理,但要明白其中的利害关系。如果你把开关关掉,个人就没有什么积极的理由来选择推动科学发展。这会限制患者和弱势群体对逐利的科学家进行无私的捐赠。如果你选择"开",你也许会看到他们以残忍的、自由放任的方式向科学家兜售身体的一部分。这两个选项看起来都不好。相比之下,精妙的所有权设计允许你设置调光器,使患者既不是奴隶也不是暴君。

调光器的意象解释了为什么对身体部位的控制会有如此大的差异;权利－补救工具展示了如何调和相互冲突的价值观。最后,我们看到了最具决定性的问题:是谁的看不见的手在调光器上设定权利和补救措施?谁应该决定这些规则?

子宫出租

美国没有关于自我所有权的法律,宪法也几乎无迹可寻。诚然,美国宪法第五修正案中的"征用条款"规定,如果"私有财产"被"征用于公共用途",则政府必须支付"公正的补偿"。但宪法并没有定义什么是私有财产。[36] 这里有一个例外:在内战之前,人类可以作为奴隶被拥有;1865 年之后,当第十三修正案被批准后,就不能这么做了。

仅此而已。

国会对身体资源的所有权也基本保持沉默。1984 年的《国家器官移植法案》是一个例外。该法案禁止出售用于移植的肾脏,但对用于研究和实验的肾脏却只字未提。它禁止通过手术提取干细胞，但对于抽血的方式没有明确规定。当试图肆意妄为的医生把摩尔和拉克斯这样的患者当作原材料对待时，这些患者又可以运用什么规则呢？没有人确切知道。人们何时以及如何才能出售身体资源？

答案是：50个州中的每个州都制定了自己的规则。每当你越过州边界，看不见的手就会移动所有权调光器。变化之大，令人震惊。

考虑一下妊娠代孕，一个基于自我所有权而不断发展的市场。2018年，在金·卡戴珊·韦斯特和坎耶·韦斯特的第三个孩子出生后，他们发帖表达了自己的感谢："我们非常感谢我们的代孕者，她用一个人所能给予的最好的礼物使我们梦想成真。"在加利福尼亚州，代孕对韦斯特夫妇和其他想租用另一个女人的子宫的富人来说非常容易。相反的是，直到2021年2月，纽约都禁止代孕。富裕的纽约人——无论是不孕夫妇还是同性夫妇——都必须去其他地方获得他们的孩子。

《纽约时报》的作家亚历克斯·库津斯基穿越了哈得孙河。"多年的不孕不育问题使我们筋疲力尽，流产让我们情绪低落，我和丈夫决定试一试妊娠代孕——雇用一个女人来生我们的孩子，"她写道，"诚然，这是最后的希望，而且被来自方方面面的问题所困扰：经济、宗教、社会、道德、法律、政治。"[37] 对库津斯基来说，幸运的是她有足够的现金和长途旅行的精力。一位子宫经纪人带她找到了凯茜·希林，一位43岁的宾夕法尼亚人，三个孩子的母亲，最近在为另一对不孕夫妇代孕。

库津斯基和她的丈夫创造了一个胚胎，并将其植入希林体内。9个月后，希林分娩了婴儿麦克斯，并拿到了25 000美元。宾夕法尼亚县的书记员称库津斯基和她的丈夫为麦克斯的合法生身父母，这意味着他们不必从希林那里收养这个男孩，虽然实际上是希林生下的他。麦克斯一出生，库津斯基就可以把她的孩子带回纽约了。

最支持代孕的州——加利福尼亚州、康涅狄格州、特拉华州等——让像库津斯基这样的"准父母"提前确定他们的父母权利。纽约采取了相反的观点，还有一些州也是这样，包括亚利桑那州、印第安纳州、路易斯安那州和密歇根州。如果你想在美国租用一个女人的子宫，那么你必须清楚地知道合同在哪里签署、胚胎在哪里植入，以及婴儿在哪里出生。

各国之间也存在差异。虽然美国的一些州支持代孕，但西欧一致持反对意见。当托马斯·鲁斯和丹尼斯·鲁瑟这对德国同性伴侣想要一个孩子时，他们和库津斯基一样，来到了宾夕法尼亚州。他们的代孕者为他们生了第一个儿子尼科，后来又为他们生了一对双胞胎。在欧洲，"我们认为代孕是对妇女和她们生殖能力的剥削，"一位德国产科医生说，"在我们看来，母亲和她的孩子之间的联系早在分娩之前就开始了。"[38] 除非你有能力飞到美国。

在美国，代孕并不便宜。价格从 10 万美元起，并不断攀升——1 万美元用于确保来自准父母的卵子安全（如果卵子是优质的则更多），3 万美元用于支付生育诊所和医生，2 万美元用于代孕机构，以及 1 万美元用于律师，还有保险、旅行和许多其他费用。妊娠代孕者的收入可能是 25 000 美元——通常足以通过支付学费、抵押贷款或家庭抚养费来使其生活发生重大变化。即使代孕者没有成功怀孕或中途流产了，准父母也必须支付大部分费用。这些费用迅速增加，但结果是，今天你可以用购买的精子和卵子以及租用的子宫来"定制"你自己的孩子。

一些夫妇试图前往印度、老挝、泰国、墨西哥或其他地方以降低费用，但他们面临着较差的医疗服务、不健康的代孕者以及不确定的法律环境的风险。印度在 2017 年关闭了其价值数十亿美元的代孕市场。现在，他们只允许无私（无偿）的代孕，而且只针对异性恋、无子女的印度夫妇。禁止措施使有偿市场转入地下，就像肾脏移植一样。印度妇女仍然在有偿植入胚胎，但她们通常被空运到尼泊尔或肯尼亚分娩并移交婴儿。同样，在柬埔寨禁止代孕后，子宫出租经纪人开始将柬埔寨妇女带到泰国分娩。

据一位生育律师说，"有能力的人都会选择美国"。[39] 美国各州正在垄断合法的子宫出租市场，而且美国当前在妊娠服务方面存在贸易顺差。

妊娠代孕（和卵子捐赠）所依据的体外受精是一项新技术，建立在从亨丽埃塔·拉克斯体内提取的海拉细胞系上，并在 20 世纪 80 年代才得到完善。一旦妊娠代孕在医学上成为可能，人们就会开始问：应该允许这样做吗？我们应该在哪里设置调光器，让我们的身体能力变得市场准入，而不仅是身体器官？

就像卵子和肾脏一样，我们经常进行类比推理。对许多人来说，最接近的类比是传统代孕，代孕者也是孩子生物学上的母亲。在人类历史的大部分时间里，这是唯一可行的方式。毫不奇怪，随之而来的还有家庭内部的冲突。

在《创世记》中，撒拉来到亚伯拉罕面前说："上帝不让我生孩子，请你和我的侍女躺在一起，也许我可以通过她生个儿子。"然后夏甲生下了伊希梅尔。撒拉和夏甲、以撒和伊希梅尔的后代——犹太人和穆斯林——之间的争端一直持续到今天。在《使女的故事》中，玛格丽特·阿特伍德为我们提供了一个传统代孕的反乌托邦愿景，升级成了生殖强奸和奴隶制。

美国法院对代孕的第一个裁决是 1985 年的 M 婴儿案。玛丽·贝丝·怀特海德是一位传统的代孕者，她与伊丽莎白和威廉·斯特恩签订了合同，为他们生下了一个孩子。然而怀特海德改变了主意，试图留下孩子，并带着婴儿逃离了该州。斯特恩夫妇提起诉讼。一些女权主义者支持妇女出售子宫服务的自由；包括贝蒂·弗里丹和格洛丽亚·斯坦尼姆在内的一些人则认为，代孕使生母失去了人性，把她变成了一种商品。保守派中也有类似的分歧。

对于新泽西州最高法院来说，问题在于：谁来决定代孕的界限？谁来决定自我所有权的界限？个人可以通过合同来制定规则吗？公共的自我所有权价值应该凌驾于私人选择之上吗？法院对私人选择说不。代孕合同是"非法的，也许是犯罪的，是对妇女的侮辱"，首席法官写道，"在一个文明社会中，有些东西是金钱买不到的"。[40] M 婴儿案的裁决具有强大的影响力，促使纽约禁止代孕——而此时体外受精技术正在使妊娠代孕成为可能。

我们是否应该在新泽西州设置传统代孕的同时为妊娠代孕设置自我所有权调光器？在你决定之前，考虑一下这些做法的相似性和独特之处。许多最棘手的挑战都有相似之处：如果准父母想打掉一个重病的胎儿，而代孕者拒绝，或者相反，怎么办？代孕者应该为胎儿的健康承担多大的医疗风险？

但也有一些重要的区别。从遗传学上讲，胚胎与孕育它的代孕者没有关系——这种生物学上的差异改变了许多人对当事人之间的法律、伦理和情感关系的看法。我们很容易将基本故事设定为"我的代孕者正在孕育我的胚胎"。人们可以把胚胎想象成一个有九个月租期的租户——而准父母正在支付租金。从这个角度来看，也许妊娠代孕只不过是子宫出租。

如果你接受这个类比，那么在实施保障措施的同时允许代孕合同就很简单了，就像我们对待其他房东－租户关系那样。代孕机构和准父母寻找他们认为会成为稳定的"子宫主人"的妇女——通常是受过教育的中产妇女，她们已经有了孩子，有自己完整的家庭，并表达自己有成为代孕母亲的无私动机。其中也会有医疗检查和必要的咨询。有了这些保障措施，妊娠代孕可能会成为妇女自我所有权的一个普通的、考虑周到的约束性行为，不一定比在别人家租房子的经历更有强迫性或有辱我们的共同人性。

代孕也许是一个近似的案例，理由充分的观点在迅速变化。各州将所有权的调光器滑向不同的设置也就不足为奇了。同样，这些设置并不遵循简单的红－蓝或南－北之分也属正常。在简单的红－蓝或南－北之分中，立法者可通过简单的开关来类比，而不必做所有权设计的苦差事。

而当各州改变立场时，它们之间的决定将相互影响。在新泽西州于2018年更加支持有偿代孕之后，这一转变影响了纽约。纽约妇女无法像哈得孙河对岸的女性那样获得代孕收入。而且更重要的是，像亚历克斯·库津斯基这样富有的纽约人仍然需要跨区域雇用代孕者。因此，奥尔巴尼的观点发生了变化，该州改变了其规则。

所有权设计始终是相互竞争、相互重叠的各级政府——联邦、州、县和地方机构——之间的持续斗争。从历史上看，州立法机构一直是核心角色，是我们所谓的民主实验室。但有时国会强行要求全国统一，如NOTA，并推翻州一级的实验。有时法院也会自行设定规则，例如允许西部各州销售干细胞，尽管NOTA禁止这一行为。

谁应该做出这些选择？在美国，没有统一的答案。假设加州某镇的大多数人反对代孕，尽管州政府允许代孕，是否也应该在该镇范围内禁止代孕？或者是否允许一个城市与其所在州的禁令相反？如果是禁止塑料购物袋，或大麻，或枪支会怎么样？其核心问题是：谁的手中应该控制着所有权调光器？随着政府不断进行有关所有权的实验，创新也在蔓延——这对一些观察家来说是良性的学习循环，对另一些观察家来说则是恶性的。

有时，各州会成为所有权制度的异类。自 19 世纪的采矿时代以来，内华达州一直是唯一允许出售性服务的州。该州授权较小的乡村县（但不包括拉斯维加斯和里诺）颁发妓院许可证。其论点是，卖淫无论如何都会发生，那么为什么不将其合法化并加以规范，以给予那些选择性服务工作的人权利，同时限制胁迫、强化安全，并创造税收？然而，这种做法往往被认为是具有剥削性和有辱人格的。没有一个州效仿内华达州。

尽管如此，一个州的自我所有权选择仍旧可以产生全国性的影响。考虑一下偶尔在网上做广告的处女拍卖。当一位名叫娜塔莉·迪伦的 22 岁萨克拉门托州立大学学生决定拍卖她的处女之身以支付研究生学费时，她将目光投向了内华达州卡森市的一家妓院——"月光下的兔女郎牧场"。"我觉得人们应该支持人工流产合法化，毕竟我并没有伤害任何人，"她说，"这确实可以归结为道德和宗教争论，而这并不违背我的宗教或道德信仰。"[41] 在过去，父亲拥有他们的女儿，用她们的处女之身来换取嫁妆。迪伦的立场是，如果处女在今天仍有价值，那么为什么她不能去兑现呢？

迪伦和内华达州会把调光器调高。允许卖淫但禁止处女拍卖有什么意义呢？毕竟，拍卖某些亲密关系已经是名人慈善活动的重要内容。乔治·克鲁尼拍卖一吻获得 35 万美元用于艾滋病研究；14 万美元的慈善拍卖竞标获得了与查理兹·塞隆的第 22 个吻。对于迪伦，在交易失败之前，该妓院进行了一万次竞标，以 380 万美元的价格和 25 万美元的保证金成交。

不过，内华达州以外的大多数人能够也确实区分了为慈善事业拍卖一个吻和处女拍卖的区别。其他每个州都将卖淫的调光器调低，包括处女拍卖，并一直调低，直到退出市场。但从某种意义上说，内华达州推翻了其他州对自我所有权的政策，因为内华达州的网站无处不在。

迪伦认为,"这没有什么对错之分"。我们并不认同。对于处女拍卖、肾脏销售、卵子销售和代孕来说,正确对待自我所有权真的很重要。这就是立法机构和法院、企业和个人如此努力地争取控制调光器的原因。我们每个人在制订行动计划时,都必须在自由、胁迫和良好社会的竞争性中做出选择。这就是我们在第一章的"所有权并不像在巧克力和香草冰激凌之间做决定"所要表达的意思。在拉斯维加斯发生的事情并不只停留在拉斯维加斯。

柯特·弗拉德法案

我们以一个当代的难题结束:谁应该拥有运动员的职业生涯,或者更进一步,你的事业生涯呢?

当球迷们列出20世纪最伟大的棒球运动员时,乔·狄马乔、厄尼·班克斯和泰德·威廉斯脱颖而出。回顾他们的职业生涯,一个共同点就是他们的忠诚度。狄马乔为洋基队整整效忠了13年。班克斯也一样——在小熊队打了18年。威廉斯在红袜队打了整整19年,甚至在为朝鲜战争服役后回归。与之形成鲜明对比的是,今天的超级巨星似乎每隔几年就会跳槽,以获得更高的薪水。

但狄马乔、班克斯和威廉斯之所以忠诚,是因为他们没有选择。从1879年开始,球队在每笔交易中都设置了"保留条款",让所有者有权无限期延长球员合同,只需适度加薪,即使成绩有所突破的明星球员也从未得到过高额的薪水。如果狄马乔想在美国职业棒球大联盟打球,他就会成为一个收入微薄的洋基队员,除非球队另有决定。洋基队独占他的天赋,可以让他打球,让他替补,或者让他转队——也就是卖掉他。这就是1919年发生在贝比·鲁斯身上的事情,当时红袜队老板哈里·弗雷兹把他卖给了洋基队，以资助一些百老汇的戏剧制作。

然后，柯特·弗拉德挑战了棒球的封锁系统。他在20世纪60年代一直是圣路易斯红雀队的全明星外野手。当球队试图在1969年将他转队到费城时，他拒绝了。他希望自己是"自由球员"，能够接受其他球队的竞争性报价。弗拉德辛酸地写道："在大联盟工作了12年后，我觉得自己不是没有自身意愿、被自由买卖的财产。我认为，任何产生这种结果的制度都侵犯了我作为公民的基本权利，并且不符合美国和几个州的法律。"[42] 对于那些说他应该满足于他的全明星地位、只打球就行的批评者，他回答道："一个高薪的奴隶仍然是一个奴隶。"[43]

正如一位评论家所指出的，"研究奴隶制的一种方式是将其当作一段被禁锢的历史，一场反对你的意愿或寻求挣脱这些枷锁的斗争运动。可以把它与我们今天在联盟中看到的情况联系起来"[44]。足球、篮球和曲棍球联盟[45] 在创建时或多或少地借鉴了棒球模式，欧洲足球联盟也是如此，锁定人才、买卖球员。

弗拉德对保留条款的反对一直诉讼到美国最高法院。[46] 虽然他两次赢得了世界职业棒球大赛，但他还是败诉了。官司打到最后一年时，他也结束了自己的职业生涯。然而，他的诉讼案件最终还是赢得了胜利。1975年棒球运动员成立工会后，他们很快通过谈判取消了保留条款。1998年，国会通过了柯特·弗拉德法案，禁止老板完全控制棒球运动员的职业生涯。

然而，今天职业体育运动员仍有很多限制。全国篮球协会为全队球员的工资设定了上限，但所有者的利润没有上限。当国家冰球联盟的球员想代表他们的祖国参加奥运会时，球队老板拒绝了。[47] 联盟规定球员可以穿什么衣服和鞋子，限制他们的行为方式，甚至在他们的私人生活中也是如此。[48]

限制也发生在大学球员中。当电视网络同意在最新的合同中向加入全国大学生体育协会（NCAA）的学校支付90亿美元时，球员并没有得到这些钱。篮球名人堂成员斯宾塞·海伍德评论说："你不能指望人们继续无偿工作，寄希望于'这是关于教育的，我们让你接受教育，我们会养活你'这样的虚假希望。这听起来有点像400年前的奴隶制。"[49] 印第安纳州前明星球员伊塞亚·托马斯同意这个观点，他谈到NCAA时说："他们的商业模式基于种植园的商业模式……而这可能是目前美国唯一被允许合法存在的种植园。"[50] 相比之下，教练——通常是白人——能够在不同的球队之间自由流动，并且可以得到非常高的报酬——往往比大学校长还要高。

NCAA被施压后，终于松口了。从2021赛季到2022赛季开始，大学球员能够通过代言、社交媒体交易以及其他使用其姓名、图像和肖像的方式来赚钱。NCAA别无选择：加利福尼亚州通过了一项法案，允许球员签署代言协议；其他州也在迅速跟进，国会正在考虑全国性立法。新的NCAA规则有许多限制——不能直接从大学付款，不能使用学校或会议的标志——但在自我所有权方面，这些规则将使大学运动员更接近他们的职业同行。体育经纪人卡梅伦·韦斯说："这产生了一个问题。如果我们在大学层面允许这样做，那么在高中层面呢？"[51]

联盟争辩说封锁不是为了奴役他们的球员，而是出于一个更平淡无奇的原因：如果不能获得回报，他们将没有动力投资于球员的长期发展——农场队、小联盟、职业球员受伤预备队；受教育和业余教育是上大学的理想选择。球迷们也常常对球员的抱怨不屑一顾。毕竟，职业球员可以在他们热爱的比赛中竞争，而大学球员确实得到（一些）教育。你可以听到体育广播节目中带有讽刺的评论：为了每年的

100万美元，签我吧。

那么，我们是否应该把调光器调高，允许球员自由出售整个职业生涯，以换取培训、现金和确定性？或者我们是否应该把调光器调低一点，允许运动员签署多年合同，但仍然让他们保留一些重新选择自己人生道路的自由？换句话说，像保留条款这样的长期封锁是应该成为普通体育市场的一部分，还是应该像现代奴隶制一样被拒绝？

在你回答之前，请考虑一下，不仅是精英运动员面临这种自我所有权的困境。克里希纳·雷格米刚开始在匹兹堡做家庭保健助理时，他的雇主给了他一叠文件让他签字。他回忆说："他们告诉我，'这只是一种形式，在这里、这里、这里签字'。"[52]当他的雇主起诉他试图换工作时，他才知道竞业禁止协议的作用。

目前约有20%的美国工人受到竞业禁止协议的约束，近40%的人在其工作生涯的某个阶段签署过这样的协议。[53]医院把医生封锁起来，让他们不能跳槽到竞争对手那里；电视剧的演员和科技公司的程序员也是如此。而且，不仅是高薪职业人士的能力被束缚，临时仓库工人、发型师、瑜伽教练，甚至青少年营地顾问也会受到限制。

快餐店经常使用的一种策略，被称为不挖人和不雇佣条款，以阻止员工跳槽到相关高薪企业。贾维斯·阿林顿在伊利诺伊州多尔顿的一家汉堡王快餐店担任时薪10美元的流水线厨师。[54]当他试图在芝加哥找到一份更高薪的工作时，得知其他汉堡王加盟店都不愿意雇用他。许多清洁工、园艺师和其他低技能、低工资的工人也在其中，像雷格米和阿林顿一样，他们中很少有人了解自己签字放弃的权利。检查一下你的雇佣合同，你可能也受到了约束。[55]

许多雇主经常在雇佣合同中插入竞业禁止条款，即使在这些条款无法执行的州。为什么呢？人们往往错误地认为签名对他们有约束力，甚至对非法条款有约束力。公司利用这种心理上的弱点来阻止消费者维护自己的权利,就像房东在租约中插入不可执行的条款来吓唬租客一样。大多数人害怕被起诉,负担不起法律责任,也不知道这些条款其实对他们没有约束力。其结果是,即使是无法执行的限制,也能将员工束缚在工作岗位上,使他们无法寻求更高的工资或逃离虐待他们的老板。

那些同意运动员保留条款的球迷们,如果知道竞业禁止条款也适用于在快餐店煎汉堡的厨师和深夜打扫卫生的清洁工,还会如此自信吗?如果你知道这些条款可能会把你和工作捆绑在一起,那么你会同意吗?在尊重自我所有权的前提下,我们能够签字放弃多少自身的能力?这里有一些选择:[56]

- 再次允许自我奴役。
- 允许完全知情的竞业禁止。
- 接受有限的竞业禁止。
- 禁止竞业限制。

第一种自我奴役的选择似乎不值得讨论。但几个世纪以来,美国人一直认为其与自我所有权完全一致。在独立之前,一半来自欧洲的白人移民是作为契约仆人来到美国的,多年来一直受他们主人的约束。人们为了乘船前往美国而签订契约,把亲密的家属带过来,或者养家糊口。这是一笔苛刻的交易:在契约期间,他们可以像奴隶一样被出售,或者作为抵押获得贷款。

第十三修正案禁止契约奴役,而不仅是禁止奴隶制。今天没有人主张自我奴役——允许你把整个生命签给别人,即使只有几年。任何合理的自我所有权概念都需要关注未来的自我——不仅是某时签订一次合同的能力,而是重写我们生活故事的重要能力。在自由社会中,自我奴役不在选择范围之内,因为它对我们未来福祉的贡献太小了。

但是,第二种选择呢,为了特定工作把所有权调低到允许完全知情的长期竞业禁止吗?问题是,写出公平的交易规则是昂贵和耗时的。即使是拥有昂贵的经纪人和律师团队的明星运动员,也很难预见到生活中的突发事件。如果我们将其限制在最高薪的工人身上,也许完全知情的交易是可以的?但即便如此,也必须有限制,正如球员工会在坚持自由选择权时所争论的那样。而且,无论如何,几年后当情况发生变化时,这些交易都会被重新谈判。

第三种选择,即有限的竞业禁止,源于美国允许各州定义自我所有权的做法。目前还没有联邦法律,尽管国会一直在讨论可行的立法。我们看到各州法律在广泛试验和不断变化,就像针对代孕的法律一样。多年来,随着工会力量被逐渐削弱,大雇主一直在推动扩大竞业禁止的范围。他们为竞业禁止辩解,认为封锁激励了为培训低工资工人的投资。如果员工可以立即将技能带到竞争对手那里,那么为什么还要投资他们呢?是的,大雇主们承认,竞业禁止可能会锁住工人,但作为交换,他们培养了更强技能的工人,使工人能够获得更高的工资。

形势正在转变,现在竞业禁止面临着一场反击。正如一位州首席检察官所宣称的:"针对低工资工人的竞业禁止协议是不合理的。他们限制了弱势工人的流动和机会,并以起诉威胁他们。"[57]各州的做法令人震惊。七个州已经禁止了针对低薪工人的竞业限制。俄勒冈州将其可执行性限制在一年以内。夏威夷禁止针对技术领域的工人实行竞业限制。新墨西哥州禁止针对医疗工作者实行竞业限制。马萨诸塞州现在要求雇主在前雇员被限制就业期间支付其一半的工资,不存在任何相反的协议。事实证明,许多州已经注意到,相比雇主所承诺的，工人所受的胁迫往往更多，而得到的工资增长的好处却更少。

最近，即使在允许竞业禁止的州，一些大雇主也在调整策略。亚马逊公司同意取消竞业禁止条款，该条款阻止仓库工人在离职后18个月内去竞争对手的公司工作。吉米·约翰的美味三明治公司也同意取消竞业禁止条款，该条款禁止员工在两年内为附近的竞争对手制作三明治。结束封锁是否降低了员工的工资或减少了他们在三明治制作方面的培训？可能没有。

第四种选择，有些州断然拒绝执行竞业禁止条款。100多年来，加利福尼亚州、北达科他州和俄克拉何马州拒绝竞业禁止，其中包括完全知情的竞业禁止和有限的竞业禁止。这些州的雇主可以使用劳动合同来保护机密信息和商业秘密——这样雇员就不会带着客户名单离开，但也仅此而已。

有一个案例可以支持拒绝执行任何竞业禁止的做法。硅谷不是在马萨诸塞州的麻省理工学院旁边出现的，而是在加利福尼亚州的斯坦福大学旁边出现的。一些研究将科技中心之间的差异部分归因于竞业禁止条款，这些科技中心价值数万亿美元，并能够提供数十万个就业机会。[58] 硅谷之所以繁荣，是因为工人可以而且确实能很容易地从一个工作岗位转换到另一个工作岗位，在公司与公司之间传递想法，为创新提供动力。这在古板的马萨诸塞州是很难做到的，因为那里的竞业禁止长期以来将工人封锁在原地。

即使在加利福尼亚州，像苹果和谷歌这样的公司也在为封锁其关键员工而斗争。但它们输了，而现在的硅谷为全球经济提供了动力。至少在科技行业，个人自由与经济活力相吻合，神圣与世俗相吻合。

第六章

家庭：温顺者继承一切 vs 温顺者继承很少

有价值的东西很少会长久停留在原地。它们通常会在不同的所有者之间移动。但它们是如何移动的呢？大多数情况下，是通过购买和出售。但卖家是从哪里得到这些东西的呢？又是从另一个卖家。以此类推。对于每一件东西，我们都可以追溯到所有权的根源。对于第一个成为"这是我的"的人——不是通过刷信用卡、以物易物或拆开礼物来获得初始所有权，而是通过主张来宣称初始所有权。

我们已经探讨了其中的五种原始主张。本章将通过研究第六种主张来完善所有权工具箱，这是一种基于家庭关系的主张——它是我的，因为它在我家。很多财产都是在家庭生活的关键时刻易手的。死亡就是这样一个时刻，家庭成员可以要求拥有已故者留下的东西。结婚是另一种情况，资产（和债务）经常在圣坛上结合，在离婚时分割。

家庭中的所有权跨越了一个广阔的领域，充满了隐晦的规则，这些规则在贫穷的平原之上悄然建起了财富的高山。我们在本章只揭开景观的一角，探讨三个继承故事和一个离婚难题。

约翰·布朗的农场 [1]

作为法学教授,我们在课堂上能听到很多学生有见地的故事,他们会将个人经历与所学的法律理论联系起来。几年前,当赫勒在讲授继承土地的共有产权——一个相当枯燥的话题时,一位黑人学生讲述了她的家庭农场的故事。小时候,她经常参加一些聚会,亲戚们从美国各地来到密西西比州的一个老农庄。老农庄中有一位年迈的姑妈,她从未离开过这片土地。这位学生很喜欢她的姑妈和农场。

然而,有一次,一个在农场中拥有少量产权的远房表亲想要现金,所以他将自己的股份卖给了家族以外的人。然后,该买家利用普通的美国分割法——我们如何分割共有土地的规则——强制出售了整个农场。这些规则为无良买家创造了商机:追溯远方的继承人,购买他们的小额股份,并利用这些来触发分割出售。这些交易往往发生在信息少、买家少的被操纵的市场中。而这是真真切切发生在这位学生的家庭农场的事。农庄在县法院的台阶上被低价拍卖了。之后,学生的家人再没有举行过聚会。而且,并非只有他们遭遇了这种事情。

南北战争结束时,谢尔曼将军向获得自由的奴隶承诺"40英亩土地和一头骡子"。当北部未能履行其承诺时,被解放的奴隶自己动手,努力工作,购买自己的土地。到1920年,几乎有100万个黑人家庭拥有农场;直到20世纪30年代和40年代,他们都是南部农村经济不可分割的一部分。

今天,在全国范围内黑人家庭拥有的农场尚不足1.9万个,在不到一个世纪的时间里下降了98%,这种情况与白人经营的农场形成了鲜明的对比,后者在同一时期里只减少了一半。为什么会有这种差异呢?部分原因是低效小农场的合并,农场贷款中存在强烈的种族歧视,以及公然的暴力和威胁。

但模糊的家庭所有权规则也起了关键作用。

下面是在一个家庭中发生的故事。[2] 1887 年,约翰·布朗在密西西比州的兰金县购买了 80 英亩的土地。他是获得解放的奴隶中的一员,将毕生积蓄投资于农场。约翰很长寿。当他于 1935 年去世时,没有留下遗嘱。他的土地所有权在其妻子和九个孩子之间分割。后来他们都去世了,也没有留下遗嘱,所以土地又在孙子之间分割。约翰的一个孩子威利·布朗开始通过购买亲戚们持有的份额来合并土地所有权。到威利去世时,他已经积累了家族农场一半以上的所有权权益,并将其留给了妻子露丝·布朗。

1978 年,露丝·布朗要求法院分割农场,这样她就能完全拥有并管理她自己的那份土地——约翰最初的 80 英亩土地中的 45 英亩。其他 66 位布朗家族继承人仍将共同拥有余下的土地,持有的份额从农场的 1/18 到极小的 1/19 440 不等。法院同意对该地块进行分割,但不是通过物理分割土地的方式,而是下令出售整个农场,并根据继承人的所有权份额将钱分给他们。

正如经常发生的强制分割销售那样,仅有一家外部公司是竞标者。在布朗的案件中,则是当地一家白人拥有的木材公司,它们想要砍伐木材。

尽管家族对农场的估价远远高于拍卖价格,但布朗和其他继承人都没有出价。为什么呢?部分原因是州法律通常要求竞标者在拍卖当天以现金进行全额支付或支付大部分,这一规则使大多数普通所有者无法参与竞标。还有一部分原因是布朗的继承人没有简单的方法把分散的所有者资源集中起来,组织家庭联合竞标。许多继承人甚至不知道自己是所有者。而且,布朗家族没有一个继承人能给出高于木材公司实际上很低的竞标价格。这是很常见的情况。当法官下令在法院台阶上拍卖土地时，交易就是最终结果，即使价格通常远远低于正常交易中的市场公允价值。

布朗从拍卖中得到了一些现金，但还不足以替代她想要耕种的45英亩土地。而且对于家族所失去的纪念和聚会的场所，没有得到任何补偿。

布朗家族的故事记录了美国黑人农田所有权的发展历程。当约翰·布朗购买他的农场时，黑人家庭正在快速积累土地。一个世纪后，当露丝·布朗失去土地时，美国黑人的土地所有权正在迅速减少，这种趋势一直持续到今天。当前，黑人农民占美国农民的比例尚不到1%，而黑人家庭仍然继续以三倍于白人的速度失去农场。

造成这种戏剧性的农场损失的原因始于继承法，特别是死者没有立下遗嘱对家庭所有权的影响。南部的许多贫穷黑人农民对当地的白人律师心存疑虑，这是有原因的，所以他们从不立遗嘱。这种怀疑持续到今天，甚至在一些富有的黑人中也是如此。艾瑞莎·富兰克林和普林斯完全请得起最好的律师，但他们去世前也都没有立下遗嘱。总之，3/4的黑人没有遗嘱，比白人的这一比例高出一倍多。

东南部黑人拥有土地的现状是，现在超过1/4的土地是继承人财产，平均每块土地有八个共同所有者，其中五个住在其他地区。令人惊讶的是，居住在芝加哥的黑人拥有的密西西比州的土地比居住在密西西比州的黑人拥有的还要多。一位专家称继承人财产是"从未听说过的最糟糕的问题"[3]。

继承法给黑人带来了巨大的损失——事实上，对任何不写遗嘱的人都是如此。如果你生前没有立遗嘱，就会在法律指定的继承人之间分配所有权，并按规定的优先级分配：配偶和子女、孙子辈、父母、兄弟姐妹，然后是更远的亲属。一位继承人财产研究者说："许多人认为，没有遗嘱的话就可以将土地留在家族中。事实上，它损害了所有权"[4]。

大多数继承人财产是在分割销售中损失的,就像布朗家族失去土地那样。根据州法律,当土地为共同所有时,就像继承人财产一样,许多管理决策实际上需要一致同意。但如果目标是成功经营农场,那么要求一致同意的决策规则就是一种糟糕的做法。

也许这种一致同意规则正中要害。假设你有一个家庭度假屋,你继承了它,你的兄弟姐妹是共同所有人。你的父母可能希望在他们离去后,这个小屋能够维持你们之间的联系。通常情况下,尽管可能在修复屋顶和夏季租金方面存在争议,但孩子们确实也能好好相处。但是对于孙子辈以及之后的一代代人来说,纠纷会愈演愈烈。人们搬走后,家族成员之间以及与土地之间的联系就会越来越弱。

整个问题的关键点在于,美国的共同所有权法律没有为管理共同财产提供有效的支持。恰恰相反,它假定人们想要分开,这样就可以拥有自己独立的财产了,法律也鼓励他们这样做。在美国的州法律中,如果孙子辈中的一人修了漏水的屋顶,那么是没有办法强迫其他人出资的。只有在房屋被分割出售后,才能收回修缮费用。事实就是这样的。

美国的法律使得管理共有财产非常困难,不仅是对于修缮来说。仅凭部分所有权权益是不可能获得贷款的,所以土地不能被开发,通常也无法得到灾难救济。例如,在卡特里娜飓风之后,由于难以证明继承人财产的所有权,多达1.65亿美元的恢复资金无人认领。因此,继承人财产往往破旧不堪,得不到任何改善。

如果有继承人想摆脱这种共同所有权的困境,那么通过自愿协议或法院命令达成分割是唯一的办法。

从历史上看,法律规定更倾向于物理分割,就像露丝·布朗所寻求的那样。她想从约翰·布朗的80英亩土地中分得45英亩。但物理分割在实施中可能遇到挑战：土地测量师和评估师的费用很高；土地的改良设备可能很难分割；所分的土地往往太小而缺乏经济价值。在实践中，而且往往在法律上，法院通常倾向于以拍卖的方式来分割土地，尤其是在有许多继承人的情况下。相比土地，钱更容易分割。

但这种行政便利是有代价的。据一位分析师称，这些拍卖会上的买家"几乎都是白人，经常是当地的律师或当地官员的亲属，他们将了解即将拍卖的地产的最新情况，以及参加拍卖准备购买地产作为自己的事业"[5]。

美国农业部说，这种销售是"黑人非自愿失去土地的主要原因"[6]。正如近年来杂志上关于这种做法的专题报道所解释的那样，在北卡罗来纳州的一个县，"42%的（继承人财产）案件涉及黑人家庭，尽管卡特雷特县的人口中只有6%是黑人"[7]。

黑人家庭付出的代价很高。今天，白人家庭的财富中位数大约比黑人家庭高出10倍。黑人失去土地的历史是造成这种种族贫富差距的原因之一。一位继承人财产研究员说："如果你想了解这个国家的财富和不平等，那么你必须了解黑人土地是怎么流失的。"[8]

代价远不止这些。卖掉农场往往会破坏家族内部的无形联系网，就像赫勒的学生在密西西比州的团聚活动结束那样。当一个农场保持完整时，年长的家族成员可能会让一些孩子来此定居，之后这些孩子可能会以照顾老人作为回报。没有土地的老人不太可能做出这样的安排，从而更容易降低生活水平。对布朗夫妇来说，他们所遭遇的不仅是低价出售、财富被摧毁，还包括农场所丧失的其带来的家族特殊价值。失去的家庭凝聚力很难用美元来衡量，但这是一项真实的成本。

分割销售不仅在历史上具有重要影响。当前，在整个南部地区，继承人财产占黑人拥有的剩余农田的1/3——大约350万英亩，价值约 300 亿美元。

如何才能防止未来继承人农场所有权的流失？导致这一问题的所有权制度才是解决此问题的关键。许多欧洲国家制定了有助于保持家庭农场完好的政策和法律。德国法律规定，当一名共同所有人进行必要的修缮时，其他人必须立即赔付，这与美国在分割后才能进行赔付的规则形成鲜明对比。德国的规则鼓励维护共同所有权，而不是破坏和分割地产。

德国模式帮助启发了《继承人财产统一分割法案》——这是美国统一法律委员会在 2010 年制定的，并提交给各州立法机构颁布实施。[9] 该法案针对的是土地丰富而现金匮乏的黑人农场家庭，这种组合使他们难以从银行获得贷款或在销售中投标购买土地。该法案使大多数交易从法院台阶上的拍卖转到了公开市场，让家族成员拥有购买的第一选择权，如果交易会导致收回房产或影响历史财产，那么也可以要求法官寻求替代方案。对于那些希望继续在一起工作的家族来说，这些改革可以帮助他们更好地保持农场的完整性。

17 个州已经通过了该法律的某些版本。例如，南卡罗来纳州现在给予农场的家族成员"优先购买权"。而当"遗产地"被低价拍卖时，家族成员有 45 天的时间来筹集配套资金自行购买。但是南部有八个州没有通过这项改革——包括北卡罗来纳州，这个州拥有的继承人财产最多。

另外，法律改革并没有解决继承人财产的核心管理问题。要求一致同意会造成典型的所有权僵局（见第三章）。对此，一些公益法律团体倡导推出了一种解决僵局的方案，即基于继承人财产创建家族农场公司。有了公司结构，新任首席执行官——也许是仍在土地上的年迈阿姨——有权管理农场、贷款或出租土地、举办聚会或向其他股东支付红利。与当时背景下的共同所有权规则相比，家族企业是一种更好的所有权形式。但对大多数黑人来说，解决方案还是太少、来得太迟了。相对而言，很少有人留心托妮·莫里森在其诺贝尔文学奖获奖小说《所罗门之歌》中的恳求：

> 抓住这块土地！拿到它，抓住它，我的兄弟们，拿下它，我的兄弟们，摇晃它，挤压它，翻转它，扭转它，击打它，踢它，吻它，鞭打它，踩它，挖它，犁它，播种它，收获它，出租它，购买它，出售它，拥有它，建造它，繁育它，传递它——你能听到我的呼唤吗？传递下去！[10]

"毫无意义的细碎分割体系"[11]

黑人土地所有权的减少并不是什么奇怪的现象。美洲原住民也遭遇了类似的命运。非正义战争、条约破裂和被迫迁移的悲惨故事众所周知。但是，很少有人知道美国的继承法是如何使美洲原住民的剩余土地所有权减少的。就像继承人财产一样，许多原住民拥有的土地如今仍处于闲置状态，无法耕种、抵押、出售、租赁或以任何生产方式投入使用。

美洲原住民是如何陷入这种糟糕的所有权制度中的呢？在19世纪80年代，国会决定通过划分保留地来取代部落土地所有权的"落后"做法。该计划下的个人私有制加速了部落的同化和解体。土著居民中的户主被"分配"了320英亩的土地，个人可以获得160英亩的部落土地。并非巧合的是，分配留下了大片的"剩余"保留地，可以分配给白人定居者。

为了防止分配的土地很快落入定居者手中，美国将这些土地以信托所有权的形式交给美洲原住民。信托附带了许多转让限制。起初，这些土地的所有权根本不能转让，即使是有意通过出售或遗嘱转让也不行。相反，当所有者去世后，土地被要求在继承人之间分割。一代之后，一块土地可能有 3 个所有者；两代之后，可能有 9 个所有者；三代之后，可能有 27 个所有者。政府最终允许通过遗嘱转让，但并没有提供资金支持。对于大多数美洲原住民土地所有者来说，土地所有权继续在继承人之间分割。

早在 1928 年，国会就意识到这个分配计划会带来一场灾难。一位国会议员在众议院的一次演讲中说："由于难以管理用这种方式持有的财产，良好的、有潜在生产力的土地被允许休耕，继而处于极度贫困之中。"[12] 在 1934 年的一次改革尝试中，另一位国会议员说："行政成本变得令人难以置信。在分配的保留地上，每位继承人从租赁资金中得到的份额可能是每月 1 美分，这样的情况大量存在。因此，印第安人和印第安服务人员被困在一个毫无意义的细碎分割体系中，在这个体系中，所有关于可能使用土地来满足人类需求的想法都消失在账本上的数字迷雾中。"[13]

自 20 世纪 30 年代以来，没有新增加的土地，但已经分配的数百万英亩土地却被不断分割。国会在 20 世纪 80 年代试图调整该体系，当所有者去世时，将微小的零星股份归还给部落。可悲的是，最高法院否决了这一明智的改革，尽管大法官们明白，分割已经变得"极端"和"异常"：

> 1305 号地块（位于达科他保留地）占地 40 英亩，每年产生 1 080 美元的收入。它的价值为 8 000 美元，有 439 名所有者，其中 1/3 的人收到的年租金不足 0.05 美元，2/3 的人收到的年租金不足 1 美元……印第安人事务管理局估计，处理这块土地的行政成本为每年 17 560 美元。[14]

法官们犯了一个错误。法院没有允许国会通过所有权设计来释放价值,而是进一步巩固了政府强加的"毫无意义的细碎分割体系"。长期以来,印第安人事务管理局的预算中很大一部分被消耗在了追踪零星股份上,而不是投资美洲原住民的教育、就业或基础设施。

分割的悲剧不仅是所有权的灾难,也是司法推理和政治意愿的失败。直到最近,大约 600 万英亩的美洲原住民土地被分割成 10 万份土地,由 25 万名土地所有者拥有,持有 250 万份权益。在过去的几年里,一项 19 亿美元的回购计划已将其中约 1/3 的权益恢复为部落所有。回购资金来自联邦政府同意偿还的部落资金,以解决美国历史上最大规模的集体诉讼之一。但是,即使进行了回购,许多分配的土地仍是令人失望的损失,而不是维持生计和联系的来源。

你应该知道《圣经》中的一句话:温顺的人将继承土地。这句所有权格言误导了人们,就像我们探讨过的其他所有权格言一样。在我们所知的地球上,温顺的人往往继承的更少。

这并不是偶然的。为什么露丝·布朗会失去她在密西西比州的农场?为什么达科他保留地的 1305 号地块会遭遇如此大的挫败?分割和失去继承权的原因是过于注重排他而忽视了良好的治理。[15] 平衡排他性与治理是所有权设计的一个核心杠杆。

我们对"什么是所有权"这个问题的直觉反应往往来自排他性,比如我们钉在铁丝网上的"禁止入内"标志。用英国法律的伟大编纂者威廉·布莱克斯通在 1763 年写下的经久不衰的话来说,私有财产本身就是"一个人对世界上的外部事物所主张和行使的唯一和专制的统治权,完全排斥宇宙中任何其他个人的权利"[16]。如果它是我的,那么它就不是你的。

许多老式的美国法律假定,共享是问题所在,排他则是解决办法。因此,当国家看到共同所有人——如露丝·布朗和她的亲戚时,会提出分割，以帮助亲戚们迅速地相互分离。

单一所有权的优点深入人心，而且具有很强的误导性。今天的情况是，在市场经济中，绝大多数财富不是由专注于排他的个人持有的，而是由共同工作的群体持有的。想想婚姻、公寓和合作社、单元化、信托、合伙人和公司。所有这些都是赫勒和汉诺克·达甘所说的自由共有财产[17]的成功例子——所有权旨在帮助所有者群体合作管理稀缺资源，同时保留每个个体的基本自主权。自由共有形式也是环境保护中所有权的前沿创新，比如我们将在第七章中讨论的捕捞份额和总量控制与交易制度。

排斥涉及所有者和陌生人、内部人和局外人之间的冲突，治理则关注那些想要一起工作的人如何成功——不仅是为了经济利益，也是为了社会，甚至出于一些精神层面的原因。如果治理设计得当，个人就会有安全感并彼此信任，为他们最重要的生活计划彼此联合——无论是配偶之间组建家庭、公寓业主分享公共空间、法律伙伴服务客户，还是企业投资者创建公司。

为了取得成功，每一个持久的自由共有形式都必须在三个问题间进行权衡。首先是个人选择和群体权威之间的权衡。在不征求群体同意的情况下我能做什么？我可以在不向配偶说明费用的情况下购买一份贵重礼物吗？我们很快就会看到，不同的州有不同的答案（正如各个州对待婚姻那样）。其次是执行多数决定和尊重不同意见之间的权衡。公寓协会应该如何处理纳尔斯泰特对波波、多克斯和图利普的辩护（第四章）？最后是保护群体价值和允许个人自由退出之间的权衡。在最终离婚之前是否应该有一个冷静期？脱离群体关系的难度有多大？

考虑到排他和治理，我们可以看到黑人的土地损失为何如此严重。美国共同所有权法与继承人财产的交叉使用使得治理几乎无法实现；当共同所有权的决定需要一致同意时，分割和排他是解决共同所有者之间所有争端的唯一可行办法。即使是布朗家族的大多数共同所有人同意，他们也无法获得贷款，无法进行租赁，也无法得到补偿的修缮费用——这与德国共同所有权法中强化合作的自由共有形式形成了鲜明对比。

美国将其最贫穷和最脆弱的公民置于以排他性为导向的法律之下，给像露丝·布朗这样的共同所有者造成了解决问题的系统性障碍。随着时间的推移，这些苛刻的规则将农村黑人和美洲原住民家庭努力积累的少量财富分割成了碎片。结果是杂草代替了庄稼生长。

对于富人来说，这就是另一个不同的故事了。

"只有白痴才会缴纳遗产税"

1995年2月1日，83岁的切斯特·瑟格本在国会做证——这或许是密西西比州蒙特罗斯林场的农民不太可能想到的场景。作为奴隶的孙子，瑟格本在7岁时就开始务农，与一头骡子一起，辛苦耕种他叔叔的棉花田，每天挣35美分。他的叔叔避开了分割继承人财产的威胁，保持了家族农场的完整性。

1940年，瑟格本从他叔叔那里购买了85英亩土地，并慢慢地积累起了自己的财产。他与妻子罗塞特·瑟格本一起，逐渐将棉花和行间作物田转变为林场。他们对水土流失的治理和对野生动物栖息地的关注使自己的农场成为其他农场的环保典范。瑟格本被评为年度全国树农，他是第一个获得该奖项的黑人。

但他对农场的未来感到担忧，并来到国会表达了自己的担忧。他做证时说的并不是害虫或洪水，而是遗产税——人们在去世后需向政府缴纳税款，以获得将财产传给下一代的特权。

他简单说道："我们也想把林场留给我们的家人。"[18] 40多年的辛勤工作和精心管理造就了这家企业。"现在，人们告诉我，我的林场价值可能超过100万美元。所有这些价值都被捆绑在土地或树木上。我们不是有钱人。在这片土地上，几乎所有的活都是我和儿子亲手干的。而根据现行法律，我的孩子可能不得不分割林场或卖掉木材来支付遗产税。"

他的结束语代表了未来几代人的心声。"几个月前，我们刚刚在我们的土地上种了一些树。我希望我的孙子和曾孙能够在瑟格本林场看着这些树生长——我知道数百万名林区土地所有者对他们的林场都有同样的感受。我们赞许会使这种希冀成为可能的遗产税改革。"

但这里有一个问题。瑟格本的农场价值低于最低应税门槛。在他逝世后，他的遗产并未支付过任何费用，他的家人继承了免税的土地。据他的儿子说，瑟格本的证词不是他自己起草的——反对遗产税的游说者为他写了证词。法学教授迈克尔·格雷茨指出，瑟格本是"废除法案运动的完美代言人，是资助废除法案运动的富裕白人家族的幌子"[19]。废除法案在当时来看是一件愚蠢的事情，但成功的话，这一努力可以让支持废除法案运动的家族（以查尔斯·科赫、约瑟夫·库尔斯及其富豪朋友为首）节约数十亿美元的资金，并帮助他们维护世代相传的经济控制权。

这是亿万富翁们通过他们拥有的报纸、支持的智囊团和资助的立法者发动的纯粹的阶级斗争。他们的联合策略是，传达对普通美国人的关心，同时将注意力从独自支付遗产税（并为废除遗产税付出代价）的超级富豪身上转移开。废除法案运动的妙招是协力将辩论重塑为关于"死亡税"的辩论。弗兰克·伦茨是一位受雇于废除遗产税的政治活动家，他后来透露，这种重塑"以一种'继承税'和'遗产税'没有的方式激起了选民的不满情绪"[20]。

为了控制对所有权的叙述，废除法案运动依靠个人故事来激发人们的恐惧。这就是为什么瑟格本不是唯一一个在陪审团上做证的人。与他一起做证的还有得克萨斯州科西卡纳市科林街面包店的老板比尔·麦克纳特、佛罗里达州的牧场主吉姆·特纳和宾夕法尼亚州莫尔文市的农民罗伯特·兰格。每个人都担心自己的家族企业可能需要出售才能支付遗产税。游说者支持废除遗产税的关键点在于，近40%的美国人错误地认为他们属于最富有的1%，或者很快就会成为最富有的1%，因此可能要缴纳该税。

由于游说活动的持续开展，瑟格本的故事被迅速传播开来。伦茨和他雇用的助手们将一个影响不到2%的美国人的税种转变成了一项看似民粹主义的事业。正如一位评论员所指出的，"瑟格本的故事被反复提及，其种族色彩暗示该税对黑人家族的影响过大。这是唯一的问题吗？这完全是个谎言"[21]。

但这个谎言是有效的。《纽约时报》关于遗产税的一篇报道显示，在废除遗产税的支持者中找不到一个因遗产税而失去生意的农民。[22] 具有讽刺意味的是，瑟格本等小企业主们本来只需稍微提高免税额就能得到保护，但这并不适用于那些在幕后为废除运动买单的家族。

当运动开始时，联邦版本的税收适用于价值超过60万美元的遗产，税率最低为37%。2001年后国会开始逐步提高免税额，2010年将免税额提高到每人500万美元。在总统唐纳德·特朗普任职期间，2017年税收法案改革之后，个人免税额再次被提高到1 100万美元。今天，一对已婚夫妇可以在他们的遗产缴纳税款之前积累超过2 300万美元免税额（他们还可以聘请顾问使用专门的信托和税收计划，在免税限额下再塞进数百万美元或数千万美元）。

如果你非常富有，则情况会更好：在许多情况下，不仅你的财富（和额外挤入的财富）在你去世后免征遗产税，而且其中大部分在你生前也不会被征税。超过一半的最有价值的遗产由未实现资本收益的股票、艺术品和房地产组成——富人积累的已经在升值的资产。资本收益在你活着的时候不会被征税（因为没有销售来触发征税机制）；在你去世后也不会被征税（因为资产在你死亡之日会被重新定价，并且终身收益会消失）。这是我们在第四章中讨论的依附规则的一个极端版本，适用于资本：富人吸引财富，并通过出高价聘请游说者和顾问来抵制税收。

今天，遗产税只适用于2‰的逝者。这是一种激光瞄准税，主要针对那些负担得起的人。然而，废除遗产税仍然得到了民众的支持，支持率高达70%。正如格雷茨所说，这种不征税的极端财富传递的是"当今时代最有效的立法运动之一"[23]。亿万富翁家族和他们那些千万富翁盟友的游说者当然赚到了不菲的费用——成功地将支付政府服务的义务转移到除最有能力这样做的人之外的每个人身上。对于废除法案运动的富人支持者来说，他们对家族所有权规则的投资极富成效，其回报率远远高于建立实体公司。

但废除遗产税只是一个开始。亿万富翁群体有一个更复杂的计划。故事要从1 000年前的诺曼征服和英格兰贵族产生之时说起。

没有贵族头衔

在人类历史的大部分时间里，个人对所有权来说并不那么重要。富裕的"所有者"只是他们这一代家族财产的监护人，有义务将祖先的土地传给后代。虽然这在今天可能难以想象，但在某种意义上，家族才是实际的所有者，而不是任何个人成员。

想想流行的电视剧《唐顿庄园》。故事发生在第一次世界大战之前的英格兰，围绕格兰瑟姆伯爵罗伯特·克劳利展开，他的庄园支撑着家庭的高贵生活，支撑着当地佃农和村民的经济。

庄园主的生活是美好的，但罗伯特面临一个问题。他被英格兰的家族所有权规则束缚住了。他并不完全拥有任何东西。限定继承权意味着他作为这一代的监护人控制着家族财产，他可以增加家族财产，但不能出售或遗弃其中的任何部分。长子继承权要求只有他这样的最年长的男性继承人可以完全继承土地、房屋和所有权。限定继承权和长子继承权是富裕的家族为确保他们的财富而开发的所有权工具。历史上，像罗伯特这样的贵族不能通过写遗嘱的方式来改变这种状况。

因为罗伯特有三个女儿，没有儿子，所以在他逝世后，唐顿庄园将自动归属于马修·克劳利——这位遥远的三表哥，同时也是血缘最近的男性继承人，一位曼彻斯特的中产阶级律师。这太恐怖了！更糟糕的是，格兰瑟姆夫人（罗伯特富有的美国妻子科拉）已经被迫卷入了家族所有权的纷争。根据旧的"婚约"规则（见第五章），科拉从纽约带来的大笔嫁妆，已经成为唐顿庄园不可分割的一部分。罗伯特逝世后，科拉的钱，也就是维持庄园所必需的钱，也归马修所有。该剧第一季的大部分内容都围绕着家族为使马修与格兰瑟姆家的长女玛丽·克劳利走到一起而做出的努力展开叙述。如果他们结婚，那么科拉等人就不会在罗伯特逝世后被赶出庄园（同样的婚姻需求也激发了简·奥斯汀创作《傲慢与偏见》）。

在工业革命之前，大多数财富是以土地的形式存在的。长子继承权对贵族来说是一个强大的工具，旨在避免财产在继承人之间分割，就像黑人、美洲原住民所有者以及爱尔兰人遭受的那样。分割在一定程度上造成了爱尔兰马铃薯饥荒和由此引发的移民美国的浪潮。在 1703 年的《教皇法案》之后，英格兰不允许爱尔兰的天主教徒享有长子继承权，因此他们的农场随着世代的流逝而被分割，土地萎缩到无法种植多样化的农作物。最终，马铃薯成为唯一可以耕种的、易存活的、营养丰富的食物。当枯萎病蔓延,马铃薯也无法存活时,就没有其他替代物了。100万名爱尔兰人被饿死,大批幸存者则逃到了美国。

英格兰的长子继承权规则也使妇女遭受了严重打击——她们被嫁了出去。长子继承权规则也将弟弟们排除在外——他们被送往军队和政府部门。这些规定甚至影响了《唐顿庄园》的创作者朱利安·费罗斯。费罗斯的妻子艾玛·基奇纳不能继承她叔叔基奇纳伯爵的头衔。因为伯爵没有男性后代,所以这个头衔将随他而去。"我觉得这很荒唐,"费罗斯说,"一个理智的成年女性在世袭头衔方面没有任何继承权,我认为这很离谱。"[24]然而,对于英国贵族来说,这些损失与收益相比是可以容忍的:单独奖励一个男性继承人意味着家族可以将财产完整地一代代传承下去。

但并不总是这样。一些文化倾向于最小的儿子,另一些文化则倾向于女儿。但绝大多数文化倾向于由长子继承遗产。即使在《权力的游戏》这一虚构的世界中,长子也要与龙族争夺铁王座的最终所有权。关键的一点是,每一条继承规则都会在后代中产生赢家和输家,要么保持遗产的完整性,要么随着时间的推移进行分配。关于谁应该继承什么,或者甚至是否应该被允许继承,并没有什么自然或预设的规定。这都是有争议的。

通过精心地设计所有权制度,英格兰最富有的家族得以延续数百年的精英阶层。值得注意的是,最近的一项研究表明,1170年《大宪章》颁布前的几十年,许多最有权势的英格兰姓氏在800多年后仍然享有很高的社会地位。[25]而且英格兰并非个例:如今意大利佛罗伦萨最富有的家族与1427年最富有的家族大体一致。

但这并不是美国的规则。在这里,继承权不是所有权中固有的权利;相反,它是国家选择提供的一种特权——美国最高法院在首次裁定遗产税为宪法所允许时解释了这一区别。从独立之初，美国人就反对支持世袭贵族制的家族所有权规则。限定继承权大体上被废除了。长子继承权从来都不是美国法律的一部分。宪法明确禁止"贵族头衔"。虽然《唐顿庄园》有美国观众，但它并不是一个美国故事。

正如一位历史学家所说，"在新美利坚共和国面临的所有潜在危险中，权力集中的前景……困扰着革命一代的知识领袖。由于创始人熟悉旧欧洲……他们明白为什么继承财富的积累会导致不公平和不平衡，而这种不公平和不平衡不可避免地会腐蚀任何政府系统"[26]。在美国，巨额财富代代相传长期以来一直被谴责为对国家公民精神的封建式和贵族式的侮辱。[27]

然而，到19世纪末，美国已经不再是最初的那个由自耕农组成的国家。它表现得越来越像旧英格兰的贵族和土地庄园。由约翰·洛克菲勒、科尼利厄斯·范德比尔特、摩根、安德鲁·卡内基和其他敛财大亨所主宰的镀金时代，财富的集中达到了这个国家前所未见，也是初创者竭力避免的程度。

对这一小部分超级富豪所掌握的政治权力的担忧引发了一场反击。泰迪·罗斯福充分利用他的天字第一号讲坛，呼吁征收累进所得税和遗产税。1916年，国会通过了遗产税，最终将超过1 000万美元（以今天的美元计算价值超过2.3亿美元）的遗产税税率定为25%。该税种帮助美国支付了第一次世界大战的费用，也实现了罗斯福的目标，即控制他所称的"真正的大财富，膨胀的财富"。

政治家和公众将遗产税理解为一种道德上的要求。正如富兰克林·德拉诺·罗斯福明确指出的那样，"巨额财富通过遗嘱、继承或赠予代代相传，不符合美国人民的理想和情感"。同大多数美国人一样，总统认为每一代人都应该自力更生。

甚至英格兰也在这一点上有所改变，在20世纪20年代废除了限定继承权和长子继承权，并在第二次世界大战后征收了大量的遗产税。当时现实中的唐顿庄园被迫出售他们的家族财产或变成博物馆，以支付所谓的"死亡税"。20世纪90年代初，在英国和美国，人们普遍认为，子女不应继承父母的财富，正义和道德要求他们向国家支付相当大的份额，以获得允许继承的特权，为每一代人提供公平的竞争环境。

但共同的智慧可以迅速改变。最近增加到2 340万美元的遗产税免税额只是富人家庭传递特权的表现之一。我们正朝着第二个镀金时代迈进。你现在可以想象到，为什么高盛集团前负责人、唐纳德·特朗普的首席经济顾问加里·科恩说过一句令人印象深刻的话："只有白痴才会缴纳遗产税"[28]或"只有税收计划非常糟糕的富人才会缴纳遗产税"。废除遗产税只是为永久的美国贵族阶层这个大奖创造条件所跨出的第一步。

最近，南达科他州也迈出了这一步。是的，就是劳拉·英格尔斯·怀德在"小木屋"系列中描述的那个南达科他州。

"一个真正的精品之地"

贵族们通常都希望将家族财富无限期地传承下去，永远留住特权。在英国，除了限定继承权和长子继承权，富人用于财富传承的关键工具是信托——也许是英美法律中最伟大的一项所有权发明，没有之一。学者们认为英国以及当今美国所拥有的经济活力和主导地位在很大程度上归功于公司形式的力量，而它是信托的近亲。

信托是柔性治理的杰作。

简单地说，信托能将法律所有权与实际利益分开。想象一下，一个富有的业主将股票、债券、艺术品和房地产放在一个新创建的信托中，以使家庭成员受益。业主指定一个受托人（家庭成员或付费专业人士）代表受益人管理信托。受托人是合法的所有者，能够购买和出售信托资产，以确保投资回报；受益人则获得现金。

信托对富人的好处有三点。第一，他们可以通过委托人执行的指令对受益人的生活进行精细的控制。"只有当你从大学毕业时，你才能得到报酬"，或者"如果你加入家族企业，你就能得到报酬"，抑或"如果你嫁给亨利，你就不能得到报酬"，等等。第二，信托使受益人免受其财富带来的诸多挑战与责任。第三，信托可以持续很长时间，即使最初受益人去世后还可持续，并继续将财富传给后来的受益人。

但所有信托都必须有到期日。一项古老的法律，被称作反永久所有权规则，最终会使信托走向终结。英国王室在17世纪实施了这项规定，部分原因是打击正在崛起的贵族。国王和王后不希望其他家族囤积如此多的资源，以至于小贵族可以挑战王位。但永久继承法继续存在于美国各州。

该规则是法律系学生的噩梦：在考试中遇到它是很棘手的。但它的影响很简单：它无情地限制了死者控制生者的时间。或多或少，该规则允许人们为认识的人（通常是他们的孩子）的生活提供资源，一般可以持续21年。当孙子们成年后，信托就会解体，剩余的资产会直接分配给受益人，不再受受托人的控制。释放资产对最终受益人有好处（他们可以主导自己的生活），对王室有好处（可以避免权力过大的贵族），对社会也有好处（懒惰的富人可以自由退出统治阶层，留下空间让其他人崛起）。

贵族和想成为贵族的人都不喜欢反永久所有权规则。这会影响王朝的稳定。该怎么做呢？几个世纪以来，废除这一规则一直是超级富豪们的追求，也是不可能实现的、神圣的梦想。

将视线转向南达科他州。[29]

故事从信用卡开始。20世纪70年代末，花旗银行因"高利贷"限制而濒临破产——这是一项受《圣经》启发，规定贷款人可以收取的利率上限的限制。南达科他州州长、昵称怀尔德·比尔的威廉·詹克洛希望在任期能有所作为。他和花旗银行做了一个交易：如果花旗银行将其信用卡部门迁至该州，并带来400个就业机会，该州就取消信用卡利率的上限。然后，由于1978年最高法院做出的一项模糊的裁定，花旗银行得以将其在南达科他州的天价利率以及其他一系列欺骗性、不合法的贷款业务扩展至全国。其他信用卡公司紧随其后，在南达科他州设立了小型的前哨站，并在全国范围内开展业务。这就是时至今日，你可能还会把你的信用卡还款寄到南达科他州的一个邮政信箱（或者可能寄到内华达州或特拉华州，这些地方为了与南达科他州竞争而废除了限制高利贷的法律）的原因。

因此，美国产生了万亿美元的消费债务——这些债务超过了人们未来的偿还能力，阻碍其进一步借贷，即便是为了有价值的新项目。

在这一成功的基础上，詹克洛取消了代际财富转移的上限。通过一项简短的法律——只有19个字——他废除了在南达科他州信托中持有名义资产的反永久所有权规则。正如记者奥利弗·布洛在谈到南达科他州是如何成为全球避税天堂时写的："贵族阶层又回到了游戏中。"[30]

南达科他州开始宣传这里是建立王朝信托的地方，为家族提供了延续其财富的能力，同时帮助他们避开遗产税。突然，南达科他州成了全球首屈一指的金钱磁场。"对某些人来说，南达科他州是一个可以获得'飞来横财'的州，"州最高法院的首席法官在立法机关发言时说，"虽然许多人可能会想办法'飞越'南达科他州，但他们的钱会以某种方式落在这里。"[31]

这听起来似乎有点幸灾乐祸，但在南达科他州，谁会受益呢？几乎没有人。当然不是南达科他州的居民，即便他们知道存在永久信托业务。这一变化没有导致旅游业或投资激增。有钱人通常在很远的地方建立这些信托，他们甚至从来不去州政府签署文件。这些钱也没有以任何有意义的方式流向南达科他州，它仅仅作为一个法律问题存在于那里。信托及其受益人并不向该州缴纳所得税、资本利得税或遗产税。

唯一的州内利益流向了由律师、银行家和会计师组成的小型紧密团体，他们是詹克洛与花旗银行交易的发起人，现在他们在当地创建和管理信托。一位州立法者评论说："选民对这意味着什么一无所知。他们从来没有经历过封建社会，他们不知道自己在促成什么……我认为这个州了解我们所做之事后果的人连100个都不到。"

南达科他州成功使当地精英更为富足，这引起了其他贫穷州的注意，不仅有内华达州和特拉华州，还有阿拉斯加州和怀俄明州。今天，有十几个州加入了信托管理游戏。

1997年，阿拉斯加州开始推销自我安置资产保护信托，这是一项创新，信托创建者也可以是受益人——你把自己的钱交给信托。这种策略有效地在富人和欠钱的人之间设置了一道防火墙。这些资产在法律上归受托人所有，通常是债权人无法触及的——包括前妻以及通常情况下被前夫拖欠的子女抚养费、企业试图追讨的创业失败者在生意中所欠的债务，以及受伤患者试图追讨的医疗事故伤害赔偿。

受来自阿拉斯加的威胁，南达科他州更新了其游戏规则。詹克洛成立了一个特别工作组，询问最富有的家族：我们还能为你做些什么？南达科他州的自我安置资产保护信托很快就出现了，但对委托人的规定更加宽松。内华达州随后提高了标准。这种反反复复的做法引发了一场为富人提供更多奢侈赠品的"逐底竞争"。南达科他州允许增加一个挥霍者信托条款，根据该条款，受托人可以选择何时何地支付受益人。债权人不能提前拦截这些款项，并且以后几乎不可能追踪这些钱。这一条款允许受托人不断向那些撞坏了玛莎拉蒂反而向受害者索赔的不负责任的受益人提供资金。该州甚至提供了目的信托，以一种其他地方的公共政策和道德都不允许的方式来引入资金（如将财富赠予你的狗）。最后，南达科他州的保密规则可以让你对那些被你伤害过的人保守大部分超级机密。

正如一位财务顾问所评论的那样，南达科他州"在使自己独特的方面做得相当好，是一个真正的精品之地"[32]。到 2010 年，南达科他州的信托公司已经赚取了大约 600 亿美元的资产。到 2020 年，这一数字超过了 3 500 亿美元，这些资产不仅来自美国的新贵族，还来自腐败的寡头、毒枭、第三世界的暴君，以及其他有热钱需要保护、有责任需要转移、有王朝需要建立的人。

南达科他州正在摧毁瑞士、开曼群岛和其他传统的避税和银行保密的天堂。如果你是超级富豪，你肯定知道这一点；如果不是，你可能会惊讶地发现，全球过剩的财富现在都流向了南达科他州的信托基金。

历史上，各州不会单方面地破坏共同的价值观和国家利益，但长期以来的礼让和自制规范正在瓦解，南达科他州在这方面处于领先地位。富人的顾问意识到，美国分散的所有权制度创造了一个机会：一个州可以在其不知情的普通选民所能容忍的范围内为所欲为，然后将这些极端的观点强加给全国。钱是流动的，再加上一个消极的国会，各州几乎不受联邦的监督。

在南达科他州没有人抱怨王朝信托，因为伤害落在了联邦纳税人身上，也落在了纽约州和加利福尼亚州等遥远地方的人们的身上，这些州的服务因为税收损失而被削减了。有了南达科他州的信托，真正的富人得到了两全其美的好处：可以在自己喜欢的地方生活，不需要支付本应承担的税款，钱放置在南达科他州可以免予承担责任。

随着婴儿潮一代在未来几十年死亡，大约有30万亿美元的财富将被传递，这是人类历史上一代人向另一代人的最大财富转移。[33] 大部分财富将被免除遗产税，流向子孙，他们并没有赚取财富，却受到保护，不受他们不负责任的后果影响。为什么？因为根据南达科他州等地的信托法，不负责任的后代并不"拥有"任何资产，只有信托才拥有。

相比之下，那些凭借差劲的判断力赚取工资而不是在资产保护信托中继承它的人，就没那么幸运了。如果你——一个工薪族，驾驶你的本田车伤了人，或者如果你拒绝支付儿童抚养费，州政府就会扣押你的工资；也就是说，他们会截留你的工资，直到你付清法庭所判决的金额。对于超级富豪来说则不然。免予扣押是一项给那些通过挥霍者信托继承遗产的人保留的特权。

当这种不公平现象在19世纪90年代首次出现时，美国著名的财产律师约翰·奇普曼·格雷对其进行了抨击。格雷写道："成年男子应该终生接受管束，没有偿还债务的人可以依靠继承的财富过着奢侈的生活，这些都是可以想象到的最不民主的学说。"他担心，允许增加挥霍者信托条款会创建"一个贵族制度，尽管可以肯定的是，这是一个国家有史以来最可鄙的贵族制度"[34]。

第一个镀金时代，即格雷写作的时代，实行了收入税和遗产税，以对抗极端不平等带来的伤害，并防止家族王朝的巩固。人们希望美国能回到一个更加平等的时代。事实上，几十年来，该税收计划发挥了作用。国家在变得非常富裕的同时，也变得更加平等了。

但现在，第二个镀金时代正朝着相反的方向发展。最富有的1%的美国人已经拥有40%的国家财富。而且这个份额还在增加，而其他人的收入和财富几乎都处于停滞或减少状态。

在格雷之前的一个世纪，美国的创建者已经意识到了这种危险。他们可能会对我们今天容忍一个新镀金时代的产生而感到震惊。在托马斯·杰斐逊1813年写给约翰·亚当斯的信中，杰斐逊认为，美国建立在"美德和才能"基础上的"自然贵族"与建立在财富和出身基础上的"人造贵族"[35]在本质上存在重大的区别。对杰斐逊来说，关键是"人造贵族是政府中的一个有害的成分，应该做出规定以打压其权势"。

在回答中，亚当斯认为，他们所创建的美国政治机构比杰斐逊所担心的更加稳固。"荣誉、财富和权力通过城市法律和政治机构成为世袭的时候，"亚当斯写道，"我承认人造贵族制度会开始，但只有腐败主导选举并不可控制时，才会真正开始。"亚当斯还认为："可以肯定的是，我们离这还很遥远。在我们堕落之前，还有数百年的时间。"[36]

杰斐逊对危险的看法是正确的，亚当斯对时间轴的看法是正确的，格雷对后果的看法是正确的。

一个为反对继承地位而建立的国家现在容忍像南达科他州和内华达州这样的做法，其立法机构断然地促进代际财富传递和责任逃避。这当然不是一个进步的立场。但它也不属于美国保守主义的任何可理解的说法，即一个致力于个人自由、机会和市场的政治传统。

今天的人造贵族表现出一种凌驾于法律之上的态度。你不仅可以从科恩这样的经济顾问那里听出这种蔑视，他说只有白痴才会缴纳遗产税，还可以从利昂娜·赫尔姆斯利这样的房地产富豪那里听到这种蔑视，她因起诉她的承包商、不给服务员小费而被称为"吝啬女王"。在因逃税被判重罪入狱之前，赫尔姆斯利说过一句著名的话，可能是南达科他州信托公司创造者的呐喊："我们（富豪）不交税，只有小人物才交税。"[37]

为了证明自己的观点，赫尔姆斯利在2007年去世时，留下了

1 200万美元的信托资金，以喂养她的马耳他犬，它的饮食是神户牛肉和蟹饼。在其信托披露后引发的骚动中，赫尔姆斯利的长期竞争对手和盟友唐纳德·特朗普为她辩护说："狗是唯一爱她的，每一分钱都是它应得的。"[38] 尽管如此，纽约的一家法院认为该信托基金违反了公共政策。该信托基金随后迁到了南达科他州，南达科他州热切地接收了其相关收益以及隐匿的狗粮用款。

今天，创建王朝确实需要一些前期费用。你必须有律师、银行家、顾问和说客，以及一批温顺的立法者。在2018年的立法会议上，当南达科他州的信托律师提出为王朝家族提供更多优惠时，司法委员会主席迈克·史蒂文斯通过取消辩论来使其加速通过。史蒂文斯说："没有更多的问题了。我在法学院时不理解永续性，我现在也不想理解它。"[39] 家族王朝寄希望于史蒂文斯的持续无知。

南达科他州对神秘的所有权规则进行了微小的调整，但其造成的影响是巨大的。它们帮助美国创造了比地球上任何主要国家都不平等的财富分配途径。不要搞错了：这种转变不是偶然发生的，不是魔术，不通过自由市场，也不是自然发生的。这是一个由家族王朝的说客和同谋的立法者精心设计的抢劫案。对超级富豪降低税收意味着对其他人提高税收。

1% 的人中的 1% 牢牢掌握着信托法的遥控器。他们希望你不知道它的存在。

一段简短的劝告

我们中的大多数人不会把钱藏在南达科他州的王朝信托中。个人也没有办法与这些信托造成的危害斗争——这需要知情选民的共同努力。但现实中有一些事情是你可以做的。赫勒每年都会专门开设

"如何成为一个成年人"的课程。目的是：制订你自己的遗产计划。这想起来可能很可怕，但做起来并不难。[40]

每个有未成年孩子的父母都需要一份遗嘱，不管什么原因，都要指定孩子的监护人。如果你死后没有遗嘱，那么将由国家决定谁来抚养你的孩子。每个老年人也需要一份遗嘱，即使你没有多少资产。撰写遗嘱是对遗属的一种善意，以便让他们知道谁能得到什么。太多家庭因为争夺有感情价值的物品而四分五裂，比如前文中提到的亚瑟和米尔德里德的摇椅，即使其现金价值并不高。

当你在做这件事的时候，需填写一份预先指示（advance directive，也可以叫作生前遗嘱和医疗生前嘱托，这取决于各州），指定当你的病情严重到几乎失去意识时你想要和不想要的医疗服务。在新冠疫情初期，当医生定量配给这些稀缺医疗资源时，文件的重要性便凸显出来。即使在平常时期，这份文件也是必不可少的——除非你希望在生死关头由别人猜测你的喜好。

你还可以创建一些更简单的文件，比如持久授权书，以便当你自己无法处理的时候，有人管理你的财务。甚至还有一些容易创建的信托，可以大大改善那些在世之人的生活。如果你不希望你的未成年子女在18岁时收到一堆无限制的现金，你就需要一个信托，就像你想为有特殊需要的家庭成员提供资金一样。最后，记录你的财务账户和社交媒体账号的密码，以及联系信息，以便在紧急情况下，合适的人知道在哪里找到你，以及该怎么做。

当你写这些文件时，要想一想你的心愿到底是什么。与将作为你的遗嘱执行人、受托人、监护人和代理人交谈，他们可能是不同的人。确保他们知道你想要什么。每隔几年这些都要更新一次，特别是当你经历了结婚、生子或离婚等人生大事时。

在遗产规划方面，花钱请律师是合理的。法律因州而异，为了使你的文件有效,严格遵守规则非常重要。规划可以在一个特别脆弱的时刻为家庭成员提供情感层面和生活层面的保障。而且你不一定需要律师,如果这是阻碍你的因素的话。你可以在网上查询如何轻松、合法、低成本地创建此类文件——所有这些都可以在一个周末完成。这是很值得的。

从共同牺牲到自我牺牲[41]

遗嘱和信托很重要,但它们只是家庭所有权的一部分。"我的"的主张贯穿我们的一生,通常在最亲密的关系中发挥超出我们想象的作用。

各州在如何管理配偶之间的所有权方面差异很大,每条规则都不可避免地反映了该州对理想婚姻的隐性认可。在一些州,配偶中谁的名字写在资产上,谁就有管理或使用该资产的唯一权力。这种所有权基准往往有利于经济上占主导地位的配偶,传统婚姻中通常是丈夫。

有些州则坚持更平等的资产管理准则,因此,无论是房契上还是账户上登记的是谁的名字,其配偶都能平等地控制房屋或银行账户。这种管理准则自动要求配偶之间对重要的生活决定进行更多的商议。在进行大额投资,如对房子进行抵押贷款时,需要双方共同同意(给情妇送礼则是不被允许的)。

你能猜出哪条准则在哪里起作用吗?由于地缘政治和历史的怪癖,纽约实行的是在完整婚姻存续期内由丈夫主导的规则,而得克萨斯州如今拥有更为平等的婚姻规则。大多数人没有意识到,当他们跨越州界时,家庭所有权规则也会随之变化——直到事情发生差错,并且以让人痛苦的方式显现出来。

虽然各州对完整婚姻中的所有权说法不同,但它们更关注离婚时的情况——正如伟大的女中音歌唱家弗雷德里卡·冯·斯塔德惊讶地发现的那样。2010年4月22日她在卡内基音乐厅结束演唱落下帷幕时，观众爆发出雷鸣般的掌声，将花束抛向舞台，并强烈要求她第四次返场演唱。这是冯·斯塔德的一场圆满的告别音乐会。在长达40年的职业生涯中，[42]她曾在世界各地的著名歌剧院亮相，与世界上最伟大的交响乐团和指挥家合作演出。

早期，冯·斯塔德在酒吧唱歌以维持生计，在那里"并不指望顾客听，他们也不听"[43]。在和一个朋友的50美元赌局下，她申请了一所音乐学院。后来，她在大都会歌剧院的招聘比赛中被选中，从小角色做起，一路向上。

在成为歌剧明星的过程中，她的丈夫彼得·埃尔库斯一直陪伴着她。他们是在音乐学院求学时认识的。作为一名出色的男中音歌唱家，埃尔库斯把自己的事业放在一边，一心一意为冯·斯塔德的事业打拼，担任她的声乐教练，照看家庭，并指导她开发布会。这种合作关系着实有用。她的年收入从和埃尔库斯结婚那年的2 250美元增加到他们离婚那年的62.2万美元——当她登上歌剧事业顶峰后增长了约275倍。

他们的离婚有一个不寻常的原因：埃尔库斯认为，冯·斯塔德在婚姻期间获得的"增加的收入能力"本身就是一种"婚姻资产"，使他成为她的事业和名气增加带来的经济价值的部分所有者。因此，他要求法院分割这一婚姻资产，让他公平地分享她未来的收入。

安妮·格雷厄姆提出了类似的要求，尽管她既不出名也不富有。她与丹尼斯·格雷厄姆结婚6年。[44]在此期间，她担任航空公司的空姐，贡献了家庭70%的收入，其中大部分用于支付她的丈夫在科罗拉多大学的MBA（工商管理硕士）学费。在他们的婚姻中，她努力供他完成学业。

后来他获得了学位，也找到了一份高薪工作，再后来他们离婚了。由于没有有形财产或投资组合，他们没有资产可分；没有孩子，则意味着没有子女抚养费。因为两人都有工作，所以也没有赡养费。但是，安妮·格雷厄姆要求得到他们的婚姻投资的一半价值——她的丈夫通过获得 MBA 学位增加的收入能力。

尽管彼得·埃尔库斯和安妮·格雷厄姆在魅力和财富方面相去甚远，但他们都声称，他们的所有权是基于对配偶职业的投资。两人都牺牲了自己的事业，并花钱来提高婚姻共同体的经济潜力。这种增加的收入能力应该是婚姻所拥有的，离婚后是应该分割，还是应该单独拥有？不管怎样，对于一个前配偶来说，拥有对方增加的收入能力的一部分意味着什么？

离婚后，支持配偶的一方是否可以拥有另一方的收入能力似乎是家庭法的一个技术问题，但其内涵很深。以下是支持配偶情况下的三种选择：

- 获得增加的收入能力的一半。
- 赔付费用。
- 什么都没有。

对于彼得·埃尔库斯和安妮·格雷厄姆来说，问题很简单。双方都牺牲了当前的快乐、收入和机会，以支持婚姻的长期财务。他们本可以投资房地产或股票，如果他们投资了，那么增加的任何价值都会在离婚时与配偶分割。但他们投资的是人力资本（配偶的职业），而不是建筑资本或金融资本。原则是一样的：他们放弃了当前的消费，期待着以后的共同利益。对于冯·斯塔德和丹尼斯·格雷厄姆来说，独自获得婚姻中共同努力的成果似乎是不公平的。

事实上，纽约采用了这种推理方式。法院为彼得·埃尔库斯做出了裁决——这是该州的一个里程碑式的案件。[45]

纽约的做法遵循一个令人信服的道德逻辑。对提高的收入能力的公平分配是将配偶视为平等的伙伴，共同决定在婚姻共同体中如何组合他们的收入能力。这种方法否定了法院窥视婚姻内部以确定谁贡献了什么、谁应该得到什么的想法。相反，它表明，该州认为婚姻是一个整体，夫妻双方可以平等地分享好的和坏的东西。

鉴于美国仍然普遍存在的性别不平等状况，这一平等伙伴原则被抹杀了——至少在婚姻期间男性的权力更大。它发出了一个信号，即平等分配事业上的成功是婚姻的权利，而不是社会的施舍。

但是，纽约的规则在执行上可能很棘手。当法官下令向前配偶持续付款时，可能会将那些只想分居的配偶捆绑在一起。专家评估师当然可以量化增加的收入能力，但如果他们错了呢？如果冯·斯塔德觉得大都会不适合她而退出去参加和平队呢？她是否必须再次提起诉讼以减少她的赔偿？埃尔库斯不应再决定冯·斯塔德的发展轨迹，就像圣路易斯红雀队不应该再控制棒球运动员柯特·弗拉德一样（如第五章所述）。

处理离婚时增加的收入能力的另一个方法是：偿还配偶的投资。这是新泽西州的规则。支持配偶的一方可以拿回他们为配偶的职业发展所做的贡献，外加利息。

根据这一规则，法院实际上抹去了配偶的共同生活决定。偿还方法设想婚姻中的共同事业从未发生过。当婚姻结束时，债务被偿还，仅此而已。支持配偶的一方从婚姻选择中获得的收益为零，所有的收益都归赚钱的配偶所有。与纽约的平等伙伴方式相比，新泽西州传达的信息是，配偶应保留婚姻生活的个人账户，某些费用可以报销。这是你想要的电子表格式的婚姻吗？

但也有一个好处，而且很关键。新泽西州的规则很容易管理。报销避免了估计未来职业价值的难题。（通常金额较低的）一次性地偿还，不再与未来产生任何联系。

美国大部分地区拒绝接受纽约和新泽西州的方法。他们对婚姻期间获得的增加的收入能力遵循第三个所有权规则：该能力不是婚姻财产，甚至根本不是财产。其作为一项权利问题，支持配偶的一方获得零回报（尽管法官在公平分配其他资产时可能会考虑到其他方面的不平衡）。

这就是科罗拉多州法院对格雷厄姆夫妇案件的裁决。在法官看来，丈夫是一个人去上课、写论文、考试的。他们根本无法理解，增加的收入能力究竟以何种方式拥有——尽管纽约有处理此类事件的长期传统。格雷厄姆夫妇案件的专家毫不费力地给MBA带来的职业提升算了一笔账，计算出安妮应该得到82 000美元的一次性付款。

零所有权规则强化了人们对婚姻生活的苛刻看法。失败者通常是社会中的女性，在这个社会中，已婚男性仍然是主要的收入来源，并且只以自己的名义持有大部分婚姻资产。这条规则有助于解释为什么在几十年的改革之后，女性的经济地位在离婚后仍继续下降，而男性的经济地位却在上升。[46] 格雷厄姆夫妇的故事是普遍存在的，而不是埃尔库斯和冯·斯塔德。各州利用所有权设计来强化老式的婚姻观：是否该支持伴侣，这是一场赌博。这就是如今配偶们结婚时的期望吗？对大多数人来说，很可能不是。

与遗嘱和信托一样，婚姻所有权是一项庞大的社会工程，悄悄地引导着夫妻之间最亲密的关系。今天，为创造未来的收入能力而做出的共同牺牲变成了无工作配偶的自我牺牲——通常是妻子的牺牲。

这个故事的结尾很重要。2016年，纽约放弃了对增加的收入能力的平等处理承诺。该州改变了规则，加入了其他地区的阵营：增加的未来收入在婚姻所有权中为零；离婚时遵循零分割。也许富有的纽约市银行家和律师，或者纽约州奥尔巴尼县的立法者，已经厌倦了被他们抛在身后的配偶。其结果是：新泽西州仍然需要偿还支持配偶的费用，但仍没有一个州将增加的收入能力视为离婚时要分割的资产。

婚姻所有权菜单

令人惊讶的是（至少对我们这些法律教授来说），很少有夫妇按照自己的喜好来定制婚姻所有权。他们会花几个月的时间来设计花卉装饰品，为他们的婚宴挑选第一支舞，但他们接受了所处的州提供的任何婚姻所有权的现成版本。其实不一定非得这样。富裕的人完全可以雇用宴会负责人和婚礼乐队；利用婚前协议和信托，还可以得到他们想要的大部分婚姻所有权规则。

为什么各州不能让每个人都自动地、以较低的成本获得一些关键的选择呢？

几百种——是的，几百种强制和默认的所有权关系在结婚的瞬间发生了变化。仅举几例：分享退休储蓄和养老金；联邦和州的所得税利益；免税的配偶赠予；社会保险、退伍军人、军事和残疾福利；离婚时的公平或平等分割；死亡时的选择份额；作为近亲的继承权。每一条婚姻财产规则，都是州对你最亲密的生活强加的它偏好的所有权故事。

在强制性规则和默认规则之间进行选择是所有权设计的一个重要特征。当州强制执行一项规定时，它说，我们是认真的。如果你结婚了，你就无法避免它；如果你不结婚，你可能无法获得它。夫妻可以避开默认规则，但通常规则是有黏性的。州政府说，我们更喜欢这条规则。很少有人认为要改变它（回想一下第二章讨论的禀赋效应）。

许多所有权（和合同）设计会涉及评估强制或默认规则的道德价值和实际后果。⁴⁷

看上去很复杂吧？税法也是如此。然而，每年有 40% 的美国人在网上报税。软件会提示你回答几个简单的问题，例如，你是退伍军人吗？你拥有一个农场吗？如果你回答"是"，你就会得到更多的信息，做出更多的选择。（如果没有特波税务软件数十年来对反对无成本申报及其欺骗性的追加销售行为的无情游说，那么所有这些都将免费提供。⁴⁸）如果软件对报税有用，那么也许它可以帮助你重新设计婚姻中的所有权。

注意，这不是一个一劳永逸的决定。即使是一件看似平凡的事件，可能也会使你婚姻中的所有权规则发生根本性的变化，比如你搬迁到一个新的州。正如多里斯·哈瑙所了解的那样，不修正对婚姻所有权的认知可能带来严重后果。

多里斯在伊利诺伊州与罗伯特结婚。⁴⁹ 在他们的婚姻中，罗伯特赚了钱，买了股票，并登记在他的名下。后来，这对夫妇搬到了得克萨斯州，罗伯特在那里去世，把股票留给了他的孩子史蒂芬和莱斯利·安，而不是多里斯。

如果罗伯特在伊利诺伊州去世，那么多里斯可以行使一种叫作选择性份额的权利。这是伊利诺伊州用来保护被排除在遗嘱之外的配偶的工具。仅仅因为是他的妻子，多里斯就可以获得他 1/3 的遗产（如果罗伯特没有后代，则为一半）。大约有 40 个普通法系的州——其法律源于英国——使用这一工具来保护被剥夺财产的配偶。

得克萨斯州不是一个普通法系的婚姻财产州。相反，它遵循夫妻共同财产规则，这些规则可以追溯到墨西哥的法律，在那之前是西班牙法律。历史上，夫妻共同财产是美国最重男轻女的婚姻制度：丈夫根据负责人和主宰者规则（在第五章讨论的）管理夫妻的财产。然而，到了 1970 年，得克萨斯州发生了翻天覆地的变化，使配偶在婚姻存续期间可以平等地管理夫妻共同财产，并在离婚或死亡时平等地分割财产。

夫妻共同财产包括夫妻在婚姻期间在该州获得的大部分资产。它保护配偶不被剥夺继承权，自动让他们同时拥有平等的所有权，无论是房契还是账户上登记的是谁的名字。离婚或一方死亡时，配偶双方各得一半。今天，如果你碰巧生活在九个支持夫妻共同财产的州之一，你就会自动加入美国最平等的婚姻所有权制度。

但多里斯没有。罗伯特在伊利诺伊州获得了他的股票投资组合，登记到了他的名下，成为他的独有财产。财产的性质在配偶搬迁时不会改变（除非他们确实同意做出改变）。因此，当多里斯夫妇搬到得克萨斯州时，这些股票仍然是罗伯特的独有财产。分割夫妻财产是由配偶死亡时所在州负责的。得克萨斯州没有选择性份额，所以当罗伯特在那里去世时，他可以通过遗嘱将所有的独有财产传给他的孩子，而不能给多里斯。搬迁之后，多里斯不仅失去了伊利诺伊州的选择性份额的保护，而且没有获得夫妻共同财产的保护。为什么呢？因为这对夫妇在得克萨斯州居住时没有夫妻共同财产。换句话说，多里斯什么都没有得到。

她陷入了英格兰法律体系和西班牙法律体系之间的夹缝——这两种制度自动管理着美国的大多数婚姻。如果她在离开伊利诺伊州之前化解了这个风险，就可以保护自己。前提是她知道问题的存在，并聘请律师来解决这个问题。要求普通夫妇保持这样的警惕性是没有意义的。一些州已经实施了一些小的技术性改革，以保护某些移民夫妇。在加利福尼亚州——也是一个支持夫妻共同财产的州[50]——罗伯特的股票投资组合将被视为"准"夫妻共同财产，并平均分割。但是多里斯从没有想过搬到西部。

如果在线软件可以帮助你修改自己的税收，那么它为什么不能帮助你修改婚姻中的所有权呢？各州可以提供婚姻所有权菜单，以便人们自由选择自己婚姻的基本要素——在他们的婚礼之前，以及在后来的婚姻生活中。

1998年，阿拉斯加州——一个普通法州开始了这种菜单式的做法，允许夫妻，包括外州的夫妻，选择部分或全部婚姻资产作为夫妻共同财产。但该州出于错误的原因扩大了婚姻菜单，并产生了不良影响。他们根本不会真心帮助阿拉斯加人更好地将他们的婚姻与其最亲密的价值观联系起来。

阿拉斯加的律师和银行家说服州立法机构建立夫妻共同财产制度，作为吸引富裕的外地人办理信托业务的工具。联邦税收制度中存在一个漏洞，如果你拥有大量的、高度升值的股票投资组合，那么死后这些资产由夫妻共同财产法管理比由普通法管理更好。你在世的配偶和后来的受益人可以避免某些资本利得税。阿拉斯加州可以让你准确地对资产进行重新授权，以最大限度地避税——而且你不必在阿拉斯加州结婚，甚至不必费力地亲自去该州。但是，这种避税方式在当地的专业服务费用很高。而产生这些费用正是采用婚姻所有权菜单的意义所在。

这些信托的潜在不利之处——正如阿拉斯加的律师提醒他们（大多数是男性）的那样——是夫妻共同财产固有的平等性质。避税的代价是，至少在纸面上，丈夫在管理信托中庇护的特定婚姻资产方面给予妻子平等的发言权。

在我们看来，阿拉斯加州的婚姻所有权菜单是一个聪明的选择，但执行得不好。该方案针对的是错误的人群。很少有阿拉斯加人富有到足以从这种复杂的避税计划中获益，可能有相当多的人更喜欢像加利福尼亚州或得克萨斯州那样的婚姻所有权制度，将配偶视为婚姻旅程中相对平等的伙伴。

如果阿拉斯加州简化选择呢？允许夫妻在领取结婚证时勾选夫妻共同财产法或普通法的选项，就像在屏幕上点击有关减税问题的赞成或反对选项。没有律师，没有银行家，没有费用。婚姻所有权菜单甚至可以进一步扩展。也许还可以让双方选择喜欢的关于增加收入能力和婚姻中其他一些关键问题的规则，甚至可以在发生重大生活事件后修改他们的选择。

一个精心设计的菜单将允许所有要结婚的夫妇——不仅是富有的人——在书写他们自己的婚姻故事时做出有意义的选择。也许选择本身，以及伴随着选择的亲密讨论可以使婚姻更加牢固，也更加有意义。[51] 如果我们相信夫妻可以从他们婚礼宴会负责人提供的菜单中选择开胃菜和主菜，那么为什么不把选择范围扩展到他们婚礼之后的共同生活中呢？

也许现在是时候考虑婚姻所有权菜单了。

第七章

所有权的未来世界

我们有百分之百的信心，今天——也就是你阅读本章的这一天——你随便拿起一份报纸，就有一个重要的头条新闻，如果你了解所有权制度的潜规则，那么它的意义就会凸显出来。我们写这本书就是为了让你有更多这样的"啊哈"时刻。

我们怎么能如此肯定地预测今天的新闻呢？因为对于我们都想要的东西，所有权是社会用来组织每一场斗争的脚手架。很多东西都是这样的。那么，我们应该去哪里寻找所有权的未来呢？在人们争夺稀缺资源的地方，它们无处不在。

在写这一章的时候，涉及所有权的头条新闻是关于对自然界的威胁和数字前沿领域的。这些故事强调了对环境的打击——不受控制的气候变化、热带雨林的减少和渔业的破产。还描述了科技巨头和线上政府通过数据跟踪、算法歧视和无孔不入的监控对个人自由的威胁。尽管这些都是国家甚至全球范围的挑战，但它们与对"膝盖卫士"和无人机、停车椅和代排者的争论基本相同。所有这些都是关于谁得到什么以及为什么得到的斗争，只是利害关系更大了。

请记住，我们一直都使用同一个所有权工具箱。它包含六种有争议的主张所有权的路径：先到先得、占有、劳动、依附、自我所有权和家庭所有权。它还包含一小部分设计工具，包括：事后 – 事前、规则 – 标准、排斥 – 治理、基准设定和自由公地。这套工具既可以管理日常琐事，也适用于史诗般的事件。

展望未来，在我们寻求解决所有权边界上看似无解的难题时，我们面临的挑战将是如何混合和匹配这些有限的路径和工具。事实证明，充分关注如何让东西成为"我的"——无论是温室气体还是数据流——可能是我们拯救地球和保护自身的最好机会。

地球上最伟大的水资源

纽约人说话很少轻声细语，尤其是在夸耀自己的城市时。城市生活杂志 *Time Out* 列出了纽约是"世界上最伟大的城市"的 50 个理由——最伟大的天际线、最伟大的剧院等。[1] 这些吹嘘并不夸张。每个人都听说过帝国大厦和时代广场。但你可能会惊讶于该杂志列出的纽约之所以伟大的首要原因——纽约的饮用水。

你不需要理会杂志的说法。纽约的自来水经常会赢得莫名的品鉴比赛，甚至赢过最昂贵的瓶装水。

虽然纽约人知道他们的自来水味道很好，但很少有人知道它来自城市西北方 125 英里处；甚至更少有人知道，创新的所有权设计是每天为 900 万人提供超过 10 亿加仑① 安全、清爽的水的核心。不过，阿尔·阿普尔顿知道。

阿普尔顿体格笨重，但机智敏捷、坦率真诚。1990 年，他成为纽约市环境保护局局长、市供水和排水系统的负责人。[2] 此时，他陷

---

① 1 加仑约为 3.8 升。——译者注

入了两难的境地。与大多数美国大城市不同，纽约没有自来水处理厂。在 20 世纪初，纽约市就展示出了远见卓识，在远在北部和西部未开发的卡茨基尔山脉铺设了巨大的管道，将该地区的原始水源引入城市附近巨大的水库中。除了用设在水库收集处的机械过滤器阻挡树枝和树叶，进行氯化处理来杀死细菌，水几乎是直接从山上流入像曼哈顿公寓和布朗克斯住宅这样的水龙头中的。

然而，从 20 世纪 80 年代开始，卡茨基尔山脉流域范围内的小农场因为经济压力，增加了化肥使用量，并开始向住宅开发商出售土地。随着人口的增长和土地使用问题的加剧，纽约市一直想当然地认为清洁的饮用水受到了威胁。再加上对《安全饮用水法案》的修订，纽约似乎需要为来自卡茨基尔山的水建造一个巨大的自来水处理厂，其费用高达 40 亿美元，同时每年还需要 2 亿美元来运营这个工厂。

不过，阿普尔顿并没有督促建造自来水处理厂，而是后退一步，将目光锁定在所有权工具箱上。大多数人认为建设一个新的自来水处理厂是不可避免的。但阿普尔顿重新思考了这个问题。这个流域的植被和土壤一直在分解污染物、捕获沉积物和过滤毒素，为人们提供了高质量的饮用水。与其斥巨资来处理下游的水，还不如投资于上游的景观，这样是否有可能避免在建造大工厂上花钱呢？正如阿普尔顿所说的，"优质的环境会生产优质的水"[3]。

因此，阿普尔顿开始了长达 18 个月的谈判，与卡茨基尔山当地的团体举行了超过 150 场会议，就确保水质的土地管理措施进行谈判。一位参会者将无休止的会议描述为类似于"同你一年只想见一次的亲戚共同出席的一成不变的感恩节晚宴"[4]。最后的协议由 60 个镇、10 个村、7 个县和环保团体共同签署。纽约市承诺花费 15 亿美元收购需保护的土地，恢复河流廊道，并为改善水质和支持流域经济发展的合作伙伴提供资金。

效果之好令人印象深刻。水资源的污染程度急剧下降。事实证明，纽约市的投资在北部农村土地所有者中很受欢迎。环境保护部门也被说服，认可了流域倡议将提供安全的饮用水，联邦政府不再要求纽约市建造价值数十亿美元的自来水处理厂。因此，从纯粹的财务角度来看，纽约投资自然资本而非建筑资本，投资绿色而非灰色基础设施的举措取得了成功。该计划早已收回了成本。

但这一切与所有权有什么关系呢？

当我们谈论环境的时候，往往不会想到所有权问题。我们从自然界获得的好处——呼吸的清洁空气、稳定的气候、海洋中的鱼群、风景秀丽的景观，它们似乎应该是所有人的公共品。这是一个美好的概念，但这也是一个问题。

共同所有权在资源丰富时运作良好，但随着人口增长和技术进步，往往面临着失败的结局。当有价值的资源可以免费获取时，我们往往会索取无度，就像在第四章中讨论的公地悲剧。共同所有权的结果是，我们正在全世界的海洋中过度捕捞，正在砍伐热带雨林，正在以历史上高水平的温室气体排放使得大气层超负荷，从而导致气候变化。按照这种速度，我们的子孙后代生活的世界将与我们的大不相同，而且不会是更好的世界。

正如卡茨基尔山流域提供清洁的饮用水一样，大自然提供了各种我们认为理所当然的关键服务。昆虫为我们的农作物授粉，土壤中的微生物分解粪便并为农业生产创造肥沃的土地，沿海沼泽地可以抵御风暴潮并为幼鱼提供栖息地。这些都是公共资源，使每个人都受益，但不被任何人所有。我们都喜欢看到鸟儿和蝴蝶在我们周围飞舞，但为这些野生动植物提供栖息地的土地所有者并没有得到任何补偿。如果这些资源不能被他们所有，不能为其带来利益，那么他们就没有经济理由来保护或投资这些资源。

例如，湿地可以通过减缓洪水的流速或过滤饮用水来保护城镇。如果土地所有者将湿地改造成住宅或农场，可能会在经济上受益，但社区环境会因为洪水和脏水而变得更差。因为没有人拥有湿地的防洪和净水等功能，所以土地所有者在决定如何使用土地时不会将这些功能的价值考虑在内。如果在排干湿地以种植作物谋生和保护湿地但不赚钱之间选择，那么答案很简单，那就是排干湿地的水。

阿普尔顿的绝佳洞察力就是围绕我们在第四章中描述的依附原则进行创新的。他告诉卡茨基尔山的土地所有者，纽约与他们做生意，好似他们拥有依附于土地的环境功能一样。我们在为依附于土地的土豆或煤炭付费时不假思索，那么为什么不能向农民支付改善水质的费用呢？阿普尔顿精心设计了一个所有权工具，在这个工具中，较富裕的纽约州南部城市居民将向较贫穷的纽约州北部农民支付费用，以保护清洁的环境。他表示，即使州法律没有赋予人们对其土地所提供的环境效益的所有权，似有依附也能激励人们。

最近几十年来，这种针对大自然的馈赠所创造的所谓的似有所有权的方法已经出现了爆炸式增长。数十年来，萨尔兹曼一直在与全球各地的政府合作，制定支付方案，对土地所有者提供的自然服务进行补偿。在最近的工作中，他发现全球有超过550个活跃的项目，年交易额预计能达到420亿美元。

该策略正被用于拯救地球上的热带雨林。热带雨林在很大程度上维持着地球物种的多样性，并从大气中捕获大量二氧化碳，在减缓气候变化方面发挥着关键作用。滥伐森林对全球变暖的影响高达20%。就在我们撰写这一章时，被称为"地球之肺"的亚马孙热带雨林的大片区域正在消失。

基本问题是，生活在这些森林中的人并不拥有森林所提供的环境服务。他们不能从森林提供的野生动物栖息地或储存二氧化碳中获益。尽管这些资源至关重要，我们却是免费获得它们的。毫不奇怪，森林中的所有者和擅自占地者反而很少关注他们可以出售的东西。他们烧毁森林，为放牧、伐木和农业清除森林。我们面临的挑战是使树木保有长期的价值，而不是砍伐。

挪威正在试图抵消开采北海石油所造成的一些气候危害。多亏挪威的主权财富基金——该国从石油销售中积累的利润，挪威有能力花费数百亿美元向亚马孙、印度尼西亚和墨西哥的人支付费用，以降低当地的森林砍伐率。如果森林消失的速度降低，更多的树木被保留下来，就可以从大气中捕获更多的碳。

中国的投资规模甚至更大。环境付费已经成为中国全国范围内环境保护战略的核心组成部分。中国已经向农民和家庭支付了超过500亿美元，以提高森林覆盖率。通过植树而不是砍树，中国收获了防洪、野生动物栖息地和水质，这些都是投资树木所带来的公共产品。

那么，我们能用所有权设计来引导人们保护自然而不是掠夺自然吗？答案是肯定的。在世界各地，促进环境服务的新型所有权正在改变农民、森林居民、木材公司以及大土地所有者的行为。他们正在争相保护环境，并在此过程中赚钱。

随着一个又一个10亿美元的项目建立，生态系统服务所有权开始增加。[5] 尽管这些项目已经很可观，但还不够大。解决世界上一些最严峻的环境挑战的关键，可能是鼓励人们将自然界的更多方面称为"我的"。

不那么致命的捕捞

在白令海的漆黑夜晚，拖网渔船"时间强盗"号的船员在高高的金属蟹笼堆上攀爬，在远离他们的阿拉斯加海岸舒适母港的地方，一直工作到深夜。[6]他们必须集中精力，在倾斜的甲板上保持平衡。天气恶劣，但面对大自然的馈赠，这是他们必须承受的。呼啸的狂风激起冰冷的水花，溅到了船员身上。突然，毫无征兆，一个30英尺高的狂浪从船首左舷撞过来，冲过甲板。等船员们恢复了平衡，甩掉了水，环顾四周时，有人开始尖叫："詹姆斯！詹姆斯！"

船头的水手詹姆斯·汤米已不知去向。如果他被卷入冰冷的海中，那他就完了。

在舰桥上，船长乔纳森·希尔斯特朗喃喃自语："好吧，詹姆斯……"他用对讲机向甲板喊话，命令道："统计死亡人数！统计死亡人数！"

回应他的是更疯狂的呼喊："詹姆斯！"

希尔斯特朗无计可施，只能在舰桥上注视，心里默默祈祷。

不会有事的。

突然，詹姆斯出现了，船员们一拥而上拥抱他。他被海浪抛入网里，奇迹般地毫发无损。浑身湿漉漉的他耸耸肩，好像没什么大不了的。"一点水而已。我们是在海里。来吧，伙计们！"

当船员们向希尔斯特朗竖起大拇指的时候，船长心里一颤，"感谢上帝……我们就好像被一列火车撞了，我们的生命好像到此为止了。很长时间以来，那是我最恐惧的时刻"。

欢迎来到《致命捕捞》。

探索频道于2005年推出该系列，其成为播出时间最长、最成功的纪录片之一。每年阿拉斯加捕捞帝王蟹的季节，摄制组都会拍摄白令海渔船上的生活。纪录片中不乏丰富多彩的人物形象，但真正的看点是环境。

他们把这个纪录片称为《致命捕捞》是有原因的。在无数个白天和黑夜，船员必须将700磅①重的蟹笼装满诱饵，将它们摇到栏杆上方的位置，投掷到400英尺深的海底，几个小时后，当装满螃蟹（他们希望）的蟹笼被拖上来时，他们需要用力将螃蟹移到货舱里。所有这一切都发生在波涛汹涌的海面，还经常伴有狂风。由于甲板上会结冰，船会变得头重脚轻，随时都有翻船的可能。

在阿拉斯加州，捕蟹一直是美国最危险的工作之一。1989—2005年，许多人死于这项工作，有十艘船沉没。多年来，在白令海捕蟹是"全国最致命的工作——比在伊拉克徒步旅行更加致命"[7]。

但是，使捕蟹如此危险的不是天气，而是螃蟹的数量：捕蟹船太多而螃蟹太少。

在人类历史的大部分时间里，捕鱼遵循着与狩猎野生动物相同的规则（见第一章）——先到先得。如果你先将鱼从海里拖出，你就拥有它。这个规则运转得很有效。遵循简单的捕鱼惯例，大海的恩惠实际上是无限的。在丰饶的海洋中，几乎任何所有权规则都能有效运转，或者即使没有规则也能有效运转。

当稀缺性增加，人们开始争夺同一资源时，所有权制度就更加重要了。这就是"二战"后发生在公海上的事情，随着速冻技术的发展以及渔船越来越大、越来越多，看似无限的鱼类资源开始走向灭绝，比如秘鲁海岸的鳀鱼、新英格兰的鳕鱼、阿拉斯加的帝王蟹。

在短期内，随着鱼群数量的减少，每艘船都想尽可能多地捕捞剩余鱼群。否则，剩下的鱼群就会被其他船只捕捞。但如果每艘船都这样做，就会导致鱼类种群被迅速破坏。由于物理占有决定了所有权，渔业成为公地悲剧的教科书般的例子。

1980年，阿拉斯加帝王蟹的价值达到2亿英镑。新的渔船来到

---

① 1磅约为0.5千克。——译者注

这里，急于获利。仅仅几年后，渔获量就下降了90%。随着螃蟹数量的急剧下降，当地经济也在崩溃。正如一位渔业官员所说的，螃蟹船主无法谋生，"他们只得把很多船开到码头，把钥匙放到港口长办公室，然后乘下一班飞机去西雅图"[8]。

为了防止过度捕捞并恢复捕蟹业，阿拉斯加州政府介入并废除了无限捕捞规则。取而代之的是，该州设置了捕捞限额。目的是将每年的总捕获量固定在一个可持续的水平上，即能使螃蟹种群繁殖稳定的最大捕获量。捕渔季在设定的日期开始，一旦达到限额后就立即关停。任何在该日期后捕捞的船只都会面临惩罚。

以下是阿拉斯加州使用所有权工具保护稀缺螃蟹的方式。首先，在1976年，该州通过依附规则宣称自己的所有权。在海底游荡的螃蟹是"我们的，因为它们依附在我们的东西上"，在这种情况下，美国声称在阿拉斯加海岸外拥有200英里专属经济区。阿拉斯加把外国捕鱼船队赶了出去。其次，阿拉斯加指定了螃蟹的总捕获量，一旦达到捕捞限额，捕渔季就会结束。最后，它将占有作为这些可捕捞螃蟹的所有权基准。

最终，这个新体系帮助稳定了螃蟹种群。但阿拉斯加州的做法仍然是糟糕的所有权设计。不经意间，该州加速了捕捞竞赛，为《致命捕捞》创造了条件。

因为一旦达到捕捞限额，捕鱼季就结束了，所以渔船们竞相以最快的速度捕捞螃蟹。这是一场危险的竞赛，一场疯狂的麦克斯式的自由竞争。即使面临恶劣的天气和危险的海面，拖网渔船也会在捕鱼季开始的一瞬间就驶离港口。尤其是在面对恶劣的天气和危险的海面时，船员和船长总是超负荷工作。没有人不冒险，因为他们面临被别人抢先的风险，别人会抢去本属于他们的捕捞份额。捕鱼季结束之快总是出乎所有人意料，有时仅仅几天就结束了。即使是一丝丝犹豫也会招致商业灾难。[9]

竞相出海会导致另一场灾难——在不稳定的甲板上，重型设备会受损，船员会落水，船只会沉没。这种疯狂的竞争方式几乎支配着美国的所有渔业。它被称为德比捕捞——不仅危险，而且效率极低。

船长们投入的钱越来越多，以便使他们的船比别人的船更快地捕鱼。因为每个船长都这样做，所以彼此间也就没有什么优势了。相反，整个船队把自己困在了一个无法取胜的竞争中。为了获得更先进的技术，每个人都开始投入更多的运营成本，但相对既定的捕蟹量来说利润就减少了。更糟糕的是，集中捕捞在短时间内聚集了大量螃蟹，导致市场供给过剩，因此螃蟹的价格总是很低。

捕捞限额帮助维持了螃蟹的数量，但事实证明，这对捕捞者来说是灾难性的。

作为回应，阿拉斯加州再次尝试。在白令海捕捞螃蟹永远不会像在你附近的池塘里投放鱼饵线那样简单，但多亏聪明的所有权设计，不会再出现最致命的捕捞了。这一次，该州开始向国外寻求解决方案，在保护海洋资源的同时，也使渔业更安全、更有利可图。它把目光投向了冰岛。

在20世纪70年代，冰岛的渔业经理人萌生了一个疯狂的想法。他们翻遍了所有权工具箱，组合出了一种宣称"我的"的全新方式，一种专门为渔业量身定做的方式。

所有权规则总是间接但有效地引导着人们。回想一下，在19世纪末，当美国希望人们在西部定居时，它改变了占有制度——定居者从事某些类型的有用劳动之后就会成为所有者。他们必须在160英亩土地上建立家园，并在五年内使其富有生产力；引水并将其用于有益用途；探寻并得到矿产开采权。同样，当杜克大学想让狂热的研究生球迷坐满看台时，它改变了先到先得的做法：只有在学生们经历几天露营活动之后,他们才能参加抽签。在这些案例中,所有者意识到,先前存在的占有和先到先得规则并没有引导人们去往想去的地方。他们需要修改规则。

冰岛在经历了同样的过程后,创建了所有权规则,让渔船船长投入更低的成本,赚更多的钱,并让船员更安全,同时确保渔业的繁荣。

简而言之,冰岛用后来被称为"捕捞份额"的制度取代了捕捞限额。在这个新体系下,关注点从排他转向了治理(见第六章)。捕获规则保持不变,但只有在你持有捕捞份额(也被称为个人捕捞配额,IFQ)的情况下才允许捕捞。单一的IFQ给予持有人捕捞特定数量的鱼的权利,比如一吨大比目鱼。如果这个捕鱼季大比目鱼的可持续渔获总量被设定为1 000吨,州政府就会发放1 000份IFQ。要想拥有一吨大比目鱼的所有权,那么船主需要至少拥有一份IFQ。简单地说,船只需要先拥有一份IFQ,然后才能捕鱼。

谁获得最初的IFQ?这是一个挑战。一个选择是由州政府拍卖它们。但这样一来,更有效率的外来者可能会出价较高,使本地船队出局。原则上,随着拍卖价格的提高,公众从其水域的鱼类中获得大部分经济利益,并可以用其中的一部分来培训下岗的当地人。但实际上,心怀不满的当地渔船船长可能会反击,进行海盗式的捕捞,甚至攻击外来船只(回想第二章中激烈的"龙虾帮")。因此,冰岛最初采用依附规则来分配IFQ,而不是采用拍卖的方式。它根据现有船队中每艘船过去几个捕鱼季的平均渔获量分配捕捞份额。这种分配方式公平吗?不完全公平。新来者和外来者开始时一无所有。州政府从其渔业中获得的拍卖收入为零。而往年最贪婪的寻求冒险的船主则会得到一笔意外之财。但依附规则有一个关键的优势:现有的船队接受了新的所有权制度,而不是与之对抗。

IFQ 结束了德比捕捞。船长们在捕鱼季开始之前就通过他们的 IFQ 拥有了整个年度的渔获量。这意味着船长可以在他们想捕鱼的时候捕鱼。如果天气不好，船就可以停在港口，直到天空放晴。如果鱼的市场价格低，他们就可以等待，直到价格上升。没有必要去竞争，因为从第一天起就已经分配了总渔获量。

IFQ 还有另一个更微妙的作用：它让船主有理由关心整个渔业的健康发展。更健康的鱼群意味着每个船主能拥有更多的 IFQ。他们动员整个船队团结一致，共同防范其他海盗式渔船的捕捞——每个 IFQ 持有者都可以理直气壮地说，其中一些鱼是我的。

很快，许多船主意识到，这样做可能更加有利可图——留在港口，并把自己的 IFQ 租给或卖给另一艘船。因为每艘船都可以捕捞很长时间，所以较少的船就能捕获全部份额。反过来，这降低了燃料、设备和劳动力的成本。由于船只可以等待更好的天气，所以船员面临的危险也更少。由于渔获量分布在较长的捕鱼季，所以价格也更稳定。船员们也有时间分离出雌蟹、小蟹和其他渔获物，并将其安全地放回大海。在 IFQ 制度下，鱼群数量回升，捕鱼变得更安全，船队的利润也增加了。这是个共赢的局面。

创新的所有权奏效了。

其他国家注意到了这一点。在冰岛首创之后，新西兰和澳大利亚也采用了 IFQ 计划，但这个计划在美国发展得比较缓慢。1995 年，阿拉斯加州开始在大比目鱼渔业中展开第一次试验。德比捕捞已经变得极为糟糕，每年只允许有三个 24 小时的大比目鱼捕捞窗口。阿拉斯加帝王蟹的情况也好不到哪里去，但捕蟹船主抵制所有权创新。在经历了一轮又一轮的破产和死亡之后，船主们在 2005 年——《致命捕捞》纪录片播出六个月后，勉强接受了 IFQ 规则。

其效果是显著的。

白令海上不再有疯狂的自由竞争。捕蟹季从 2004 年的三天延长到 2006 年的三个月。为捕蟹船提供贷款的银行家埃里克·奥尔森描述了这种戏剧性的转变：在 IFQ 规则下，"你知道一个渔民将被分配到 X% 的螃蟹。你可以将其转换为美元，就能了解他们的收入是多少。这是一个巨大的变化。这就是'拿上一箱红牛，祈祷好天气，系好安全带'和'现在我们有了一个商业计划'之间的区别"[10]。每艘船的利润增加了四倍。在 2014—2015 年捕鱼季，整个阿拉斯加的商业渔船没有发生人死亡事件，包括鲑鱼、大比目鱼和其他采用 IFQ 的渔业。

但是，就像每一个所有权的选择一样，IFQ 也是一种交易。更有效率的新来者不得不通过向"扶手椅上的渔民"支付费用来获得捕捞的资格，这些渔民得到了最初的 IFQ 这笔意外之财，然后简单地卖掉或租出去，悠哉地留在家中收取使用费。

这是不可避免的，因为船太多了，但船队的缩减对许多团体来说是痛苦的。据估计，有一半船员失去了工作。留下来的船员的工资也下降了，部分原因是新的船主不得不为获得 IFQ 而向"扶手椅上的渔民"支付费用。许多船员不再拥有德比捕捞的份额，而是成为小时工。《致命捕捞》系列纪录片仍在继续播放，但活跃的船只已经减少了 2/3，该纪录片的工作人员如今在更大、更安全的船只上无聊地、低薪地例行公事。

请注意，捕捞限额和 IFQ 都能确保螃蟹渔业的生存。如果你的首要目标是确保工作岗位，让新人自由进入，以及制作出让人肾上腺素飙升的纪录片，那么请继续进行德比捕捞。但是，如果你重视船员的安全和经济上可持续的船队，那么 IFQ 就是你的出路。

今天，世界上一半以上的渔业都面临着过度捕捞的局面，威胁着全球大部分人口的主要蛋白质来源和生计。IFQ 创造了环境可持续的所有权，这种所有权远不止存在于白令海的捕蟹活动中，但它们仅在国家可以强制执行所有权的情况下起作用。在公海上，有针对鲸鱼和金枪鱼等少数物种的条约以及一些区域性的捕鱼协议，但在大多数情况下，一旦船队越过一个国家的专属经济区，德比捕捞就又开始了。也许有一天，IFQ 也能到达那里。

迄今为止，已有 40 个国家采用了 IFQ，并已占到全球渔获量的 1/5。毫不奇怪，IFQ 策略被称为"我们这个时代最大的不为人知的政策成功"[11]。

总量控制与交易制度的好坏

通过 IFQ 来保护渔业，这种重新设计所有权的方法，也被证明在与含铅汽油、雾霾和酸雨的斗争中是有效的。酸雨的故事展示了它是如何运作的。

20 世纪 70 年代和 80 年代，中西部和东南部的火力发电厂排放了大量富含硫的污染物。气流将这些污染物带到海岸，在新英格兰和加拿大形成酸雨落下。在缅因州和佛蒙特州的湖泊、森林和溪流，这些没有任何人类活动的地方却导致了鱼类死亡和树木生长不良。这个问题在德国被称为"森林死亡"，这是一个严酷但准确的描述。1990 年，美国国会改革了污染物的所有权，以解决这个问题。

我们看到，IFQ 创造了拥有鱼类资源的新方式。政府会分发——有时是拍卖——当年的渔获量 IFQ。国会采用同样的方法来设置污染物的所有权。这听起来是反直觉的，甚至是反常的，但结果是激动人心的。

美国环境保护局（EPA）公布每年总共允许排放多少污染量，例如 100 万吨二氧化硫。然后，它发放了 100 万个污染许可证，每个许可证允许排放一吨。就像渔船从海里捕捞的每一吨鱼都必须有一份 IFQ 一样，污染者从烟囱排放到空气中的每一吨二氧化硫也需要有一个许可证。如果一个发电厂没有许可证，它就不能排污。

就鱼类资源而言，限制总捕获量是为了确保渔业的可持续发展；就污染物而言，目标是随着时间的推移减少酸雨的发生。最初，为了确保行业内的支持，每个发电厂都被发放了许可证，允许其维持当时的污染水平。但在那之后，总限额每年都在降低，发放的许可证在不断减少。

这种所有权形式被称为"总量控制与交易制度"，而这正是有趣的地方。以前，发电厂就像其他受监管的污染者一样：它们需要符合监管机构设定的所有公共健康和环境标准。如果它们的排放限制是每年 1 000 吨，就要确保排放量不超过这个数量，但即使少排放一吨也没有任何好处。

总量控制与交易制度颠覆了这种思维：它为污染者提供了一个新的商业机会。

想象一下，一个大型发电厂的法定污染限额是 1 000 吨。一开始它就有 1 000 个许可证，所以其设施照常运行。然而，发电厂经理意识到，他们可以廉价地改用低硫煤。如果他们这样做，那么该厂只需排放 700 吨污染物，他们就持有并不需要的 300 个额外许可证。在总量控制与交易制度下，这个新的清洁工厂可以将其多余的许可证卖给那些无法廉价改用清洁燃料或技术的污染工厂。

这种方法的天才之处在于，污染所有权创造了一个减少排放的商业模式。减少污染成为一个利润来源。发电厂现在同时出售电力和二氧化硫排放许可证，这使得它积极寻找更多的方法来减少其污染排放，以便能出售更多的许可证。

而这一切的发生都不需要环保局在发电厂或技术中挑选赢家或输

家。它只是估计了在一段时间内减少酸雨所需的总体污染轨迹。政府管理机构并不强制要求使用什么燃料,不支持任何一种技术,不命令任何特定的工厂停工。所有这些都在一个稳健的市场中经由交易达到守恒,因此最具创新能力的发电厂通过变得更清洁而获利,而最糟糕的发电厂则继续为排污付费。我们以最小的成本减少了污染。

如同 IFQ,结果令人印象深刻。由于发电厂竞相采用污染较少的燃料和更好的洗涤器技术来释放许可证,二氧化硫排放量的下降速度远超预期。东北部的酸雨现在已经成为历史。

从表面上看,总量控制与交易制度似乎非常适合应对酸雨和更普遍的气候变化。自 19 世纪的工业革命以来,我们越来越依赖煤炭、天然气和石油等化石燃料能源,导致大气中二氧化碳等气体迅速积聚。这些温室气体正在使地球变暖,改变着全球气候,使暴风雨更加强烈、频繁,也使海平面上升了。应对气候变化最直接的方法就是减少这些气体的排放。由于它们都混合在大气中,因此减少的气体来自哪里并不重要。从全球气候变化的角度来看,减少非洲的二氧化碳排放与减少美国的二氧化碳排放有同样的好处。

就像处理酸雨一样,国家或州可以设定温室气体排放总量的上限,发放排放许可证,然后让公司进行污染许可证的交易。2005 年,欧盟基于这一原则启动了一项计划,现在已经覆盖了 31 个国家的 1.1 万多家工厂和发电站。加利福尼亚州的交易计划旨在到 2050 年温室气体排放量能够比 1990 年降低 80%。中国正在建立全球覆盖温室气体排放规模最大的碳市场。巧妙的所有权设计可能会拯救地球。

也有可能不会。在渔业和酸雨方面,新的所有权形式使行为朝好的方向转变。但总是发生意外的风险:由于工厂和发电厂自由交易二氧化硫许可证,我们最终会看到清洁和肮脏的工厂混杂在一起。但这种模式并不是随机的。事实证明,剩下的肮脏工厂往往集中在污染严重地区，主要是在较贫穷的有色人种社区。

而且，总量控制与交易制度还可能以其他灾难性的方式走向错误的方向。一个早期的温室气体总量控制与交易制度导致了环保组织所称的"历史上最大的环境丑闻"[12]。

1997年联合国国际条约《京都议定书》的谈判代表们在全球范围内调整了用于鱼类和酸雨的方法，以对抗气候变化。《京都议定书》的计划由一些世界顶尖的经济学家设计，他们创建了一种新型的所有权——经核证的减排量（CERs）。就像渔船需要IFQ来捕鱼、发电厂需要许可证来排放二氧化硫一样，政府和公司需要拥有CERs来抵消自己的温室气体排放。

世界各地的项目可以根据从大气中消除多少温室气体来赚取CERs。这些项目可以向国家或公司出售CERs。种植树木可以捕获二氧化碳，因此热带地区的一个林业项目可以获得CERs。然后，它可以将这些CERs出售给另一个国家需要抵消其温室气体排放的精炼厂或水泥厂。许多经济学家和环保人士认为这是一个了不起的创新，它将创造一个拯救热带雨林的巨大新市场。

至少计划是这样的。

起初，CERs确实刺激了热带地区的一些森林项目，但它们也做出了让人意想不到的行为。印度等地的一些公司生产一种用于冰箱的化学制品，生产过程产生了一种叫作HFC-23的副产品。这种化学制品有一个不寻常的特性：它是一种超级温室气体，仅仅一个HFC-23分子就可引起与11 700个二氧化碳分子同样多的全球变暖。

这些制造商发现了CERs的商机。交易计划实施五年后，这些公司的产量增加了一倍，并且这些公司获得了世界上大约一半的CERs。[13]然而，制冷剂的市场并没有增长，那么它们为什么会有产能提升呢？

这些公司已经改变了其商业模式。它们的利润不再来自生产和销售制冷剂，而是来自生产和销毁 HFC-23 副产品。它们适当地焚毁自己所产生的每一英镑 HFC-23，所销毁的每一英镑超级温室气体都能获得 CERs——然后将其出售给有污染的欧洲、日本等地区及公司。正如欧洲议会的荷兰议员赫尔本·扬·赫布兰迪所解释的那样，"有些公司通过制造更多的这种气体来赚取大量钱财，然后销毁它再得到一笔报酬。这是一个不正常的现象"[14]。

制造和销毁 HFC-23 产生了大量利润，但它提供的环境效益为零。更糟糕的是，对一些公司来说，从 HFC-23 销毁者那里购买额度比从森林建设者那里购买更便宜。因此，流向热带雨林的资金很少。当这个骗局被识破和被制止时，HFC-23 制造商已经赚得盆满钵满。数十亿美元被浪费了，全球气候却没有得到任何改善。

《京都议定书》的交易计划是由一些非常聪明的经济学家设计的，他们的目的是推动世界各地的温室气体减排项目，拯救森林。但事实证明，少数制冷剂企业家甚至更聪明。所有权规则，以及它们能够产生的利润，有力地集中了人们的思想，无论是好还是坏。

毫无疑问，CERs、IFQs 和许可证偶尔也会失败——就像关于环境资源所有权的新颖的、丰富的其他衍生表达一样。谦虚是有必要的。但总体而言，这些项目是成功的。我们已经了解到，通过设计所有权来激励卡茨基尔山的农民、白令海的捕蟹者、中西部的燃煤电厂经营者以及全球各地的人来保护我们的环境和大气是有可能的。

保护自然界的责任主要落在政府身上。有时，政府会把新的所有权形式弄错，但如果有机会进行试验和再次尝试，它们就能成功。所有权工具箱提供了避免物种灭绝、保护森林、保持空气和水健康的途径。人类生存的最大希望可能是让更多的环境资源——甚至污染——成为"我的"。

砖头和木棍

数字世界和自然世界有一个共同的特征。两者所有权的发展都是从零开始的，这也是所有新的和正在出现的资源的特点。一旦占有资源的竞赛开始，竞争性的故事就出现了。我是第一个，就像第一章中的狐狸案例；我拥有它，就像第二章中的停车椅；我劳动了，就像第三章中迪士尼的主张。哪种所有权规则看起来最有效、最公平、最有利于增进我们的自由和维系我们共有的事物呢？

我们现在也在网上提出这个问题。但是自然资源和虚拟资源之间有一个重要的区别。到目前为止，政府还没有推动网络所有权。也许它们应该这么做，但它们并没有。在网上，商业社区依靠诸如模糊性策略、捕获基准以及选择加入还是选择退出之类的工具，推动了所有权边界的创建。公司并不会等待法律的制定，它们也不需要获得许可。它们调整所有权是为了使自己的利润最大化，而不是服务于公共目标。

这并不全是坏事。一代多人以来，互联网驱动的创新一直是现代经济的生产引擎。但这种活力是有代价的。

安德斯·G.达·席尔瓦以一种典型的方式经历了这种权衡。像数百万名消费者一样，达·席尔瓦通过他的苹果 iTunes 账户购买电影。一天，他惊讶地发现，自己买的三部电影从账户上消失了。他联系了苹果公司，要求解释。他不喜欢客服代表的回答，所以在推特上发布了一个夸张版的动态，描述了他不满意的交流过程。这在互联网上迅速传播开来。正如他所写的：

> 我：嘿，苹果，我买的三部电影从我的 iTunes 账户里消失了。
> 苹果：哦，是的，那些已经没有了。谢谢您购买。我们这里

有两部电影出租！

我：等等……什么？@tim_cook 什么时候变得可接受了？

苹果：您看，我们只是一个店面。

我：店面？

苹果：是的，我们接受您的钱，但我们对出售的东西不负责。而且，我们当然不能保证您能保存从我们商店购买的任何东西。我们只保证留下您的钱。

我：我明白了……那么"购买"按钮是没有意义的？也许应该叫它"心存侥幸"？

苹果：我看您不太开心。来我们这里租两部电影吧。[15]

林恩·尼加德同样也很沮丧，她选择了亚马逊而不是苹果。尼加德是奥斯陆的一名信息技术顾问，经常出差。在英国的一次旅行中，她买了一个 Kindle 阅读器。不久后，她买了 40 本电子书，在方便小巧的屏幕上阅读。然而，一天早上，她发现自己的账户被锁定了。更糟糕的是，她的电子书从 Kindle 上消失了。出于担忧，她通过电子邮件寻求帮助，却被告知亚马逊及其附属公司"保留自行决定拒绝服务、终止账户、删除或编辑内容或取消订单的权利"[16]。

为了阐明这一点，亚马逊补充道："请知道，任何试图开立新账户的行为都会遇到同样的情况。"[17] 尼加德大吃一惊，说自己是亚马逊的长期客户，信誉良好。不过，亚马逊的最终回复更直白："我们祝你好运，希望你能找到一家能够更好地满足你需求的零售商，我们不会在这些问题上提供任何额外的建议或帮助。"[18]

尼加德的一位朋友在博客上讲述了这件不可思议的事，就像达·席尔瓦在推特上发布的动态一样，这件事在博客上很快传播开来。几天后，尼加德的账户和电子书被恢复了，但没有任何解释。亚马逊大概是希望平息这场公关危机。几年前，在发生版权纠纷后，该公司删除了读者购买的乔治·奥威尔的反乌托邦小说《1984》的副本，之后也曾面临类似的骚动。具有讽刺意味的是，删除《1984》正是小说中"老大哥"要做的事。

这些故事也发生在数字电影和书籍之外。它们由在线软件操控时，甚至延伸到了现实物品中。阿洛·吉尔伯特拥有一个 Revolv 设备，这个盒子可以控制他家的门、警报器和灯。一天早上，他醒来时发现设备已经坏了，不仅坏了，而且"坏得如同砖头"。但坏的不仅是吉尔伯特的设备，那天世界上所有的 Revolv 都瘫痪了。[19]

事实证明，谷歌远程激活了每个设备上的关闭开关。为什么？谷歌在 2014 年收购了 Revolv，当时它正在向"物联网"市场扩张。后来，谷歌决定投资另一条名为 Nest 的家庭自动化产品线。还有什么是比终止 Revolv 的配套软件更好地推动 Nest 销售的方案呢？就 Revolv 的服务条款而言，谷歌保留了将其全部关闭的权利。

在一篇博客文章中，吉尔伯特问道："谷歌下一步会选择哪个硬件？……你的 Nexus 设备安全吗？你的 Nest 火灾/烟雾报警器呢？你的 Dropcam 呢？你的 Chromecast 设备呢？"[20] 吉尔伯特运气不好。他仍然拥有硬件，但只能将其用作门挡。

现在想象一下，如果亚马逊是一家与尼加德发生纠纷的当地书店。当然，书店的员工不能打开尼加德家的门，走进她的书房，拿走她从他们那里买的所有书籍。苹果从达·席尔瓦那里拿回电影或谷歌使吉尔伯特的设备变为砖头也是如此。然而，这实际上是这些网络巨头所做的，也是它们设计所有权的目的。线上合同中明确规定了自主创建的"终止账户、删除或编辑内容"的权利，但没有人仔细阅读过。

亚马逊、苹果和谷歌正从所有权的数字化转变中获益。在过去的大部分时间里，我们生活在一个由农场、马、锤子和面包主宰的世界。在那个世界里，所有权主要指真实的、有形的东西：我们可以站在我们的土地上，持有我们的东西。如果你拥有某样东西，那么在很大程度上你可以将其他人排除在外；你控制了这个物体并决定了它的命运。这种排他直觉是我们大多数人对所有权的看法，也是我们今天对所有权的看法——我们一直称为所有权的开关式形象：它是我的。请拿开你的手。

互联网公司明白这一点。它们依靠这种开关式的反应来唤起我们对所有权的本能直觉。但这是一个诱饵和陷阱。[21]

网络市场向我们展示了小购物车的图标，所以我们认为它就像超市里的购物车一样。我们在购物车里"放东西"，然后去"结账"。网络世界被精心设计，以模仿物理占有的世界，并激活这些冲动。别上当了。

最近的一项调查发现，83%的受访者认为他们拥有数字内容就像拥有实物一样，可以随心所欲地使用它，可以自由地把它借给朋友，一次又一次地使用、出售、捐赠，甚至把它剪切成新的东西，比如混搭歌曲或拼贴画。[22]正如这本书的一位合著者所解释的，"'立即购买'有很多含义。[23]它不是说'立即出租'，也不是说'获得有条件的使用权'，它说的是'购买'，这对大多数消费者来说意味着非常具体的东西，在数字内容的情况下，这是不正确的"。

在大多数情况下，你重新使用、出售、捐赠或修改数字产品的能力受到严重限制。所有权开关不容易转化到数字世界。人们熟悉的占有信号在网上没有意义——它们是一个逐渐消失的系统的残余。但我们仍然在接受这个新的现实。这不仅是我们过去所熟悉的拥有和租赁选项。相反，在网上，所有权感觉很奇怪，介于两者之间，更像是一个调光器而不是一个开关。

互联网经济经常被用创新的超级术语来描述——它是"前所未有

的"和"无与伦比的"。我们会很容易地把虚拟经济想象成人类历史上的全新事物。在某些方面，也许它是；但就所有权而言，它并不是全新的。

律师有时将所有权描述为一捆木棍。[24] 这个隐喻大约在一个世纪前被引入，它从根本上改变了法律的教学方式和实践。这个比喻很有用，因为它帮助我们将所有权视为一组既可以分离又可以重新组合的人际权利。当你提到一种资源说"它是我的"时，通常意味着你拥有很多捆绑在一起的棍子：出售棍子、出租棍子、抵押权、许可权、赠予权，甚至销毁物品。但通常情况下，我们会把这些棍子分割开来，比如一块土地：可能有一个土地所有者，一个有抵押贷款的银行，一个有租约的租户，一个有通行权和地役权的邻居，一个被允许进入土地的水管工，一个有矿权的石油公司。这些人中的每一方都拥有成捆木棍中的一根。即使是最完整的所有权捆绑也是有限的：制造麻烦、利用财产犯罪或以某些方式歧视他人的棍子是不被允许的。

正如达·席尔瓦、尼加德和吉尔伯特所经历的那样，当我们在互联网上购物时，我们并没有买到整捆木棍，而是只买了几根木棍。卖家已经想出了如何留住剩余木棍的方法。当你在亚马逊电影上点击"立即购买"时，你得到的是："一个非独占、不可转让、不可转授、有限的许可……用于个人、非商业、私人用途。"[25]

这意味着什么？没什么。在你看完所有的法律条文后，你绝对没有权利"转让、复制或展示"，除非亚马逊允许；也没有任何权利"出售、出租、租赁、分发或传播"你购买的东西。亚马逊掌握着大部分的木棍。点击"立即购买"实际上只给了你几根木棍。

iTunes、Kindle 和 Revolv 许可证的工作方式或多或少都是一样的，都有类似的官样文章。你的所有权被限制在一个没有人读过也很少有人能理解（包括这本书的笔者）的网站上的法律细节描述中。

然而，每个人都点击了"立即购买"按钮。人们想要完成他们的购买，继续他们的生活。即使你确实读过这些条款，它们也很复杂，不公开进行讨价还价，而且不断变化。公司通常保留在任何时候修改条款的权利，而且无须告知你。当你点击购买时，通常你也同意了接受未来所有权范围的变化，而不被另行通知。

简而言之，今天，你只买了一根使用有限的木棍，其余的由苹果、亚马逊和谷歌持有。他们甚至在你买的木棍上挂了一根绳子，以便如果他们想要，就可以拿回。如果你深入阅读其在线许可协议，就会发现，其实亚马逊对此是很坦诚的。当你点击"购买"时，它只同意你的在线内容"通常继续提供给你"。亚马逊没有做出任何保证。相反的是，根据协议，内容"可能由于潜在的内容提供商许可限制或其他原因而变得不可用"。什么是"其他原因"？亚马逊没有说明。

作为一个"踢球者"，如果亚马逊关闭尼加德的 Kindle 或收回你下载的《1984》，它"将不对你负责"，也就是说，它不会欠尼加德或你一分钱。这就是拥有亚马逊在线图书的意义所在。这也是谷歌可以打开吉尔伯特的 Revolv 的关闭开关，以及苹果可以从达·席尔瓦的 iTunes 账户中删除电影的原因。不要以为这只限于亚马逊、谷歌和苹果。从一捆木棍到一根木棍的转换在线上所有权方面是普遍存在的。

随着网速的提升和云存储成本的降低，我们在生活中将有越来越多的商品和服务数据流。不透明的许可证不仅将管理我们听的歌曲和买的书，还会跨越整个物联网——从咖啡机、恒温器到安全系统和音响系统。如果欧乐 B 将你的无线牙刷变成砖头（是的，这是有可能的），也许不那么令人担忧。但是，如果糖尿病监测器、心脏起搏器和家庭报警器的所有权结构出现意外，那可能就是致命的。

直觉仍然告诉我们，拥有硬件才是最重要的。在整个人类历史上都是如此。但是，嵌入物理产品中的软件变得越来越重要了。在数字经济中，我们持有短暂的 1 和 0 的数据流许可证——机器中的幽灵。

不同凡"想"

"成捆木棍"理念是一种强大的所有权设计技术。"立即购买"按钮只是"成捆木棍"重新组合所带来的商业利益中一个明显的例子。我们在网上互动的公司都是所有权设计大师，它们从中获利。政府允许它们这样做。也许，作为消费者，我们需要适应苹果的旧口号"不同凡想"。

首先，我们需要认识到，我们感觉自己拥有的东西与实际拥有的东西之间的差距正在不断扩大。这绝非偶然。这是数字所有权的花招：鼓励我们认为自己拥有的比实际拥有的更多，是一捆木棍而非一根木棍。当我们在网上购物时，"这是我的"的本能力量和范围就不适用了。

在这个新世界里我们失去了什么呢？第一个代价是因在线所有权的日益集中而产生的一种成本。在过去，实体所有权是分散的。有了书籍，人们就拥有了有形的副本。多样性意味着记忆可以被保存和传播。如今，书籍和电影会轻易地消失。只有少数公司可以拥有一整捆木棍，其他人都只拿着一根木棍。只要按下企业云某个地方的按钮，所有副本就都可以消失。正如一位评论员所写的："在这个故事最残酷的版本中，我们正走向一种技术封建主义，在那里，我们最终都成为那些曾经的硅谷暴发户的农奴。"[26] 从这个意义上说，我们看到的不是所有权本身的终结，而是个人所有权的终结。"第二个代价可能是我们的自由。有形物质的普通所有权自动为个人选择提供了广阔的空间。当你拥有一本纸质书时，你可以重读它，把它送给别人，借给朋友,把它当门挡,或者把它剪下来粘贴到剪贴簿上。你不必征得任何人的同意。如果你愿意,你还可以撕碎你的书,书店和出版商都不能阻止你。当我们在网上点击"立即购买"时,我们就失去了很多自由。如果卖家不喜欢你的行为,它可以扔掉你的木棍,把你的设备变成砖头。雷·布拉德伯里在1953年的小说《华氏451》中准确地预见到了这个反乌托邦的世界——书籍被禁,"消防员"争先恐后地烧毁了最后几本实体书,只留下了官方的电视版本。

技术封建主义和失去自由不是容易解决的问题。当然,我们可以禁止亚马逊在在线内容中添加"立即购买"按钮,我们需要一个不那么具有欺骗性的按钮,比如"点击获取超级有限许可证"。我们可以让线上卖家用大写的文字通知你:"这部电影不是你的。不允许借出。"也许这会有所帮助,值得一试。但许多研究表明,强迫人们接收信息的效果有限。我们之所以很快便学会了忽略令人不快的所有权细节,部分原因是数字经济带来了如此多的即时满足。

流媒体服务可以取代家庭书架是有原因的。虽然有些人可能会怀念他们珍藏的CD(光盘)墙,但许多人更喜欢庞大的图书馆和歌曲推荐引擎,只需点击Spotify即可获得旧收藏夹和新发现。作为消费者,我们也从中受益,因为拥有单根许可使用权木棍比拥有一整捆木棍更便宜。公司可以在那一刻通过提供我们想要的东西来实现利润最大化。我们可能觉得自己拥有很多东西,但我们真的没有。

点单生活:共享经济

这场关乎所有权的旅程还有最后一站:共享经济。在某种意义上,共享经济是数字所有权的另一面。在共享经济中,我们不是错误地认为我们拥有的比我们真正拥有的更多,而是故意想拥有得更少。忘记所有权的捆绑。我们只是暂时使用别人的商品或服务。我们寻求微型所有权从而可以小额支付。这是细枝的世界，不是木棍的世界。

"你们有多少人拥有电钻？"[27]

瑞秋·博茨曼带着浓重的澳大利亚口音，在悉尼举行的TEDx演讲中向满堂观众提出了这个简单的问题。

大多数观众举手，但没有人知道这个问题的指向。博茨曼的职业就是进行宏观思考和发现新兴趋势，尤其是在我们如何消费方面。《时代》杂志将她2010年的新书《我的就是你的》描述为"改变世界的十大创意之一"[28]。因此，这个简单的问题显然指向了一个重要方面。

"那个电钻的使用时长会有多久？"

这个问题不太容易回答。结果是12~13分钟。

"这有点荒谬，对吧？因为你需要的是孔，而不是电钻。"考虑到这一点，她问道："你为什么不租电钻？或者把你的电钻租给别人，从中赚些钱？"

如果你这么说，那么共享经济似乎显而易见。为什么我们以前没有想过？

博茨曼关于共享电钻的好处的见解，自电钻存在以来就一直是事实。那么为什么《时代》杂志认为这是一个将改变世界的全新、伟大的想法呢？变化将会发生，但不是以大多数人认为的方式发生。

电钻不会发生改变。租赁商品和服务的想法也不是什么新鲜事。最大的变化是，智能手机和互联网为微型所有权开启了新的可能性。正如一位科技记者解释的那样，"苹果手机帮助人们把互联网和全球定位系统塞进了口袋。大萧条让人们陷入绝望和破产。这两个发展相互契合，播下了共享经济的种子：消费者正在寻找新的储蓄方式,工人正在寻找新的赚钱方式,智能手机为他们提供了新的交易方式"[29]。

20年前,租出电钻、备用卧室或汽车既复杂成本又高,不切实际。没有低成本的方式与潜在买家沟通,谈判价格和条款,并收取钱款。你的各种各样的资产躺在你的房子周围,停在你的车道上,它们有使用价值,但没有简单的交易方式。互联网大幅削减了进行这些交易的成本。正如一位学者所说的,现在我们可以得到曾经只是"块状"东西的"切片"。[30] 突然间,新的市场出现了。

在美国,汽车平均每天只有4%的使用时间。那么,当汽车处于空闲状态时,其余96%的时间是否可以创造价值?这里有商机吗?Turo、Getaround、Maven和其他初创公司当然希望租车人绕开赫兹和安飞士汽车租赁公司,把你的私家车开离车道。这就是网上租车公司Zipcar,它适用于每辆车。正如一位科技记者想象的那样,"在一个房地产网络化、可编程、超快小额支付可以自动发生、软件记录并强制执行谁拥有什么的世界里,可能的交易池会是无限的"[31]。

结婚后昂贵的婚纱怎么处理?登录租借服饰包包的平台Rent-TheRunway,它有数百种款式可供选择。大多数人一生中在特殊场合穿礼服的次数不到七次,我们希望只穿一次婚纱。RentTheRunway试着让它的裙子"周转"了30次。还有些裙子被磨损了150次。想在一个新城市度过周末吗?通过短期租赁平台VRBO或爱彼迎找个地方住。它可以让你住在一个有趣的社区,比酒店还便宜。下周你不使用公寓的停车位了吗?通勤者可以通过JustPark付费使用。

任何关注商业或技术新闻的人,哪怕只是随便关注一下,都知道这些新兴公司的产品不胜枚举——服装、自行车、零工、杂货、电源插座等。互联网平台正在为我们拥有但无法交易的商品和服务创造市场。

当然，不是每个想法都能成功。回到博茨曼关于电钻的例子，事实证明，许多喜欢自己动手的人仍然想要电钻——一连串失败的电钻供应商就是证明，包括 NeighborGoods、Ecomodo、Crowd Rent、Share Some Sugar、Thingloop、OhSoWe，以及 SnapGoods。[32] 当人们可以在当地五金店买到 30 美元的电钻或从亚马逊获得当天的送货服务时，实际上并不想花钱、花时间麻烦地去租一天这东西。而且更多时候，人们既不想要电钻，也不想要洞。他们只希望挂上窗帘，组装好宜家的梳妆台。跑腿网站 TaskRabbit 发现它可以提供这种有用的组合，同时向你安排电钻和可完成这些工作的人。

这些新市场不乏新名称——"协作消费""零工经济""伙伴经济"。对于它的发展方向，也一直有令人振奋的预测："事实证明，数量惊人的年轻人已经开始质疑美国文化的核心信条之一：所有权。"[33] 至少在理论上，这是一个很有希望的发展方向。很多时候，我们不需要完全的所有权来满足我们的愿望和需求。正如《纽约时报》的一位作者所指出的："如今我们并不真正购买东西。我们只是订阅在线服务。而我们怎么能拒绝呢？"[34] 毕竟，重要的是服务，而不是东西。

共享经济的乐观版本是，消费者将获得他们所需要的服务。没有任何东西会被浪费。

事实上，正如有些佛教徒所告诫的那样，我们可能是真的太执着于物质了。对于一个社会而言，我们生产并拥有了太多的东西。许多人因拥有太多而感到沉重。有多少人在阁楼、地下室，甚至租来的储物柜里面装满了我们从未见过的东西？根据收纳专家近藤麻理惠的说法，如果我们停止拥有那些不常用的东西，那么我们不仅会减轻负担，还会释放精神压力、激发快乐。按需购买也可能促进一种更环保的可持续生活方式。"我们中的许多人开始重新思考拥有某些东西的意义，"一位评论家指出，"反过来，这在这个国家中产生了一种新的社会和商业场景，甚至一种新的生活方式。"[35]为了保持惯常的消费，我们可以使用更少的资源——例如，让我们处理掉那些闲置在车库里、乱停在拥挤城市中的汽车。

这种田园诗般的愿景有一些吸引人的地方，但它也忽略了更重要的一点。

共享经济并非真正意义上的共享，也不是所有权的终结。所有权技术的进步改变了我们作为公民和消费者的身份，就像 IFQ 和快速通行证，石油统一化和王朝信托改变了所有权的格局。展望未来，微型所有权和智能手机的交集可能会彻底颠覆生活，就像所有权的依附原则和铁丝网重塑大平原一样。

从拥有物品到流媒体生活的转变将产生惊人的成本。首先，共享经济可能不是为了倡导简单，而是为了鼓励更多的炫耀性消费。想想看：你是不是很少看到人们吃自助餐时的盘子是半空着的。盘子往往堆得很高。随着商品或服务变得越来越便宜，人们消费的种类越来越多——也许每样东西都少了，但总体上更多了。高端服装和手提包的流媒体可能在引导人们追求奢侈而不是满足，让人们永远不满足于自己拥有的东西，总是随时准备跳转到下一个甚至更昂贵的服务级别。

共享经济不会创造财富，对大多数人来说，它消耗了财富。人们失去了为购买大宗商品而储蓄的自律性，失去了贷款或抵押并还清债务的自律性，也失去了拥有珠宝、汽车和最重要的房屋等资产的自律性。从历史上看，对于那些有能力买房的人来说，住房是美国人财富积累的最大来源（它是扩大种族财富差异的最大驱动力）。抵押贷款还清后，房屋为退休人员提供了一个安全的居住场所，或者在他们缩小住房规模时提供了现金。相比之下，租房者按月支付，流动人员按日支付，没有任何积累。

如果每个人都提供住宿，而不是做出长期承诺，那么社区也会受到影响。如果居民只会从一个地方拉着带轮子的行李箱到另一个地方，那么谁去组织 7 月 4 日的街区聚会？邻居们不会去隔壁陌生人那里拿一袋糖果或祝贺邻居孩子的生日。受欢迎的旅游目的地已经看到了社区即将解体的未来，因为长期居住的居民会被投资者所取代，他们购买公寓的唯一目的是短期周转。这种转变也会抬高房价，使在该地区长大的人更难留下来。社区团结是无形的，难以衡量，但它的消失存在真正的成本。在这场公地悲剧中，个别房主理性地选择通过将房子挂在爱彼迎来获利，但总体而言，我们都失去了对一个地方的归属感，失去了家的感觉。

作为回应，一些社区，如加利福尼亚州的圣莫尼卡，开始禁止短期租赁，有效地禁止了爱彼迎。通过限制有意愿的卖家和买家，该市正试图防止已经很高的房价进一步升级，并保持社区精神不变。这一举措帮助圣莫尼卡留下了财富和白人，但不包括那些既不富裕又想在海滩短暂逗留的人。同时，这给当地的房主带来了巨大的代价，有些房主富裕，有些则贫穷。

理解爱彼迎禁令的一种方法是，将其看作所有权调光器并调低一些——从市场价值调向非货币价值。圣莫尼卡正在解决邻里团结的问题，但要付出个人自治和种族平等的代价（总的来看，对我们来说代价太高）。一切所有权规则都涉及利弊权衡。

那么，谁来决定我们的生活有多少可以自己选择呢？答案一如既往取决于谁的手中握着所有权的遥控器。应该是个人业主、公寓委员会、社区、城市或国家吗？关于谁来决定，没有什么中间的立场，每个选择都将改变"这是我的"的意义。

看着水晶球，我们可以想象一个世界，也许在不远的将来，在这个世界上，一切所有权都会集中在少数公司手中，其他所有人都仅拥有访问权限。在这样一个每个人与商品和服务的联系如此短暂的世界里，生活意味着什么？

风险不仅是我们失去与邻居和社区的联系，我们还可能失去我们人格的某些方面，即许多人通过老式的所有权体验到的与神圣的联系。通过无数次的点击，我们可能在不经意间放弃了创造力、自我表达和自我认知，这些都来自与拥有、个性化以及我们最亲密的物品之间的联系。比如，我们不再珍视父母的加下划线的小说和食谱，这些小说和食谱在页面空白处有注解、在书页上有发散的想法——这些都是他们思考和关注之处的证据。相反，现在我们在食谱搜索引擎中输入食材，或者心不在焉地在 GrubHub 上订购晚餐。我们不再去学习如何给我们的敞篷野马或大众甲壳虫——20 世纪汽车自由的象征——更换机油，而是使用优步，消费一种不那么崇高的汽车服务数据流。

这种转变很重要，因为我们不仅是作为消费者存在的。我们的身份与我们拥有的大部分东西有关。比如我们同自己的房子、汽车、书籍和衣服有着紧密的联系。正如一位记者尖锐地问道："谁还记得打开一张新专辑的声音、一辆新车的气味或一所新买房子的门时的兴奋感？在我生命中的不同时刻，这些都代表着拥有的喜悦和其真正到来的感觉。"[36]

在从拥有某样东西、某些东西到只持有他人一捆木棍中的一根木棍的巨大转变中，我们面临着失去自身同简单物质财产的亲密联系所带来的深刻价值的风险。我们的东西——例如我们的身体——定义并组成了我们，不仅是作为个人，而且是作为有意义的社区的一部分。在这个新的世界里，我们可能永远不会给生病的邻居做饭，不会和朋友一起打扫花园，不会一起清理废弃的土地，或者不会分享工具和技能来建造社区操场。

在共享经济中，我们的生活方式就是不断点击，在那里物理占有的胜诉率确实下降到1/10以下——我持有它，但它几乎不是我的。所有权从我们短暂拥有的东西中解放出来。点单生活可能非常方便，但你真的想给你的订婚戒指发放许可证或者出租你的狗吗？那你怎么给一个不停点击各种东西却一无所有的人买礼物呢？

结 语
孩子们的所有权规则

一条主线贯穿了这本书。我们一直被有价值的东西包围着，然而我们并不会抢夺我们想要的东西。我们不是小偷，其他人也不会随便从我们这里拿走东西。我们不是笨蛋。

对所有权的共同理解使陌生人和平共处成为可能。大多数规则不可能是复杂的，否则我们将无法度过哪怕一天。如果是这样的话，法官决定的可能只是所有权冲突中的百万分之一。其余的由我们自己解决。

这是为什么呢？

当某一学期进展顺利时，在课程的最后一天，学生们有时会用有趣的礼物给我们制造惊喜。有一年，学生们给了我们一捆木棍——是的，捆在一起的真实木棍。还有一年是一只毛茸茸的狐狸玩偶，灵感来自经典的"波斯特诉皮尔森"一案。

赫勒最喜欢的东西之一是一件T恤衫，这件T恤衫在胸前横向印着"孩子们的所有权规则"标语。（这段文字的许多衍生表达已在互联网上流传开来。我们搜索了一下，但没有找到最初的作者。那么谁拥有它呢？）以下是与那件T恤衫有关的规则：

1. 如果我喜欢它，那么它就是我的。
2. 如果它在我手里，那么它就是我的。
3. 如果我可以从你那里拿走它，那么它就是我的。
4. 如果我不久前还拥有它，那么它就是我的。
5. 如果它是我的，那么绝不会有任何方式显示它是你的。
6. 如果我正在做或建造什么，那么所有的部分都是我的。
7. 如果它看起来和我的一样，那么它就是我的。
8. 如果我先看到它，那么它就是我的。
9. 如果你正在玩什么东西并把它放下，那么它就是我的。
10. 如果它坏了，那么它就是你的。

这些规则很有趣，因为它们听上去如此真实。"我的"是蹒跚学步的小孩最先学会说的词之一，这不是巧合。从很小的时候起，孩子们就有着强烈的占有欲，对所有权的含义也有着惊人的认知。获得更大的玩具卡车是可以的，但如果你用它打你的妹妹，那么卡车就不再是你的了。蹒跚学步的小孩是在规则空间内谈判的专家。我们都是如此，而且我们必须如此才能日复一日地生活。

当有价值的资源出现时——而且它们一直都在出现——所有权总是有待争夺。无论是获得最高法院座位的方式、流媒体HBO节目、盘旋在你房子上方的无人机、冲浪，还是雪中街道的停车位，人们都会彼此竞争，宣称自己的主权。通常情况下，这本书中的所有权格言会占上风。但总是有另一个故事，威胁着要颠覆所有权。"先到后得""现实占有，胜算十之一二""你播种，我收获"，有时甚至连"孩子们的所有权规则"都占上风。

无论是对于那些追求利润的人还是那些旨在推进公共利益的人，这种紧张关系都是事情的有趣之处。

小孩对迪士尼世界的看法是：我排在你的前面，所以我比你先乘坐这些游玩设施。没有抄近路一说。但迪士尼为超级富豪设计了一条快速通道。小孩对 iTunes 的看法是：我把《爱探险的朵拉》放进了我的购物车中，妈妈点击了"立即购买"，所以它就是我的。没有收回一说。但苹果公司附加了一根能让它收回的绳子。无论是为了确保杜克大学篮球运动的狂热粉丝，为 23andMe 公司拿走我们的遗传密码，还是鼓励在白令海上进行更安全、更可持续的捕蟹活动，所有者总是在调整所有权，以引导我们这样做或那样做。

还记得本书开篇的"膝盖卫士"故事吗？在我们写这本书期间，飞机座位又发生了变化。航空公司正在拆除内嵌的娱乐屏幕，使托盘桌变成所有权竞争更加激烈的场所：你需要"媒体设备支持"，这样你才能收看自己的内容。美国航空公司将座椅倾斜度从舒适的四英寸减少到象征性的两英寸，达美航空公司也在效仿。Spirit 航空公司和其他折扣航空公司则更进一步，采用了"预倾斜"座椅，将座椅的倾斜角固定，并完全取消了倾斜按钮。为什么？不是为了更舒适的飞行体验，而是因为预倾斜使座椅更简单、更轻、更薄，而这反过来又减轻了维护工作，节省了燃料，并能容纳更多乘客。它还消除了所有权的模糊性，使"膝盖卫士"失去了市场。代价是：大多数乘客的舒适度降低了。

今天，经济舱中的所有权冲突正在转移到脚蹬和扶手上，尤其是对遮光窗帘的控制上——那些想看向窗外的乘客和那些抱怨屏幕刺眼的乘客形成了对立之势。飞机上的所有权基准之争就像沼泽地 vs 湿地，红杉树 vs 太阳能板，只不过是在 3.5 万英尺的高空上。

如果说这本书有什么启示的话，那就是"这是我的"反映了在竞争故事中的选择。我们只用了六个简单的故事提醒人们，而哪个故事获胜，总是有待商榷。现在如果你能认识到这些隐藏的规则，你就能更有效地为你自己、你的社区和我们的共同利益发声。无论你是在排队等候、上网冲浪，还是挤在飞机座位上，都要问问自己：遥控器在谁的手上？谁得到了什么？为什么？

致　谢

我们要共同感谢莱文·斯坦格林伯格文学社的代理人吉姆·莱文和道布尔戴出版社编辑克里斯·普波洛。从提案摆上吉姆办公桌的第一天起，他就一直支持着这本书，从未改变。从书名设计到其远景规划都归功于吉姆，也要感谢他的团队，包括迈克·纳杜罗和马修·赫夫。克里斯以其稳重、令人轻松的做事风格引导着我们。当她同意与我们合作时，我们感到非常幸运。非常感谢道布尔戴团队，包括迈克·科利卡、托德·道蒂、凯瑟琳·弗里德拉、迈克尔·戈德史密斯、丹·迈耶、瑞秋·莫兰、劳伦·韦伯、迈克·温莎和卡罗琳·威廉姆斯。

卡罗尔·罗斯一直是我们两人职业生涯的导师。鲍勃·埃里克森、汉诺克·达甘和汤姆·梅里尔教会了我们如何思考所有权问题。罗布·菲什曼提出了"所有权的魔鬼经济学"的前提假设。而且，在一个非常恰当的时机，丹·艾瑞利把我们介绍给吉姆。我们要感谢更多此处没有提及的同事和朋友。特别感谢杰米·博伊尔、安·卡尔森、格伦·科恩、库珀·科斯特洛、马丁·道尔、简·金斯伯格、杰瑞·康、丹·凯夫利斯、迈克·麦肯、杰德·珀迪、卡尔·劳斯蒂亚拉、理查德·雷、布菲·斯科特、克里斯·斯洛博金、杰克逊·威利斯、蒂姆·吴，以及在科罗拉多大学、哥伦比亚大学、杜克大学、加州大学黑斯廷斯分校、加州大学洛杉矶分校和加州大学圣芭芭拉分校参加研讨会的人。还要感谢我们的研究助理康纳·克莱金、安德鲁·霍华德、罗伯·科勒和莎拉·韦斯。

个人致谢

我要感谢多位与我合作过的伙伴，他们的观点在这本书中均有体现。尤其是汉诺克·达甘，他是我在私法理论方面的长期合作者。哥伦比亚大学法学院一直是一个伟大的学术家园，这要归功于院长吉莉安·莱斯特和我出色的同事们的支持，以及来自马克和伊娃·斯特恩学院研究基金、格雷斯·P.托梅捐赠基金、亨利和露西·摩西学院研究基金的慷慨资助。特别要感谢我的学生，我和他们一起实地测验了本书的大部分素材——他们大胆地告诉我什么时候跑题了。我感谢那些在写作过程中支持我的朋友，包括大卫·巴斯奇、巴特·盖尔曼、达夫娜·林泽、阿莱西亚·雷纳、丹尼尔·罗滕伯格、弗吉尼亚·鲁特、塔玛·沙皮罗和杰森·斯拉维克，也感谢我的父母和兄弟，他们在我很小的时候就教会我"我的"的意义。感谢与我合作这本书的詹姆斯·萨尔兹曼，他一直是推动这个项目顺利进行的动力——我和詹姆斯一起写这本书时收获了太多乐趣。最后，一如既往地，我每天都要感谢黛博拉，我永远的第一读者、我的最佳评论家、我的真爱，还要感谢我的孩子艾莉和乔纳，他们让我的生活充满乐趣。

——迈克尔·赫勒

创作这本书让我经历了七年美好时光。我与熟悉的朋友、素未谋面的朋友就如何思考所有权等问题，以及一些特别有意义的案例进行了无数次头脑风暴。我总是乐在其中，并且受益良多。他们对这一主题的热情，为我们撰写这本书带来了超乎想象的帮助。我还要感谢加州大学圣芭芭拉分校布伦环境科学与管理学院、加州大学洛杉矶分校法学院和杜克大学法学院提供的慷慨资助。这本书的价值不可估量，因为它是一项真正的共同事业。迈克尔·赫勒对财产法的深刻理解，对每份草稿精益求精的执着追求，以及他的智慧，都使我们一起完成这本书的过程充满乐趣。特别的感谢，我要送给远方的家人，无论是对我撰写这本书，还是去探索灵感甚至更疯狂的想法，他们总是给予我爱的支持与鼓励，让我始终感到自己是一个十分幸运的人。

——詹姆斯·萨尔兹曼

注 释

本书中的许多框架方法和故事都来自我们之前出版的作品。我们还大量借鉴了其他学者的研究和记者的文章。这些框架方法、故事、研究和文章的引文都包含在注释中。其他未被引用的材料通常来自容易获取的新闻和参考资料。本书的网站上有一套扩展的注释。在线注释还包括资料来源的链接,以及进一步阅读与本书相关的故事和学术建议。

此外,本书的网站还有与故事相关的照片和其他插图的链接。所有权僵局使我们无法将它们展示在正文中。

引言

1. 有关一些实用技巧,请参阅Melissa Dahl, "Your Toddler's Possessive Phase, Explained," *Parents*, October 4, 2017。
2. Alexandra Sifferlin, "Knee Defender Passenger Says He Never Reclines His Seat," *Time*, September 3, 2014.关于"膝盖卫士"的趣味性探索,请听"Getting Away with It," *This American Life*, Episode 477, October 19, 2012, 其中主持人艾拉·格拉斯(Ira Glass)与肯恩·赫根(Ken Hegan)一起旅行,肯恩·赫根是一名正在使用"膝盖卫士"的身高6英尺2英寸的记者。
3. "膝盖卫士"正在Gadgetduck.com网站售卖。

4. Aimee Ortiz, "Recline in Your Airplane Seat? A Debate Rages in the Skies and Online," *New York Times*, February 15, 2020.
5. Jayme Deerwester, "'Recline to one another': Ellen DeGeneres Defends Reclining Passenger in Punching Drama," *USA Today*, February 19, 2020.
6. Jessica Bursztynsky, "Delta CEO Says He Doesn't Recline His Seat—but for Those Who Do, It's 'Proper' to Ask First," CNBC.com, February 14, 2020.
7. Thomas Merrill, "Accession and Original Ownership," *Journal of Legal Analysis* 1 (2009): 462–510.
8. Nick Schwartz, "Poll: Is It Acceptable to Recline Your Seat on an Airplane?" *USA Today*, February 13, 2020.
9. Katia Hetter, "Knee Defender Speaks Out About Airline Legroom Fight," CNN, September 5, 2014.
10. Christopher Buccafusco and Christopher Jon Sprigman, "Who Deserves Those 4 Inches of Airplane Seat Space?" *Slate*, September 23, 2014.
11. 将稀缺性与所有权创新联系起来的领先的现代实用主义者是哈罗德·德姆塞茨（Harold Demsetz），"Towards a Theory of Property Rights," *American Economic Review* 57 (1967): 347–359。
12. 简要的介绍请参见Tim Harford, "'The Devil's Rope': How Barbed Wire Changed America," *50 Ideas that Changed the World*, BBC World Service, August 17, 2017。
13. 相关学术论述请参见Richard Hornbeck, "Barbed Wire: Property Rights and Agricultural Development," *Quarterly Journal of Economics* 125 (2010): 767–810。
14. Jenna Wortham, "No TV? No Subscription? No Problem," *New York Times*, April 6, 2013.
15. David Thier, "How Many Are Watching 'Game of Thrones' Without Subscribing to HBO," *Forbes*, April 10, 2013. 也请参见Kashmir Hill, "Even New York Times Is Oblivious to Fact That Sharing 'HBO Go' Passwords to Watch 'Game of Thrones' Breaks Law," *Forbes*, April 10, 2013。
16. Kristina Olson, "'Hey, That's My Idea!': Children's Understanding of Idea Ownership," *Psychology Today*, August 16, 2013.
17. 在调查了越来越多的知识产权保护措施之后，马克·莱姆利（Mark Lemley）得出结论，"知识产权的'财产化'是一个非常糟糕的主意"。Mark Lemley, "Romantic Authorship and the Rhetoric of Property," *Texas Law Review* 75 (1997): 902。
18. 关于没有所有权的创新的精彩说明，请参见KalRaustiala and Christopher Sprigman, *The Knockoff Economy: How Imitation Sparks Innovation* (New York: Oxford University Press, 2012)。
19. Sarah Perez, "Netflix CEO Says Account Sharing Is OK," *TechCrunch*, January 11, 2016.
20. Greg Kumparak, "HBO Doesn't Care If You Share Your HBO Go Account . . . For Now," *TechCrunch*, January 20, 2014.
21. Richard Nieva, "Netflix Is Cool with You Sharing Your Account," *CNET*, January 6, 2016.
22. 请参见Aaron Perzanowski and Chris Jay Hoofnagle, "What We Buy When We 'Buy Now,'" *University of Pennsylvania Law Review* 165 (2017): 317–378。
23. Tim Wu, "Why Airlines Want to Make You Suffer," *The New Yorker*, December 26, 2014.
24. Matter of McDowell, 74 Misc.2d 663 (1973).作为类比的问题，考虑当共同所有者分开时，

狗的所有权是如何分割的。Lauren Vinopal, "The Rise of the Dogvorce," *GQ*, January 15, 2020。

25. 在球场上抛硬币，请参见Adam M. Samaha, "Randomization in Adjudication," *William and Mary Law Review* 51 (2009): 1–86。

第一章

1. 关于排队行业，请参见Adam Liptak, "Supreme Court Spectator Line Acts as a Toll Booth," *New York Times*, April 15, 2013; Sarah Kliff, "Paid Line-Standing: The Bizarre Congressional Practice that Shocked Ocasio-Cortez, Explained," *Vox*, February 13, 2019; Joe Pinsker, "The Growing Market for Getting Paid to Wait in Line," *The Atlantic*, July 25, 2014。
2. Dahlia Lithwick and Mark Joseph Stern, "Not All Must Rise," *Slate*, April 27, 2015.
3. Henry Wheaton, *Elements of International Law* (Boston: Little, Brown, 1855), 220.
4. *Johnson v. M'Intosh*, 21 U.S. 543, 589 (1823). 对于更深入的解释，请参见Stuart Banner, *How the Indians Lost Their Land: Law and Power on the Frontier* (Cambridge, Mass.: Harvard University Press, 2005)。
5. Anne Platoff, "Where No Flag Has Gone Before: Political and Technical Aspects of Placing a Flag on the Moon," NASA, August 1993.
6. Atossa Araxia Abrahamian, "How the Asteroid-Mining Bubble Burst," *MIT Technology Review*, June 26, 2019. 在月球上采矿，请参见Mike Wall, "Trump Signs Executive Order to Support Moon Mining, Tap Asteroid Resources," *Space*, April 6, 2020。
7. William Cronon, *Changes in the Land: Indians, Colonists, and the Ecology of New England* (New York: Hill and Wang, 1983).
8. Antoine de Saint-Exupéry, *The Little Prince* (New York: Reynal & Hitchcock, 1943).
9. *Pierson v. Post*, 3 Cai. R. 175, 178, 181 (N.Y. 1805).
10. 有关规则和标准之间循环的强有力说明，请参见Carol Rose, "Crystals and Mud in Property Law," *Stanford Law Review* 40 (1988): 577–610。在实践中，法律经常在临时标准和严格规则之间运作，使用"信息标准"，使人们能够预测他们选择的后果并相应地规划他们的生活。请参见Hanoch Dagan, *Reconstructing American Legal Realism & Rethinking Private Law Theory* (Oxford: Oxford University Press, 2012), 194。还请参见Lawrence Solum, "Legal Theory Lexicon 026: Rules, Standards, Principles, Catalogs, and Discretion," *Legal Theory Lexicon*。索拉姆（Solum）的博客有许多关于所有权工具的简短、有用的条目。
11. Ziv Carmon and Dan Ariely, "Focusing on the Forgone: How Value Can Appear So Different to Buyers and Sellers," *Journal of Consumer Research* 27 (2000): 360–370.
12. Brooks Barnes, "Disney Tackles Major Theme Park Problem: Lines," *New York Times*, December 27, 2010. 对于这一主题吸引人的解释，请参见Nelson Schwartz, *The Velvet Rope Economy* (New York: Doubleday, 2020)。
13. Tara Palmeri, "Rich Manhattan Moms Hire Handicapped Tour Guides So Kids Can Cut Lines at Disney World," *New York Post*, May 14, 2013.
14. Jeff Rossen and Josh Davis, "Undercover at Disney: 'Deplorable' Scheme to Skip Lines,"

Today, May 31, 2013; Kevin Mintz, "Disney Rides Thrill Me as a Wheelchair User. But Park Changes for Disabled Visitors Ruin the Fun," *Los Angeles Times*, December 13, 2019.

15. Luz Lazo and Faiz Siddiqui, " 'No One Has to Pay a Toll.' Virginia Transportation Chief Defends High Tolls on I-66," *Washington Post*, December 6, 2017.
16. 关于罗伊·崔（Roy Choi），请参见Nicole Laporte, "How Roy Choi Built an Empire from One Beat-Up Taco Truck," *Fast Company*, November 18,2014, and Raustiala and Sprigman, *Knockoff Economy*, 8–11, 184。关于食品卡车争夺空间，请参见Julia Moskin, "TurfWar at the Hot Dog Cart," *New York Times*, June 30, 2009。关于移民企业家精神，请参见Rachel Wharton, "Food Cart Worker's Biggest Job: Defending Vendor Rights," *New York Times*, February 3, 2020。
17. Dahlia Lithwick and Mark Joseph Stern, "The Supreme Court Just Proved Its Secretive Rules Are Silly and Counter-productive," *Slate*, May 4, 2020.

第二章

1. 已经有了大量关于停车椅的学术文献。例子可参见Susan S. Silbey, "J. Locke, Op. Cit.: Invocations of Law on Snowy Streets," *Journal of Comparative Law* 5 (2010): 66–91, 以及 Richard A. Epstein, "The Allocation of the Commons: Parking on Public Roads," *Journal of Legal Studies* 31 (2002): S515–544。
2. 关于占有的沟通作用的主要学术论述可参见Carol Rose, "Possession as the Origin of Property," *University of Chicago Law Review* 52 (1985): 73–88。
3. Julie Xie, "Boston's Space-Saving Tradition Explained," *Boston*, January 22, 2015.
4. Donovan Slack, "On Parking Markers, Southie, City Dig In," *Boston Globe*, December 30, 2004.
5. Chris Sweeney, "Space Savers Are Banned in the South End," *Boston*, February 9, 2017.
6. "Walsh: Space Saver Violence, Threats Won't Be Tolerated," WCVB, January 11, 2018. 芝加哥市长理查德·戴利（Richard Daley）有不同的看法："如果有人花了所有的时间把他们的车挖出来，那么不要开车进入那个地方。这是芝加哥。公平的警告。"请参见"Standing Up for Dibs," NBC News, December 8, 2010。
7. Steven Holt, "The Psychology of Boston's Snow Parking Wars," *City Lab*, January 22, 2018.
8. Rose, "Possession," 81.
9. James E. Krier, "Evolutionary Theory and the Origin of Property Rights," *Cornell Law Review* 95 (2009): 139–159.关于人类学家的看法，请参见Robert Ardrey, *The Territorial Imperative* (New York: Atheneum, 1966)。
10. 托马斯·梅里尔（Thomas Merrill）对占有在法律中的作用的本能基础进行了强有力的辩护："Possession as a Natural Right," *New York University Journal of Law and Liberty* 9 (2015): 345–374, 以及 "Ownership and Possession," in Yun-chien Chang, ed., *The Law and Economics of Possession* (Cambridge, UK: Cambridge University Press, 2015), 9–39。
11. 请参见Philippe Rochat, "Possession and Morality in Early Development," *New Directions for Child and Adolescent Development* (Summer 2011): 23–38。

12. Daniel Kahneman et al., "Experimental Tests of the Endowment Effect and the Coase Theorem," *Journal of Political Economy*, 98 (1990): 1325–1348.
13. 猴子可能理解所有权，但它们不能成为所有者。在一只猕猴拍摄了一张在互联网上广为人知的自拍照后，法院裁定非人类不能合法地拥有版权。请参见Sara Randazzo, "Copyright Protection for Monkey Selfie Rejected by U.S. Appeals Court," *Wall Street Journal*, April 23, 2018。
14. Richard Thaler, "Toward a Positive Theory of Consumer Choice," *Journal of Economic Behavior and Organization* 1 (1980): 39–47.
15. 在心理学实验中，研究人员确实从陌生人的购物车中拿走了物品，请参见Jodi O'Brien, "Building and Breaching Reality," in Jodi O'Brien, ed., *The Production of Reality: Essays and Readings on Social Interaction*, 6th ed。Thousand Oaks, Calif.: Sage Publications, 2016, 451–452；关于电视恶作剧节目，请参见"Butterfly Crime Scene," *Impractical Jokers, TruTV*, season 1, episode 2, December 15, 2011。关于偷卫生纸，请参见Jordan Reynolds, "Coronavirus Panic-buyers 'Stealing from Trolleys' at Black Country Cash and Carry," *Express and Star* (Wolverhampton, UK), March 11,2020。
16. 有很多像这样的故事：Mariel Padilla, "Teenager, an Aspiring Detective, Returns $135,000 He Found," *New York Times*, May 9, 2020。
17. Monique Cole, "The Scandal in Boulder That Won't Go Away," *High Country News*, March 10, 2008.
18. 关于引人入胜的解释，可参见Eduardo Peñalver and Sonia K. Katyal, *Property Outlaws: How Squatters, Pirates, and Protesters Improve the Law of Ownership* (New Haven, Conn.: Yale University Press, 2010), 55–63。根据占地者的占有情况授予土地所有权所隐藏的社会价值，可参见Hernando de Soto, *The Mystery of Capital: Why Capitalism Triumphs in the West and Fails Everywhere Else* (New York: Basic Books, 2000)。
19. "Code of Hammurabi, c. 1780 BCE," trans. L. W. King (1910). 根据法典，"如果一个首领或一个人离开了他的房屋、花园和田地……别人占有了他的房屋、花园和田地，照料并使用了三年：如果首个所有者返回并主张对其房屋、花园和田地的权利要求，就不应该给他，而应该是已经占有并使用它的人继续使用"。
20. David W. Dunlap, "Closing for a Spell, Just to Prove It's Ours," *New York Times*, October 30, 2011.
21. Oliver Wendell Holmes, Jr., "The Path of the Law," *Harvard Law Review* 10 (1897): 477.
22. John Sprankling, "An Environmental Critique of Adverse Possession," *Cornell Law Review* 79 (1994): 816–884.
23. Michael Heller, *The Gridlock Economy: How Too Much Ownership Wrecks Markets, Stops Innovation, and Costs Lives* (New York: Basic Books, 2008), 143–156.
24. Holmes, "Path of the Law," 477.
25. Rose, "Possession," 81.
26. Sandra Vehrencamp et al., "Negotiation of Territorial Boundaries in a Songbird," *Behavioral Ecology* 25 (November–December 2014): 1436–1450; Marissa Ortega-Welch, "Learn Your Local Birds' Regional Accents," *Audubon*, April 12, 2017; Cara Giaimo, "Canada's Sparrows Are Singing a New Song. You'll Hear It Soon," *New York Times*, July 2, 2020.

27. 请参见Dale Peterson, *The Moral Lives of Animals* (New York: Bloomsbury Press, 2011), 156–172。
28. Jason Goldman, "Defending Your Territory: Is Peeing on the Wall Just for Dogs?," *Scientific American*, March 7, 2011; Katherine Ralls, "Mammalian Scent Marking," *Science* 171 (1971): 443–449.
29. 关于"过道的贪婪者",可参见Marin Cogan, "Saving Seats for the State of the Union," *New York Magazine*, January 20, 2015。
30. Ira Iosebashvili, "Phish Fans Are Friendly—Until the Tarps Come Out to Save Seats," *Wall Street Journal*, August 21, 2018. 关于数百则有关于占座的疯狂故事的其中之一,请参见Alfred Ng, "Gunman Fatally Shoots Pennsylvania Churchgoer After Fight over Seat at Sunday Service," *New York Daily News*, April 28, 2016。
31. Allison Carmen, "What Would Buddha Do on Southwest Airlines?" *Psychology Today*, September 22, 2014.
32. Dawn Gilbertson, "Is That Seat Taken? Southwest Airlines Seat-savers Drive Some Passengers Crazy," *USA Today*, December 20, 2017.
33. Gyasi Ross, " 'Is There a Problem?' That Scary Brown Man and White Privilege," KUOW.org, January 9.2015.
34. Community.southwest.com, accessed May 31, 2020.
35. Gilbertson, "Is That Seat Taken?"
36. Genevieve Shaw Brown, "Travel Etiquette: Saving Seats at the Pool," ABC News, August 2, 2012.
37. 同上。
38. 同上。
39. Nick Corasaniti and Luis Ferré-Sadurní, "Reining In Beach-Spreading, Not to Be Confused with Manspreading," *New York Times*, August 11, 2017.
40. Susannah Luthi, "With Social Distance Safety Warnings, Birx Tempers Trump's Reopening Message," *Politico*, May 22, 2020.
41. Rory Carroll and Noah Smith, "California's Surf Wars: Wave 'Warlords' Go to Extreme Lengths to Defend Their Turf," *Guardian*, May 8, 2015.
42. Garrett Therolf, "'Bay Boys' Surfer Gang Cannot Block Access to Upscale Beach, Coastal Commission Says," *Los Angeles Times*, February 12, 2016.
43. Carroll and Smith, "California's SurfWars."
44. Therolf, "'Bay Boys' Surfer Gang."
45. Carroll and Smith, "California's SurfWars."
46. 领先的学术研究可参见James M. Acheson, *The Lobster Gangs of Maine* (Hanover, N.H.: University Press of New England, 1988)。最新的解释可参见Jesse Dukes, "Consider the Lobstermen," *VQR* 87 (Summer 2011)。
47. 关于作为资源管理工具的负面、真实的流言的微妙解释,请参见Robert Ellickson, *Order Without Law: How Neighbors Settle Disputes* (Cambridge, Mass.: Harvard University Press, 1994), 213–215。
48. 关于邦兹棒球风波的一部超级喜剧纪录片,可参见Michael Wranovics, dir., *Up for Grabs* (Los Angeles: Laemmle/Zeller Films, 2005), DVD。曾在该案件中做证的法学教授保罗·芬

克尔曼（Paul Finkelman）写了一篇学术文章，可参见"Fugitive Baseballs and Abandoned Property: Who Owns the Home Run Ball?" *Cardozo Law Review* 23 (2002): 1609–1633。
49. 陨石可能类似于棒球从天而降的巨大价值。关于陨石法，主要案例可参见*Goddard v. Winchell*, 86 Iowa 71 (1892)，它将陨石判给土地所有者而不是发现者；尽管今天各州表现出更多变化。
50. Jon Tayler, "Angels Fan Who Caught Albert Pujols' 600th Home Run Gives Ball Back for Free," *Sports Illustrated*, June 5, 2017.也可参见Amber Sutherland, "Fan Who Caught Jeter's 3,000th Ball—and Gave It Back—Has No Regrets," *New York Post*, July 11, 2011。
51. *Popov v. Hayashi*, 2002 WL 31833731 (Cal. Super. Ct. 2002).
52. 迈克尔·赫勒和汉诺克·达甘解释了为什么财产法和合同法确实并且应该依靠一种增强个人自主性的事前（ex ante）方法，并其中包含对关系定义和集体效用的承诺。请参见*The Choice Theory of Contracts* (Cambridge, UK: Cambridge University Press, 2017); "The Liberal Commons," *Yale Law Journal* 110 (2001): 549–623; 以及 "Why Autonomy Must Be Contract's Ultimate Value," *Jerusalem Review of Legal Studies* 20 (2019): 148–171。
53. Lawrence Solum, "Legal Theory Lexicon 001: Ex Ante & Ex Post," *Legal Theory Lexicon*.

第三章

1. Valerie Strauss, "53 Years Later, You Still Have to Pay to Use Martin Luther King Jr.'s Famous 'I Have a Dream' Speech," *Washington Post*, January 15, 2017; John Fund, "We Have a Brand!" *National Review*, January 4, 2015.
2. Ann Hornaday, "Ava DuVernay, David Oyelowo on Breaking Martin Luther King Jr. Out of Myth and Into Life," *Washington Post*, December 26, 2014.
3. Sarah Pulliam Bailey, "Martin Luther King Jr. Sermon Used in a Ram Trucks Super Bowl Commercial Draws Backlash," *Washington Post*, February 5, 2018.
4. Kurt Eichenwald, "The Family Feud over Martin Luther King Jr.'s Legacy," *Newsweek*, April 3, 2014.
5. 同上。
6. John Locke, *Two Treatises of Government* (1689), chap. 5, "Of Property," sec. 27.
7. 即使从"荒漠劳动"的角度来看，也不是所有东西都应该属于劳动者。请参见Hanoch Dagan, *Property: Values and Institutions* (Oxford: Oxford University Press, 2011), 82–83。
8. Locke, *Two Treatises*, chap. 5, sec. 49.
9. *Johnson v. M'Intosh,* 21 U.S. 543, 590 (1823).
10. 请参见Stuart Banner, *How the Indians Lost Their Land: Law and Power on the Frontier* (Cambridge, Mass.: Harvard University Press, 2005), 150–190。
11. 请参见William Cronon, *Changes in the Land: Indians, Colonists, and the Ecology of New England* (New York: Hill and Wang, 1983)。
12. Kat Eschner, "The Little House on the Prairie Was Built on Native American Land," *Smithsonian Magazine*, February 8, 2017.
13. Laura Ingalls Wilder, *By the Shores of Silver Lake* (New York: Harper & Brothers, 1939), 76.
14. Mike Kessler, "Whose Land Is It Anyway," 5280.com, May 2016.这些主张也造成了对恐龙

化石的争论。化石属于矿权所有者还是属于地表权所有者？在蒙大拿州，地表所有者赢了。

15. 如果一个人在公共街道上把粪肥耙成一堆，然后离开去取推车，在此期间，其他人铲走了这堆粪肥，怎么办？在经典案件*Haslem v. Lockwood*, 37 Conn. 500 (1871)中，法院将粪堆判给了用耙子耙的人。生产性劳动胜过物理占有。19世纪的生活和法律中，激励人们清理粪便是一件大事。
16. "Cartoon Figures Run Afoul of Law," *Chicago Tribune*, April 27, 1989.
17. Lyda Longa, "Disney Denies Bid to Keep Characters; 3 Hallandale Day-care Centers Are Given One Month to Remove Murals," *South Florida Sun-Sentinel*, May 18, 1989.
18. Corie Brown, "Walt Disney and Jim Henson," *Entertainment*, May 3, 1991.
19. Thomas Jefferson to Isaac McPherson, August 13, 1813, Founders.archives.gov.
20. *Feist Publications v. Rural Telephone Service*, 499 U.S. 340, 349–350, 360 (1991).
21. 我们在这里讲的是一个简化的故事。作为专利垄断的替代方案，各国也长期提供奖金、赠款和税收减免。最近的解释和资料的收集可参见Daniel Hemel and Lisa Larrimore Ouellette, "Beyond the Patents-Prizes Debate," *Texas Law Review* 92 (2015): 303–382。
22. AviSelk, "Depraved, Drug-Snorting Puppets Defile Good Name of 'Sesame Street,' Lawsuit over Trailer Claims," *Washington Post*, May 26, 2018.
23. Timothy Lee, "15 Years Ago, Congress Kept Mickey Mouse Out of the Public Domain. Will They Do It Again?" *Washington Post*, October 25, 2013; Zachary Crockett, "How Mickey Mouse Evades the Public Domain," *Priceonomics*, January 7, 2016.
24. "Top-Earning Fictional Characters," *Forbes*, October 19, 2004.
25. Alexandra Alter, "New Life for Old Classics, as Their Copyrights Run Out," *New York Times*, December 29, 2018.
26. James Boyle, *The Public Domain: Enclosing the Commons of the Mind* (New Haven, Conn.: Yale University Press, 2008), 9.
27. 关于谷歌试图解决孤儿作品问题的引人入胜的描述，可参见James Somers, "Torching the Modern-Day Library of Alexandria," *The Atlantic*, April 20, 2017。
28. Crockett, "How Mickey Mouse Evades."
29. Lee, "15 years ago."
30. *Eldred v. Ashcroft*, 537 U.S. 186 (2003).
31. Bill King, "Shifting Path for Right of Publicity," *Sports Business Journal*, August 13, 2018.
32. 关于物权法定之谜，可参见Michael Heller, "The Boundaries of Private Property," *Yale Law Journal* 108 (1999): 1187–1202; Thomas Merrill and Henry Smith, "Optimum Standardization in the Law of Property: The Numerus Clausus Principle," *Yale Law Journal* 110 (2000): 9–40; Hanoch Dagan, *Property: Values and Institutions* (New York: Oxford University Press, 2011), 32–57。
33. 将稀缺性与所有权创新联系起来的领先工作，可参见Harold Demsetz, "Towards a Theory of Property Rights," *American Economic Review* 57 (1967): 347–359。
34. 传统上，律师正是从这个方面来区分财产和合同的。财产是对物权（*in rem*），其权利对世界有效，而合同是对人的（*in personam*），只对当事人有约束力。现代法律理论推翻了这种区分。托马斯·梅里尔（Thomas Merrill）和亨利·史密斯（Henry Smith）曾试图恢复这种区别，可参见文章 "What Happened to Property in Law and Economics," *Yale Law Journal* 111 (2001): 357–398。

35. 该解释可主要参见Michael Heller, *The Gridlock Economy: How Too Much Ownership Wrecks Markets, Stops Innovation, and Costs Lives* (New York: Basic Books, 2008), 9–11。
36. James Surowiecki, "Righting Copywrongs," *The New Yorker*, January 14, 2002.
37. Public Enemy, "Caught, Can We Get a Witness?" *It Takes a Nation of Millions to Hold Us Back*, Def Jam, Columbia Records, June 28, 1988.
38. Kembrew McLeod, "How Copyright Law Changed Hip Hop: An Interview with Public Enemy's Chuck D and Hank Shocklee," *Stay Free!* June 1, 2004.
39. "Remixing to Protest Sample Ruling," *Wired*, September 22, 2004.不过，时代可能会改变采样的方式。请参见Ben Sisario, "The 'Blurred Lines' Case Scared Songwriters. But Its Time May Be Up," *New York Times*, March 24, 2020。
40. 这段描述主要来自Heller, *Gridlock Economy*, Chapter 3。
41. Michael Heller and Rebecca Eisenberg, "Can Patents Deter Innovation? The Anticommons in Biomedical Research," *Science* 280 (May 1998): 698–701.
42. Jorge L. Contreras, "The Anticommons at Twenty: Concerns for Research Continue," *Science* 361 (July 2018): 335–337.
43. Giorgia Guglielmi, "First CRISPR Test for the Coronavirus Approved in the United States," *Nature*, May 8, 2020.
44. *eBay Inc. v. MercExchange, L.L.C.*, 547 U.S. 388 (2006).
45. Chavie Lieber, "Fashion Brands Steal Design Ideas All the Time. And It's Completely Legal," *Vox*, April 27, 2018.
46. 示例可参见Carly Cardellino, "Splurge vs. Steal: Balenciaga Golden Thick Tube Ring Set," *Cosmopolitan*, April 10, 2013; Channing Hargrove, "Did Zara Knock Off These $795 Balenciaga Sneakers," *Refinery*29, September 27, 2017;以及Matthew Schneier, "Did Gucci Copy 'Dapper Dan'? Or Was It 'Homage'?" *New York Times*, May 31, 2017。
47. Lieber, "Fashion Brands Steal."
48. 让人大开界的阅读可参见Kal Raustiala and Christopher Sprigman, *The Knockoff Economy: How Imitation Sparks Innovation* (New York: Oxford University Press, 2012)。
49. Lieber, "Fashion Brands Steal."
50. 以下部分借鉴了Raustiala and Sprigman, *Knockoff Economy*, 50–54。
51. 通过创造手枪式进攻（散弹枪式进攻，但在四分卫后面有一名跑卫），教练克里斯·奥尔特（Chris Ault）能够带领他的内华达队在分区中名列前茅。其他大学球队模仿了这种非常成功的进攻方式，这种方式很快就被纳入了美国国家橄榄球联盟。请参见Chris Brown, "The Future Is Already Here: How the Pistol Offense Is Changing the NFL," *SB Nation*, December 27, 2012。
52. Tony Alpsen, "10 Comedians Who Borrowed Jokes Without Making Headlines," *Vulture*, February 14, 2017.
53. Colin Patrick, "A Not-So-Funny Look at 6 Comedians Accused of Plagiarism," *Mental Floss*, January 21, 2016.
54. 保护原创舞蹈动作也是如此。Taylor Lorenz, "The Original Renegade," *New York Times*, February 18, 202。

55. Ryan Buxton, "Metallica Drummer Lars Ulrich Recalls Battle with Napster: 'They F—ked With Us, We'll F—k With Them,'" *HuffPost*, September 24, 2013.
56. Raustiala and Sprigman, *Knockoff Economy*, 39–54.
57. Simona Romani, Giacomo Gistri, and Stefano Pace, "When Counterfeits Raise the Appeal of Luxury Brands," *Marketing Letters* 23 (September 2012): 807–824.
58. Hilary George-Parkin, "Why Notoriously Litigious Disney Is Letting Fan Stores Thrive," *Racked*, September 5, 2017.
59. 同上。
60. Kristen Brown, "Deleting Your Online DNA Data Is Brutally Difficult," *Bloomberg*, June 15, 2018.
61. Murphy Heather, "Most White Americans' DNA Can Be Identified Through Genealogy Databases," *New York Times*, October 11, 2018.
62. Chris Anderson, "Elon Musk's Mission to Mars," *Wired*, October 21, 2012.
63. AncestryDNA条款和条件已于2020年6月5日访问。这些条款在没有通知的情况下发生变化——这也是我们观点的一部分。
64. Erin Brodwin, "DNA-testing Companies Like 23andMe Sell Your Genetic Data to Drugmakers and Other Silicon Valley Startups," *Business Insider*, August 3, 2018.
65. Molly Wood, "Who Owns the Results of Genetic Testing?" *Marketplace*, October 16, 2018.正如Ancestry.com公司在其条款和条件中所说:"您明白,您向我们提供任何DNA,都不会获得任何研究或可能开发的商业产品的权利。"
66. Eduardo Porter, "Your Data Is Crucial to a Robotic Age. Shouldn't You Be Paid for It?" *New York Times*, March 6, 2018.
67. Giorgio Sirugo, Scott M. Williams, and Sarah A. Tishkoff, "The Missing Diversity in Human Genetic Studies," *Cell* 177(March 2019): 26–30.
68. Adele Peters, "This Health Startup Lets You Monetize Your DNA," *Fast Company*, December 13, 2018.
69. Richard Thaler and Cass Sunstein, *Nudge: Improving Decisions About Health, Wealth, and Happiness* (New York: Penguin, 2009).
70. Steve Lohr, "Calls Mount to Ease Big Tech's Grip on Your Data," *New York Times*, July 25, 2019.如果你想了解公司对你的了解程度,请参见Thorin Klosowski, "Big Companies Harvest Our Data. This Is Who They Think I Am," *New York Times*, May 28, 2020。
71. Shoshana Zuboff, *The Age of Surveillance Capitalism: The Fight for a Human Future at the New Frontier of Power* (New York: Public Affairs, 2019).
72. Lohr, "Calls Mount."

第四章

1. "Hillview Man Arrested for Shooting Down Drone; Cites Right to Privacy," WDRB, July 28, 2015.
2. Cyrus Farivar, "Kentucky Man Shoots Down Drone Hovering Over His Backyard," *Ars Technica*, July 29, 2015.

3. 我们的依附（attachment）一词建立在汤姆·梅尔对加入（accession）的认定上，他认为"加入"是通往初始所有权的途径，与占有和劳动同等重要。Thomas Merrill, "Accession and Original Ownership," *Journal of Legal Analysis* 1 (2009): 465–510.这种广泛的定义可能会使习惯于将加入仅仅视为一种模糊的技术原则的律师感到不安。
4. 在本章中，我们重点讨论关于土地的附属物，但这个概念涉及的范围更广。它解释了为什么最高法院否决了得克萨斯州的一项计划，该计划通过收取银行储蓄账户上无人认领的小额利息来资助贫困的法律服务。法院裁定，账户持有人拥有其本金所产生的利息，无论其多么微不足道。参见Michael Heller和James Krier, "Deterrence and Distribution in the Law of Takings," *Harvard Law Review* 112(1999):997–1025。
5. "Hillview Man Arrested," WDRB.
6. Eduardo Peñalver, "Property Metaphors and *Kelo v. New London*: Two Views of the Castle," *Fordham Law Review* 74 (2006): 2971.
7. Michael Heller, *Gridlock Economy: How Too Much Ownership Wrecks Markets, Stops Innovation, and Costs Lives* (New York: Basic Books, 2008): 28–30.
8. 对这一问题最彻底、最吸引人的探讨是关于空域的这一转变，最透彻、最吸引人的探讨是在斯图尔特·班纳之书，*Who Owns the Sky:The Struggle to Control Airspace from the Wright Brothers On* (Cambridge, Mass.: Harvard University Press, 2008)。
9. Colin Snow, "Amazon's Drone Delivery Plans: What's Old, What's New and When?" *Forbes*, June 17, 2019.
10. Farivar, "Kentucky Man."
11. 请参见John Sprankling, "Owning the Center of the Earth," *UCLA Law Review* 55 (2008): 979–1040。
12. Merrill, "Accession and Original Ownership," 465 and n6.梅里尔（Merrill）指出了一个关于新生农场动物所有权的一致性的例外：在早期的英国普通法中，天鹅或小天鹅被天鹅和公鸡的主人平分。
13. *Mánava Dharma Sástra; Or, The Institutes of Manu*, trans. Sir William Jones (Madras: Higginbotham, 1863), 237。
14. Felix Cohen, "Dialogue on Private Property," *Rutgers Law Review* 9 (1954): 368.
15. Abigail Curtis, "Foragers, Landowners at Odds in Proposed Wild Picker Law," *Bangor Daily News*, March 29, 2017.
16. Katie Mingle, "Right to Roam," 99% Invisible, episode 313.更精彩的阅读体验，请参见Ken Illgunas, *This Land Is Our Land: How We Lost the Right to Roam and How to Take It Back* (New York: Plume, 2018)。
17. Curtis, "Foragers."
18. 我们的观点主要来自泰德·弗里德（Tad Friend）的一篇关于这个争议的精彩文章，"The Gold Diggers," *The New Yorker*, May 31, 1999。
19. Daniella Greenbaum, "Nonsensical Critics Are Accusing an 18-Year-Old Girl of Cultural Appropriation and Racism—and They're Missing Something Much Bigger," *Business Insider*, May 2, 2018.
20. 关于从纳瓦霍人的角度对争端的理解，参见DJ Pangburn, "A Navajo Artist Breaks Down His Tribe's Urban Outfitters Lawsuit," *Vice*, August 3, 2016。

21. Janna Rose, "Biopiracy: When Indigenous Knowledge Is Patented For Profit," *Conversation*, March 7, 2016.
22. 在色情同人小说的新时代，改编权变得更具争议。Alexandra Alter, "A Feud in Wolf-Kink Erotica Raises a Deep Legal Question: What Do Copyright and Authorship Mean in the Crowd-sourced Realm Known as the Omegaverse?," *New York Times,* May 23, 2020。
23. Merrill, "Accession," 499.
24. 同上，493。
25. Bettina Boxall, "Overpumping of Central Valley Groundwater Creating a Crisis, Experts Say," *Los Angeles Times*, March 18, 2015.
26. Scott Shafer and Jeremy Raff, "California's Central Valley: 'More Than Just Farmers on Tractors,'" KQED, August 25, 2014.
27. 同上。
28. Stuart Eskenazi, "The Great Sucking Sound," *Houston Press*, November 19, 1998. Nestlé is involved in a similar battle in Florida. Julie Creswell, "Where Mermaids Play, a Nasty Water Fight," *New York Times*, March 8, 2020.
29. Eskenazi, "Great Sucking Sound."
30. Francis Hargrave, *Tracts Relative to the Laws of England* (1787): 1:498.
31. Oliver Wendell Holmes, "The Path of the Law," *Harvard Law Review* 10 (1897): 469.
32. Eskenazi, "Great Sucking Sound."
33. 同上。
34. 例如，参见Eugene Volokh, "Mechanisms of the Slippery Slope," *Harvard Law Review* 116 (2003): 1026–1137。
35. Garrett Hardin, "The Tragedy of the Commons," *Science* 162 (December 1968): 1243–1248.
36. Boxall, "Overpumping of Central Valley."
37. Bruce Kramer and Owen Anderson, "The Rule of Capture—an Oil and Gas Perspective," *Environmental Law* 35 (2005): 899–954.
38. 有许多工具可以分割所有权（如土地的细分规则），但相对来说，用于重新组合的却很少。集合是所有权创新的最前沿理论。例如，参见Michael Heller and Roderick Hills, Jr., "Land Assembly Districts," *Harvard Law Review* 121 (2008): 1465–1527。
39. Andrew Rice, "A Stake in the Sand," *New York Times*, March 19, 2010.
40. Aurora Torres et al., "The World Is Running Out of Sand," *Smithsonian*, September 8, 2017.
41. *Stop the Beach Renourishment v. Florida Dept. of Environmental Protection*, 560 U.S. 702 (2010).
42. Rice, "Stake in the Sand."
43. Bernice Hirabayashi, "Cat Fight: State Supreme Court Will Decide Whether No-Pet Rules Have Teeth," *Los Angeles Times,* December 24, 1992.
44. *Nahrstedt v. Lakeside Village Condominium Assn.*, 8 Cal. 4th 361 (Cal. 1994).
45. Bill Batson, "Nyack Sketch Log: A Legally Haunted House," *Nyack News & Views,* October 21, 2014.
46. *Stambovsky v. Ackley*, 169 A.D.2d 254, 263 (N.Y. App. Div. 1991).
47. Batson, "Nyack Sketch Log."

48. Alfred Brophy, "Grave Matters: The Ancient Rights of the Graveyard," *Brigham Young University Law Review* (2006):1479–1482.
49. Felicity Barringer, "Trees Block Solar Panels, and a Feud Ends in Court," *New York Times,* April 7, 2008.
50. Paul Rogers, "Tree Creates Green Dilemma for Home-owners," *Chicago Tribune*, February 1, 2008.
51. Associated Press, "In California, It's Redwoods vs. Solar Panels," NBC News, February 20, 2008.
52. Sara Bronin, "Solar Rights," *Boston University Law Review* 89 (2009): 1258.
53. *Hadacheck v. Sebastian*, 239 U.S. 394 (1915).
54. Thomas Merrill, "Trespass, Nuisance, and the Costs of Determining Property Rights," *Journal of Legal Studies* 14 (1985): 13–48.
55. Ronald Coase, "The Problem of Social Cost," Journal of Law and Economics 3 (1960): 1–44.
56. 我们在这里提出的四部分框架是在盖多·卡拉布雷西（Guido Calabresi）和道格拉斯·梅拉梅德（Douglas Melamed）的经典文章中提出的，"Property Rules, Liability Rules, and Inalienability: One View of the Cathedral," *Harvard Law Review* 85 (1972): 1089–1128。
57. 迈克尔·赫勒和詹姆斯·克里尔（James Krier）提出了这种适用于公共法规的方法，来源于 "Deterrence and Distribution in the Law of Takings," *Harvard Law Review* 112 (1999): 997–1025。
58. 许多自然资源冲突都有这种结构。沼泽要么是要填充的沼泽，要么是要保护的湿地，这取决于我们如何设定正常使用的基准，并且基准随着时间的推移而变化。参见Just v. Marinette County 201 N.W.2d 761（Wisc. 1972）。Miller v. Schoene 276 U.S. 272 (1928)考虑到雪松树和苹果树的无辜所有者之间的类似的妨害冲突。弗兰克·迈克尔曼（Frank Michelman）分析了一个著名的两难问题，即在经济中区分利弊，参见 "Property, Utility and Fairness: Comments on the Ethical Foundations of 'Just Compensation,' " *Harvard Law Review* 80 (1967): 1196–1197。
59. Rogers, "Tree Creates Green Dilemma."
60. 对于法案是如何运行的，参见Scott J. Anders et al., "California's Solar Shade Control Act: a Review of the Statutes and Relevant Cases," University of San Diego, Energy Policy Initiatives Center (March 2010)。
61. Troy Rule, *Solar, Wind and Land: Conflicts in Renewable Energy Development* (New York: Routledge, 2014): 48–73.

第五章

1. 本章标题致敬了一部先驱性的女性主义经典，它探讨了自20世纪60年代末期开始的女性健康与性问题。Boston Women's Health Collective, *Our Bodies, Ourselves* (New York: Simon & Schuster, 1973)。
2. David Porter and Carla K. Johnson, "First Case of Organ Trafficking in U.S.?," NBC News, July 24, 2009.

3. Samantha Henry, "Brooklyn Man Sentenced 21/2 Years in Fed Organ Trafficking Case," NBC New York, July 11, 2012.
4. 同上。
5. Tracy Connor, "Brooklyn Black-Market Kidney Broker Pleads Guilty to Selling Israeli Organs to Desperate Americans," *New York Daily News*, October 27, 2011.
6. Porter and Johnson, "First Case of Organ Trafficking."
7. 有影响力的分析，请参见Michael Sandel, *What Money Can't Buy: The Moral Limits of Markets* (New York: Farrar, Straus and Giroux, 2012)。
8. 有关这一理解的权威性文章，请参见Margaret Jane Radin, "Property and Personhood," *Stanford Law Review* 34 (1982): 957–1015。
9. 我们认识到，这个简短的章节涉足了充满争议的领域，不可能充分展示构成自我所有权辩论的论点。要深入挖掘，可以从桑德尔开始，*What Money Can't Buy*, and Debra Satz, *Why Some Things Should Not Be for Sale: The Moral Limits of Markets* (Oxford: Oxford University Press, 2012)，并利用他们的书目进行拓展研究。这是值得深入研究的话题。
10. Alex Tizon, "My Family's Slave," *The Atlantic*, June 2017.
11. Stef Kight, "Report: 400,000 People Are in Modern Slavery in U.S.," *Axios*, July 19, 2018.关于一个令人清醒的说法,请参见Daniel Rothenberg, *With These Hands: The Hidden World of Migrant Farmworkers Today* (Berkeley: University of California Press, 2000)。
12. 请参见Sarah Maslin Nir, "The Price of Nice Nails," *New York Times*, May 7, 2015。
13. *Terrace v. Thompson*, 263 U.S. 197 (1923).
14. 关于谢莉（Shelley）的决定，请参见334 U.S. 1 (1948)。关于这些私人契约的持久影响，请参见Richard Brooks and Carol Rose, *Saving the Neighborhood: Racially Restrictive Covenants, Law, and Social Norms* (Cambridge, Mass.: Harvard University Press, 2013)。有关政府作用的说明，请参见Richard Rothstein, *The Color of Law: A Forgotten History of How Our Government Segregated America* (New York: Liveright, 2017)。
15. Melissa Homestead, *American Women Authors and Literary Property*, 1822–1869 (Cambridge, UK: Cambridge University Press, 2005), 29.
16. *Bradwell v. Illinois*, 83 U.S. 130, 141–142 (1872).
17. Abbie Boudreau et al., "'Premier' Donor Eggs Command High Prices for Desirable Genes," ABC News, November 5, 2015.
18. 同上。
19. 通俗易懂的概述，请参见Paris Martineau, "Inside the Quietly Lucrative Business of Donating Human Eggs," *Wired*, April 23, 2019。
20. Boudreau, "'Premier' Donor Eggs."
21. David Tuller, "Payment Offers to Egg Donors Prompt Scrutiny," *New York Times*, May 10, 2010.
22. Boudreau, "'Premier' Donor Eggs."
23. Jana Kasperkevic, "How Much Can You Get for Selling Your Body (Parts)?," *Guardian*, January 31, 2014; Brian Grow and John Shiffman, "In the U.S. Market for Human Bodies, Almost Anyone Can Dissect and Sell the Dead," Reuters, October 24, 2017.
24. Alex Mayyasi, "The Market for Human Hair," *Priceonomics*, December 2, 2015.

25. 请参见Elisabeth Landes and Richard Posner, "The Economics of the Baby Shortage," *Journal of Legal Studies* 7 (1978): 323–348。
26. Margaret Jane Radin, "Market-Inalienability," *Harvard Law Review* 100 (1987): 1881–1887.
27. Sandel, *What Money Can't Buy*发展了这个框架。
28. 随着卵子被交易，整个收养市场被高度种族化，并将婴儿视作商品。收养一个白人婴儿可能需要40 000美元，而一个黑人婴儿只需这个价格的一半。"Six Words: 'Black Babies Cost Less to Adopt,'" NPR, June 27, 2013。
29. Clare Huntington and Elizabeth Scott, "Conceptualizing Legal Childhood in the Twenty-First Century," *Michigan Law Review* 118 (2020): 1371–1457.
30. S.2048——National Organ Transplant Act, Senate Report No. 98–382（1984），17.
31. 有关女权主义者对卵子销售、收集资料的批评，请参阅Naomi Pfeffer, "Eggs-Ploiting Women: A Critical Feminist Analysis of the Different Principles in Transplant and Fertility Tourism," *Reproductive BioMedicine Online* 23 (2011): 634–661。
32. Rebecca Skloot, "Taking the Least of You," *New York Times Magazine*, April 16, 2006.
33. Rebecca Skloot, *The Immortal Life of Henrietta Lacks* (New York: Broadway Books, 2011): 199–201.
34. *Moore v. Regents of University of California*, 51 Cal. 3d 120, 143–146, 157–158, 170 (1990).
35. Pam Belluck, "Why Didn't She Get Alzheimer's? The Answer Could Hold a Key to Fighting the Disease," *New York Times*, November 4, 2019.
36. 如果不是宪法，财产从何而来？它不能只是法律，因为这给了国家太多的权力来消灭你。在美国，答案似乎植根于法学，植根于激励财产制度的自由主义价值观。请参见Hanoch Dagan and Michael Heller, "America's Property Pact" (draft on file with authors)；同时请参见Thomas W. Merrill, "The Landscape of Constitutional Property," *Virginia Law Review* 86 (2000): 885–999。
37. Alex Kuczynski, "Her Body, My Baby," *New York Times Magazine*, November 28, 2008.
38. Tamar Lewin, "Coming to U.S. for Baby, and a Womb to Carry It," *New York Times*, July 5, 2014.
39. 同上。
40. *In the Matter of Baby M*, 109 N.J. 396, 410, 440 (1988).
41. Elizabeth Landau, "What Is Virginity Worth Today?" CNN, January 22, 2009.
42. Big Al, "Curt Flood and the Birth of the Million Dollar Baseball Player," *Bleacher Report*, October 3, 2009.
43. Brad Snyder, *A Well-Paid Slave: Curt Flood's Fight for Free Agency in Professional Sports* (New York: Viking, 2006), 313.
44. Kurt Streeter, "Is Slavery's Legacy in the Power Dynamics of Sports?," *New York Times*, August 18, 2019.
45. Ryan O'Hanlon, "Why Don't Soccer Stars Sign Contracts Like LeBron James and Kevin Durant?" *Ringer*, August 17, 2017; Ini-ObongNkang, "How the Search for Football's Next Big Thing Is Fueling a Modern-Day Slave Trade," *Conversation*, August 12, 2019.
46. Allen Barra, "How Curt Flood Changed Baseball and Killed His Career in the Process," *The Atlantic*, July 12, 2011.
47. Tim Wu, "How to Fix Olympic Ice Hockey," *New York Times*, February 14, 2018.

48. Kelsey Kennedy, "Michael Phelps Wore Nike Instead of Under Armour on the Last Sports Illustrated Cover," *Quartz*, August 18, 2016.
49. Tom Schad, "Spencer Haywood Says He Sees 'Tinge of Slavery' with Treatment of College Players," *USA Today*, March 19, 2018.
50. Chelsea Howard, "Chris Webber, Isiah Thomas Refer to Slavery When Discussing College Athletics," *Sporting News*, February 28, 2018.
51. Billy Witz, "N.C.A.A. Outlines Plan to Let Athletes Make Endorsement Deals," *New York Times*, April 29, 2020.
52. Sophie Quinton, "These Days, Even Janitors Are Being Required to Sign Non-Compete Clauses," *USA Today*, May 27, 2017.
53. Evan Starr, J. J. Prescott, and Norman Bishara, "Understanding Noncompetition Agreements: The 2014 Non-compete Survey Project," *Michigan State Law Review* (2016): 369–464.有关最新分析及收集的参考文献，参见Karla Walter, "The Freedom to Leave," *American Progress*, January 9, 2019。
54. Billy Jean Louis, "Burger King Faces Class Action Lawsuit for 'No-Poaching' Rule," *South Florida Business Journal*, October 17, 2018.
55. Andrew Keshner, "The No. 1 Reason You Should NOT Sign Your Employer's Non-Compete Clause," *Marketwatch*, December 14, 2019.
56. 此章节的理论框架来源于汉诺克·达甘和迈克尔·赫勒, "Specific Performance," 请参见 https://ssrn.com /abstract=3647336 以及 "Choice Theory: A Restatement," in Hanoch Dagan and Benjamin Zipursky, eds., *Research Handbook on Private Law Theory*（Elgar Publishing, 2021），请参见https://ssrn.com/ abstract=3432743。
57. Lorraine Mirabella, "Employers Use Non-Compete Agreements Even for Low-Wage Workers," *Baltimore Sun*, July 7, 2017.
58. Timothy B. Lee, "Massachusetts Just Stole an Important Page from Silicon Valley's Playbook," *Vox*, July 1, 2016.

第六章

1. 本节内容主要来自迈克尔·赫勒, Gridlock Economy: How Too Much Ownership Wrecks Markets, Stops Innovation, and Costs Lives (New York: Basic Books, 2008), 121–125; 基于汉诺克·达甘和迈克尔·赫勒提出的所有权理论。"The Liberal Commons," *Yale Law Journal* 110 (2001): 602–611.此外，请看以下人士的有力叙述，Vann R. Newkirk Ⅱ, "The Great Land Robbery: The Shameful Story of How 1 Million Black Families Have Been Ripped from Their Farms," *The Atlantic*, September 2019; and Lizzie Presser, "Kicked Off the Land: Why So Many Black Families Are Losing Their Property," *The New Yorker*, July 22, 2019。
2. Emergency Land Fund, *The Impact of Heir Property on Black Rural Land Tenure in The Southeastern Region of the United States* (1980): 283–286.
3. Anna StolleyPersky, "In the Cross-Heirs," *ABA Journal*, May 2, 2009.
4. Presser, "Kicked Off the Land."

5. Robert S. Brown, *Only Six Million Acres: The Decline of Black Owned Land in the Rural South* (Black Economic Research Center, 1973), 53.
6. Presser, "Kicked Off the Land."
7. 同上。
8. Presser, "Kicked Off the Land."
9. Thomas Mitchell, "Reforming Property Law to Address Devastating Land Loss," *Alabama Law Review* 66 (2014):1–61.
10. Toni Morrison, *Song of Solomon* (New York: Alfred A. Knopf, 1977), 235.
11. 此章节主要来源于赫勒, *Gridlock Economy*, 125–131。
12. *Hearings on H.R. 11113*, 89th Congress, 2d Session, 10 (1966) (Rep. Aspinal), cited in Hodel v. Irving, 481 U.S. 704, 708 (1987).
13. 78 Cong. Rec. 11,728 (June 15, 1934) (Rep. Howard), 参考同上。
14. *Hodel* 481 U.S. at 708, 712–713.
15. Dagan and Heller, "The Liberal Commons"；同时参见Henry E. Smith, "Exclusion Versus Governance: Two Strategies for Delineating Property Rights," *Journal of Legal Studies* 31 (2002): S453–487。
16. William Blackstone, Commentaries on the Laws of England (1765), bk. 2, chap. 1. 托马斯·梅里尔对这一观点做了一个精妙的现代表述，"Property and the Right to Exclude," *Nebraska Law Review* 77 (1998): 730–755.
17. Dagan and Heller, "Liberal Commons," 609–620. 213 estate tax: 在一个典型的例子中，密苏里州最高法院写道，"继承或遗嘱不是绝对的或自然的权利，而是由主权国家的法律创造的。" State ex rel. *McClintock v. Guinotte*, 204 S.W. 806, 808 (1918).
18. Hearings before the House Committee on Ways and Means, 104th Congress, 1st Session, February 1, 1995: 952.
19. 此节来源于Michael Graetz and Ian Shapiro, *Death by a Thousand Cuts* (Princeton: Princeton University Press, 2005), 65。
20. Angelique Haugerud, *No Billionaire Left Behind* (Stanford, Calif.: Stanford University Press, 2013), 70.
21. Josh Hoxie, "Half of Prince's $300 Million Estate Could Be Taxed. That's a Good Thing," *American Prospect,* June 8, 2016.
22. David Cay Johnston, "Talk of Lost Farms Reflects Muddle of Estate Tax Debate," *New York Times,* April 8, 2001.
23. Graetz and Shapiro, *Death by a Thousand Cuts*, 13.
24. Anita Singh, "Julian Fellowes: Inheritance Laws Denying My Wife a Title Are Outrageous," *Telegraph*, September 13, 2011.
25. 关于英格兰，请参见Kabir Chibber, "This Is the Proof that the 1% Have Been Running the Show for 800 Years," *Quartz*, November 23, 2014。关于佛罗伦萨的相关论述，请参见Elsa Vulliamy, "The City Where the Names of the Wealthiest Families Haven't Changed for 600 Years," *Independent*, May 30, 2016。
26. Joe Conason, *It Can Happen Here: Authoritarian Peril in the Age of Bush* (New York: Thomas Dunne Books, 2007): 135.
27. Franklin Delano Roosevelt, Message to Congress on Tax Revision, June 19, 1935.

28. Bess Levin, "Gary Cohn Thinks You'd Have to be a 'Moron' to Pay the Estate Tax," *Vanity Fair*, August 29, 2017.
29. 此章节及其引用的材料来源于Oliver Bullough, "The Great American Tax Haven: Why the Super-Rich Love South Dakota," *Guardian*, November 14, 2019。
30. Bullough, "Great American Tax Haven."
31. 同上。
32. 同上。
33. Mark Hall, "The Greatest Wealth Transfer in History: What's Happening and What Are the Implications," *Forbes*, November 11, 2019.
34. John Chipman Gray, *Restraints on the Alienation of Property*, 2nd ed. (Boston: Boston Book Co., 1895): 242–247.
35. Thomas Jefferson to John Adams, October 28, 1813, Founders.archive.gov.同样请参见 "America's New Aristocracy," *The Economist*, January 22, 2015。
36. John Adams to Thomas Jefferson, November 15, 1813, Founders.archive.gov.
37. "Maid Testifies Helmsley Denied Paying Taxes," *New York Times*, July 12, 1989.
38. "Where There's a Will, There's a Way to Stay 'Queen of Mean'" (editorial), *Chicago Sun-Times*, August 31, 2007.
39. Bullough, "Great American Tax Haven."
40. Alina Tegund, "There's More to Estate Planning Than Just the Will," *New York Times*, September 5, 2014.
41. 本节所涉及的私法理论是在以下资料中提出的：Carolyn J. Frantz and Hanoch Dagan, "Properties of Marriage," *Columbia Law Review* 104 (2004): 75–133，以及Hanoch Dagan and Michael Heller, *The Choice Theory of Contracts* (Cambridge, UK: Cambridge University Press, 2017): 6061, 6121–6122。
42. "Frederica von Stade New York Farewell Concert," *The New Yorker*, April 22, 2010; Nimet Habachy, "Frederica von Stade's Farewell to the Opera Stage," WQXR, February 23, 2011.
43. "La Dame aux Beaux Plombages," *Illustrated London News*, August 31, 1985.
44. *In re Marriage of Graham*, 574 P.2d 75 (Co. 1978).
45. *Elkus v. Elkus*, 169 A.D.2d 134 (1st Dept, 1991).
46. Darlena Cunha, "The Divorce Gap," *The Atlantic*, April 28, 2016.
47. Ian Ayers and Robert Gertner, "Filling Gaps in Incomplete Contracts: An Economic Theory of Default Rules," *Yale Law Journal* 99 (1989): 87–130；相关内容的简短解释，请参见Lawrence Solum, "Legal Theory Lexicon: Default Rules and Completeness," *Legal Theory Blog*, September 30, 2012。
48. Justin Elliott and Paul Kiel, "The TurboTax Trap: Inside TurboTax's 20-Year Fight to Stop Americans from Filing Their Taxes for Free," *ProPublica*, October 17, 2019.
49. *Estate of Hanau v. Hanau*, 730 S.W.2d 663 (Tex. 1987).
50. 每当你看到准（quasi）或建设性这个词时，要认识到它在所有权辩论中作为一种修辞工具的作用。律师们将这些词作为"一种假装任何（他们所修改的词）实际存在的事态的方式，而实际上它并不存在"。Jesse Dukeminier et al., *Property*, 9th ed. New York: Wolters Kluwer, 2018, 37n19。

51. 关于在婚姻制度中选择提高自主性的价值，请参见Dagan and Heller, *Choice Theory of Contracts*, 121–122。

第七章

1. Jillian Anthony et al., "50 Reasons Why NYC Is the Greatest City in the World Right Now," *Time Out*, September 18, 2018.
2. Albert Appleton, "How New York City Kept Its Drinking Water Pure—and Saved Billions of Dollars," *On the Commons*, October 24, 2012.
3. 同上。
4. Gretchen Daily and Katherine Ellison, *The New Economy of Nature: The Quest to Make Conservation Profitable* (Washington, D.C.: Island Press, 2002): 74.
5. James Salzman et al., "The Global Status and Trends of Payments for Ecosystem Services," *Nature Sustainability* 1 (2018): 136.
6. "The Scaredest I've Been in a Long Time," *Deadliest Catch*, May 31, 2016.
7. Matt Jenkins, "The Most Cooked-Up Catch," *High Country News*, July 27, 2009.
8. 同上。
9. Scott Campbell, Jr., "Making 'The Deadliest Catch' Less Deadly," *Wall Street Journal*, November 14, 2011.
10. Jenkins, "Most Cooked-Up Catch."
11. Eric Pooley, "How Behavioral Economics Could Save Both the Fishing Industry and the Oceans," *Harvard Business Review*, January 24, 2013.
12. Christopher Booker, "The Clean Development Mechanism Delivers the Greatest Green Scam of All," *Telegraph*, August 28, 2010.
13. Mark Schapiro, "'Perverse' Carbon Payments Send Flood of Money to China," *Yale Environment 360*, December 13, 2010.
14. Schapiro, "'Perverse' Carbon Payments."
15. Mike Masnick, "You Don't Own What You've Bought: Apple Disappears Purchased Movies," *Tech Dirt*, September 12, 2018.
16. Joel Johnson, "You Don't Own Your Kindle Books, Amazon Reminds Customers," NBC News, October 24, 2012.
17. 同上。
18. Suw Charman-Anderson, "Amazon Ebooks Are Borrowed, Not Bought," *Forbes*, October 23, 2012.
19. Cory Doctorow, "Google Reaches into Customers' Homes and Bricks Their Gadgets," *Boing Boing*, April 5, 2016.
20. Arlo Gilbert, "The Time That Tony Fadell Sold Me a Container of Hummus," *Arlo Gilbert*, April 3, 2016.
21. 关于此主题的进一步探讨请参见Aaron Perzanowski and Jason Schultz, *The End of Ownership: Personal Property in the Digital Economy* (Cambridge, Mass.: MIT Press, 2016)。
22. David Lazarus, "You Don't Really 'Buy' Digital Goods," *Los Angeles Times*, May 13, 2016.

23. 同上。
24. J. E. Penner, "The 'Bundle of Rights' Picture of Property," *UCLA Law Review* 43 (1996): 711–820.
25. "Amazon Prime Video Terms of Use," *Prime Video,* accessed June 1, 2020.
26. Jacob Brogan, "What's the Future of Ownership?," *Slate*, October 3, 2016.
27. Rachel Botsman, "The Case for Collaborative Consumption," *TedxSydney*, May 2010.
28. Bryan Walsh, "Today's Smart Choice: Don't Own. Share," *Time*, March 17, 2011.
29. Ben Tarnoff, "The Future: Where Borrowing Is the Norm and Ownership Is Luxury," *Guardian*, October 17, 2016.
30. Lee Anne Fennell, *Slices and Lumps: Division and Aggregation in Law and Life* (Chicago: University of Chicago Press, 2019).
31. Tarnoff, "The Future."
32. Sarah Kessler, "The 'Sharing Economy' Is Dead, and We Killed It," *Fast Company*, September 14, 2015.
33. Janelle Nanos, "The End of Ownership: America's New Sharing Economy," *Boston Magazine*, April 30, 2013.
34. Brian X. Chen, "We're Living in a Subscriptions World. Here's How to Navigate It," *New York Times*, January 15, 2020.
35. Nanos, "End of Ownership."
36. Brooke Masters, "Winners and Losers in the Sharing Economy," *Financial Times*, December 28, 2017.